ろう学校における主体的・対話的で深い学びの実践

| 編 | 立川ろう学校ろう教育研究会
| 監修 | 大西 孝志

ジアース教育新社

● はじめに

　昭和 26 年 7 月 21 日、東京都立立川ろう学校の設置許可が出て、第 1 回入学式（10 月 20 日）が挙行されてから 69 年の歳月が流れました。東京都立立川ろう学校は、令和 3 年度をもって 70 年の歴史を閉じ、東京都立立川学園特別支援学校（仮称）として新たなるスタートをします。新しい学校は、立川ろう学校を引き継ぐととともに、知的障害小学部、中学部を併置する学校となります。私達教職員は、立川ろう学校のレガシーを残し、「未来へ継承」するため「２０２０立ろうプロジェクト」を立ち上げ、平成 30 年度からこれまでの指導実践等をまとめ出版したいと取り組んできました。この度、このように 1 冊にまとめることができました。是非、手に取っていただき、「ろう教育について」の協議の参考になれば幸甚です。

　本書は、第 1 章を理論編、実践編として、はじめに学習指導要領に基づき「主体的・対話的で深い学びの視点による授業改善」をテーマに、本校で取り組んできた OJT の研究を取り上げています。実践研究の特色として、１６の OJT グループに分かれた授業実践を行うとともに、各グループに学習指導アドバイザーを配置し、指導・助言をいただきながら協議を進めてきました。紙面上限られた内容にはなりますが、是非、授業改善の観点として協議・活用いただければ幸甚と思います。

　第 2 章では、本校の近年の各学部の研究実践をまとめたものです。各学部のテーマは、以下のようになっています。ろう学校における言語指導、特に日本語の力を高めるための実践となっています。

　　幼稚部：ことばの力の育ちを支える－考える力、イメージする力を育てる保育の工夫－
　　小学部：多様な言語課題に応じた日本語の指導－日本語の「基礎力」「運用力」を高める－
　　中学部：日本語で考える力の育成－授業の充実－
　　高等部：社会の中の自分を育てる－社会参加、自立に向けて日本語力を高める指導－
　　重度・重複学級：社会参加に向けて身に付けてほしい力の育成－個に応じたコミュニケー
　　　　　　　　　　ション・ことばの視点－

　第 3 章では、「立ろう　いま、むかし」として現在の幼児・児童・生徒の様子や本校の歴史を掲載しています。学校開校時から現在までの歴史については、本校の大先輩である佐藤昌一先生、水上篤先生、竜澤美知子先生にご協力をいただきました。

　第 4 章は、資料編として本校で使用している学びの基礎力アンケートや授業力向上・専門性向上チェックリストなど、すぐに活用できる資料をまとめました。

　本書を出版するにあたり、東北福祉大学大西孝志教授には、本校の研究への指導・助言及び本書の監修を務めていただきました。心より感謝申し上げます。本書の発行は、これから続く歩の一歩です。本校に通う幼児・児童・生徒の豊かな成長のため、今後も尽力していきます。

令和 3 年 2 月 19 日
立川ろう学校ろう教育研究会　代表　村野　一臣

ろう学校における主体的・対話的で深い学びの実践

はじめに

第1章 ろう学校における主体的・対話的で深い学びの視点による授業改善 │理論編・実践編

第2章　各学部の教育実践 ～日本語で考える力を求めて～
（平成25年～平成29年）

第3章　立ろう　いま、むかし

第4章　資料編

執筆教員一覧

第1章

ろう学校における主体的・対話的で深い学びの視点による授業改善

理論編

 **ろう学校における主体的・対話的で深い学びの視点による授業改善**

東北福祉大学教育学部教授　大西　孝志

1　はじめに

　平成 29 年 3 月から順次告示された学習指導要領では、各学校において、単元や題材など内容や時間のまとまりを見通しながら、子供の「主体的・対話的で深い学び」の実現に向けた授業改善を通して、創意工夫を生かした特色ある教育活動を展開することが求められています。その際、特に、各教科等において身に付けた知識及び技能を活用したり、思考力、判断力、表現力等や学びに向かう力、人間性等を発揮させたりして、学習の対象となる物事を捉え、思考することにより、各教科等の特質に応じた物事を捉える視点や考え方を高めていくことが大切であることが示されました。

　「授業改善」が子供の「主体的・対話的で深い学び」のための重要な要因となっているということは、日々授業を行っている教師にとって重く受け止めなければいけないことだと思います。

　本書の中には、これまで、立川ろう学校が子供の「主体的・対話的で深い学び」の実現に向けて日々行われてきた授業改善の取組として、以下、多くの実践が掲載されています。

　　○幼稚部：経験（生活）と言葉を結びつける指導や環境設定を工夫した指導
　　○小学部：日本語（書き言葉）習得のための指導
　　○中学部：学習における自己評価方法を工夫し、思考する力を伸ばす指導
　　○高等部：自立と社会参加を踏まえた日本語の指導
　　○重度・重複学級：子供の生きる力育成に役立てるための発達段階表コミュニケーションのチャート表の開発・活用を通した指導　など

　本稿では、これらの実践を踏まえて、ろう学校における主体的・対話的で深い学びとは何かということをまとめたいと思います。

2　主体的・対話的で深い学びとはどのような学びなのか

　「主体的・対話的で深い学び」とは、どのような学びの形態を指しているのでしょうか。学習指導要領には次のように示されています。

　「指導計画の作成と内容の取扱い」では、全教科、外国語活動、総合的な学習の時間、特別活動（道徳を除く）に共通して次のような記述があります。

> 　単元など内容や時間のまとまりを見通して、その中で育む資質・能力の育成に向けて、児童の主体的・対話的で深い学びの実現を図るようにすること。その際、言葉による見方・考え方を働かせ、言語活動を通して、言葉の特徴や使い方などを理解し自分の思いや考えを深める学習の充実を図ること。
>
> （小学校学習指導要領　第 2 章第 1 節国語第 3）

　ここでは、これからの学校教育においては「主体的・対話的で深い学びの実現」を図ること、その際には教科の特性に応じた見方・考え方を働かせて深い学びにつなげることが重要であることが記載

されています。さらに学習指導要領解説においては、この主体的・対話的で深い学びの実現に向けた授業改善に関する配慮事項が示されています。

　国語科の指導に当たっては、（1）「知識及び技能」が習得されること、（2）「思考力、判断力、表現力等」を育成すること、（3）「学びに向かう力、人間性等」を涵養することが偏りなく実現されるよう、単元など内容や時間のまとまりを見通しながら、主体的・対話的で深い学びの実現に向けた授業改善を行うことが重要である。

　児童に国語科の指導を通して「知識及び技能」や「思考力、判断力、表現力等」の育成を目指す授業改善を行うことはこれまでも多くの実践が重ねられてきている。そのような着実に取り組まれてきた実践を否定し、全く異なる指導方法を導入しなければならないと捉えるのではなく、児童や学校の実態、指導の内容に応じ、「主体的な学び」、「対話的な学び」、「深い学び」の視点から授業改善を図ることが重要である。

　主体的・対話的で深い学びは、必ずしも1単位時間の授業の中で全てが実現されるものではない。単元など内容や時間のまとまりの中で、例えば、主体的に学習に取り組めるよう学習の見通しを立てたり学習したことを振り返ったりして自身の学びや変容を自覚できる場面をどこに設定するか、対話によって自分の考えなどを広げたり深めたりする場面をどこに設定するか、学びの深まりをつくりだすために、児童が考える場面と教師が教える場面をどのように組み立てるか、といった視点で授業改善を進めることが求められる。また、児童や学校の実態に応じ、多様な学習活動を組み合わせて授業を組み立てていくことが重要であり、単元のまとまりを見通した学習を行うに当たり基礎となる知識及び技能の習得に課題が見られる場合には、それを身に付けるために、児童の主体性を引き出すなどの工夫を重ね、確実な習得を図ることが必要である。

　主体的・対話的で深い学びの実現に向けた授業改善を進めるに当たり、特に「深い学び」の視点に関して、各教科等の学びの深まりの鍵となるのが「見方・考え方」である。各教科等の特質に応じた物事を捉える視点や考え方である「見方・考え方」を、習得・活用・探究という学びの過程の中で働かせることを通じて、より質の高い深い学びにつなげることが重要である。

（小学校学習指導要領解説　国語編　第4章第1）

　長い引用になりましたが、ここで大切なことは、「主体的・対話的で深い学び」はこれまで学校が行ってきた指導と異なるものではないこと、グループ学習や発表型の学習といった授業の形態ではなく、発問・教材・学習活動を通して考える・工夫するといった思考・表現活動を活発にする学びであるということです。つまり、知識（基礎・基本）をしっかりと教える授業の形態やコミュニケーションを活発に行うことによって考えを深める授業の形態、どちらにも該当するということになります。

　一方、主体的・対話的で深い学びによる授業改善の考え方の下では、授業を作るのは誰か、授業評価を行うのは誰かという点で、これまでの「授業づくり」「授業評価」よりも広い視点が必要になると考えられます。

　つまり、この学びは、教師が授業を進め、子供が教わるというスタイルではなく、教師と子供・子供同士が様々な活動を通して互いの考えを広げ・深めるネットワーク型の学びへの転換が求められているということです。

　「誰が生徒か先生か」というような、教える・教わるという関係性が一方的ではなく、教室にいる全員が活動に積極的に参加し、互いを刺激し合うような学習こそが主体的・対話的で深い学びにつながるのです。

　また、評価についても「本日の授業はうまく進んだ」「発問がよく構成されていた」といった指導者側の評価だけではなく、教わる側が「今日の勉強はよく分かった」「腑に落ちた」「明日は更に難し

いことをしてみたい」と実感できる授業になっているという視点が大切になってくると思います。

3　私自身の「主体的・対話的で深い学び」とは

　約45年前の国語の時間のことです。トルストイの『ひととび』（原題は『飛びこめ』）という物語文の学習でした。

『ひととび』のあらすじ
　世界一周旅行の帰りの船の上での出来事です。一匹のさるが、船長の息子の帽子を引ったくり、船の**マスト**の上まで逃げました。人々がどっと笑い、少年は怒って、さるをおいかけました。サルと少年は、**あれよあれよというまに**一番上の**帆桁（ほげた）**まで登ってしまいました。さるは後ろ足でつなにつかまりながら体を思い切り伸ばし、帆桁のはしに帽子をかけてしまいました。マストから帆桁のはしまでは一メートル半ほどあり、綱とマストから手を放さなければ帽子を取ることはできません。夢中になっていた少年は、手を放して、帆桁伝いに歩き始めました。下で見ている人々はあまりの恐ろしさにはっと息を**のみました。**
　もし一歩でも足を踏み外したら、甲板に墜落してしまいます。その時、あまりの恐ろしさに「あっ。」と声を出した者がありました。少年は、その声を聞いて、はっと**我に返りました**。そして、ふと下を見おろした時、少年は思わずよろけました。ちょうどその時、少年の父の船長が、カモメを撃とうと愛用の鉄砲を持って船室から出てきました。船長は、帆桁の上に立っている我が子を**見るが早いか**、すぐに鉄砲を構えて、我が子にねらいをつけました。そして、「すぐ、海へとびこめ。そうしないと、うつぞ。」と叫びました。少年は父の言葉がよく**のみこめません**。（以下略）

（昭和49年版　教育出版国語4年より）

　当時、私の担任は、予習として分からない言葉の意味調べを課していました。下線のある言葉が教科書の欄外に書かれている難語句でした。辞典を引くと、「マスト」「帆桁」は図解付きで意味の説明がありました。ところが、「あれよあれよというまに」という言葉の意味は掲載されていませんでした。親に意味を聞いたところ「とっても早いこと」というような説明はしてくれましたが、それでは納得できませんでした。

　翌日、他の友人からも同じような発言があり、「調べても載っていないものを何故、予習させるのか」という話になりました。

　担任は一度教室を出て、しばらくするとたくさんの国語辞典を抱えて戻ってきました。そして、次のようなことを話し始めたのです。

　小学生用の辞典には載っていない言葉がたくさんあること。中学生になったら厚い辞典を購入するとよいこと。図書室からたくさんの辞書を持ってきたからみんなで調べてみるとよいこと。日本で一番厚くて値段が高い「広辞苑」という辞典にはたくさんの言葉の意味が載っていること（ちなみに…といっていくつかの変な言葉を調べて教室内大笑い）。

　けれども…どんなに厚い辞典にも載っていない言葉があること。言葉というものは、話しているそばから新しい言葉が生まれているから無限に存在すること。私たちはその言葉を使いこなしてコミュニケーションをしていること。だから大人になっても辞典を引かなければならないこと。

　その後、私たちは、用意されたたくさんの国語辞典に感動しながら意味調べを続けました。

　この時間のことを、教室にいた全員が「楽しい授業」「強く印象に残った授業」だったと感じてい

たということはないと思います。このようなやりとりがあったことすら記憶に残っていない者も多いのではないかと思います。

しかし、私にとっては約半世紀経った今でもこの時間が強く心に残っています。おそらく好奇心が刺激され、辞書を引く面白さに気付かされ、その後、読書が好きな子供になったというきっかけとなる時間だったのでしょう。

「主体的・対話的で深い学び」を実現した授業というのは、もしかすると授業後すぐにその成果が見えないのかもしれません。授業を受けた子供があとになって「あの授業は面白かった、ためになった、生き方を変えた」ということもあるはずです。

何故、その授業が記憶に残っているのかということを改めて考えてみると、きっとその授業には、活発な思考活動を誘引するものがあったのだと思います。自分自身の印象に残っている授業を振りかえってみると、主体的・対話的で深い学びには、どのような要素が必要なのかということが見えてくるのかもしれません。

4 見方・考え方を働かせて問題解決を図るとは

この度の学習指導要領では「見方・考え方を働かせ(教科等の特性に応じた)資質・能力を育成することを目指す」ということが、道徳と自立活動を除く全ての教科等の目標に共通して示されています。その際に、主体的な学び、対話的な学びを通して「深い学び」につなげていくことが一貫して求められています。さらに、習得・活用・探求という学びの過程の中で、各教科等の特質に応じた「見方・考え方」を働かせながら、知識を相互に関連付けてより深く理解したり、情報を精査して考えを形成したり、問題を見出して解決策を考えたり、思いや考えを基に想像したりするという深い学びにつなげていくことが大切です。

資質・能力を育成するために働かせる「見方・考え方」について、具体的な授業場面を想定して説明したいと思います。小学1年生の算数、100までの数の数え方や位取りの学習の場面です。課題は以下の通りです。

このみかん箱(15キロ入り)の中にはみかんがいくつ入っていますか?

子供たちは箱から1つずつみかんを取り出して数えていきます。ところが100までの数を学習したばかりなので、子供によっては、重複して数える、いくつまで数えたのか分からなくなる等の問題が発生します。

その時、教師は「10個ずつまとめて数える」という1年生の数学的な見方・考え方を指導します。こうすることで、子供たちは「10のまとまりが8、ばらが3なので83個です」というように問題を解決することができます。

しかし、このようにして習得した数学的な見方・考え方は、発達の段階に応じて更に高度な見方・考え方に発展させる必要があります。

この箱(15キロ入り)の中には釘が何本入っていますか?

この場合、釘は尖っているので数えるのは危険です。また、あまりにも本数が多いため1年生で習得した数学的な見方・考え方で、問題解決を図るには無理があります。そこで、そのような時には「6年生算数の比例」、「3年生算数の重さ(グラム)」「5年生理科上皿天秤ばかり」等で身に付けた見方・考え方を働かせて「釘1本の重量は2グラム。15キロは15000グラムだから7500本」と新しい方法で答えを導き出すことになります。

これが、「(教科の)見方・考え方を働かせて資質・能力を育成する」ということです。

　また、個数は数学的な見方・考え方だけで求めるのではなく、小学校3年生社会の「地域に見られる生産や販売の仕事について、学習の問題を追究・解決する活動を通して、次の事項を身に付けることができるように指導する。」といった学習活動から、みかん農家で働くおじさんへのインタビューを通して、社会的な見方・考え方を働かせて、M玉みかん15キロ箱のみかんだいたいの個数を知ることも可能です。

　子供たちは、学校の授業で様々な問題・課題を経験します。それらを解決するためのツールが教科の特性に応じた見方・考え方です。いくつもの見方・考え方を知っている子供は、ある方法(見方・考え方)が使えなければ、別の方法(見方・考え方)で問題を解決することができます。そして授業で身に付けた「見方・考え方」はその後の実生活でも活用されることになり、多くの見方・考え方の習得が、以下のような「生きる力」につながるといえます。

　　・これまで一通りの方法でしか課題解決ができなかった子供が、別の方法で解くことができるようになる
　　・複数の問題解決の方法を身に付け、どちらの方法がより効率的か選択できるようになる
　　・いくつかの方法の共通点を見付け問題解決の時間を短縮することができるようになる
　　・別の(教科の)「見方・考え方」を問題解決に生かすことができるようになる

5　主体的・対話的で深い学び実現のために重要なこと

　子供たちにとって、主体的・対話的で深い学びによる授業改善につながるためには必要なことが3つあります。

(1)実態把握

　分かる授業を提供するためには子供の実態把握が正確に行われていなければなりません。過去の指導の記録、個別の指導計画等に記載されたこれまでの成長の跡や課題として残っていることを踏まえて授業を進めていくことは大変重要です。また、ろう学校の場合には、その子供の特性を踏まえて音声言語(聴覚の活用)と視覚言語(手話、文字、読話など)を使用することが求められます。特に言語の基礎的な指導期においては音声言語、視覚言語の特性を踏まえて両者をバランスよく使用していくことが大切です。

　聞こえているから、手話を使っているから、字幕を付けているから大丈夫であろうという期待をこめた実態把握ではなく、「通じること」と「分かること」の両方が成立しているかどうかという確認が必要だと思います。

(2)教材研究

　教材研究は全教員に求められる授業づくりの基本です。特に、学習活動を行うのに困難さを抱えている子供に対して分かる授業を行うためには、よりたくさんの教材研究が必要です。ろう学校の子供が、日常的に入手できていない情報も授業と関連付けながら指導することが必要になるため、当該教科の教材研究に留まらず、他教科との関連を踏まえた指導内容の精選などを図っていくことも大切です。

(3)基礎・基本の確実な定着

　主体的・対話的で深い学びのためには、考える、工夫するといった学習活動が必要になります。このためにはその前提となる、基礎知識が欠かせません。基礎的な知識や問題解決のための手立て(技術・方法)が習得できていない子供に「よく考えてやってみてください」というのは指導ではありません。

　ろう学校においてはこれまでも、乳幼児相談・幼稚部から小学部へと長い時間をかけて子供たちに

主体的・対話的で深い学びの柱となる、基礎・基本の指導をしてきました。ただし、子供たちに必要な基礎・基本は何かということが共通理解されていなければどうしても指導漏れや指導の重複が生じてしまいます。

　そこで、指導すべきことに見落としがないように教科間及び学年間におけるカリキュラム・マネジメントを充実させ指導内容に一貫性をもたせることが求められています。

　本書には、立川ろう学校の先生方が日々行ってきた、授業実践とそれを「主体的・対話的で深い学び」にするための授業改善（校内研修・グループ研究）での成果がまとめられています。各学校においては本書に掲載されている実践を参考にして、各学校の子供たちの主体的・対話的で深い学び実現につながる鍵を見付けていただきたいと思います。

 **聴覚障害教育における現状と課題**

校長　村野　一臣

1　多様化する幼児・児童・生徒の実態

　聾学校に在籍する幼児・児童・生徒は、昭和30年代前半2万人を超えたのをピークに平成30年度には約8千人と減少傾向が続いています。全国聾学校校長会の調査では、聾学校に在籍する幼児・児童・生徒の全体的傾向として、補聴器のみ装用している割合は、63.3％、人工内耳を装用している割合は32.7％です。学部別では、補聴器のみを装用している割合は、幼稚部54.9％、小学部61％、中学部66.5％、高等部70.2％と学部が上がるにしたがって高くなっていて、反対に、人工内耳（補聴器との併用も含む）の割合は、幼稚部42.8％、小学部36.6％、中学部24.4％、高等部24.3％と学部が上がるにしたがって、次第に低くなっています。また、人工内耳装用の時期も幼稚部では2年生から1歳以上1歳半未満が倍増しているなど、平成26年度に小児人工内耳適応基準改訂（手術年齢が1歳に引き下げられた）の変化が出てきています。今後、ますます人工内耳の装用の普及及び低年齢化が進むと予想されます。また、重複障害学級の在籍者の割合も増加しているとともに、医療的ケアを必要とする幼児・児童・生徒も増加傾向にあります。

　乳幼児教育相談を経て、幼稚部へ在籍する幼児、地域の保育園、幼稚園に進学する幼児が、その後、進学にあたり聾学校へ一定の割合で転入するケースもあり、幼児・児童・生徒の障害の状態及び、教育歴の多様化が見られます。更にコミュニケーションモードなど保護者の教育観の違いもあり、聾学校に在籍している幼児・児童・生徒は、全体的に在籍者は減少しているものの、一人一人に応じた丁寧な指導が一層求められています。

　平成29年度の高等部在籍者の進路先の割合は、大学等の進学15.6％、専攻科17％、就職44.1％、福祉的就労15％となっています。近年、大学進学はおおよそ20％台となる一方で、専攻科への進学者は減少しています。福祉的就労者は増加傾向にあり、多様な進路指導が必要になってきています。

2　乳幼児教育相談の現状と課題

　幼稚部の前段階の乳幼児教育相談に関して、本校では年間約100名の相談を受けています。東京都では、この10年間で相談件数が約2倍となっている状況です。ろう学校では約50年前から早期の教育の必要性、重要性に鑑み、乳幼児教育相談を、都道府県、各学校の努力で実施し、現在に至っています。幼稚部からは学校として位置付けられていますが、0歳児から3歳児は、学校の相談機能を活用した運営となります。令和元年6月に、難聴児の早期支援の課題解決に向けて、「難聴児の早期支援に向けた保健・医療・福祉・教育の連携プロジェクト」（文部科学省副大臣、厚生労働省副大臣が共同議長の会議です）が、提言を取りまとめました。具体的な取組として、（1）各都道府県における「新生児聴覚検査から療育までを遅延なく円滑に実施するための手引書」や「難聴児早期発見・早期療育プラン（仮）」の策定の促進、（2）地方公共団体における新生児聴覚検査の推進、（3）難聴児への療育の充実となっています。その中で、乳幼児教育相談の拡充など特別支援学校（聴覚障害）

における早期支援の充実が挙げられています。今後、この提言を受け、保健、医療、福祉及び教育の相互の垣根を排除した、具体的な取組が期待されています。

3 一人一人の幼児・児童・生徒に応じた教育の充実

　多様化する幼児・児童・生徒に対応し、一人一人に応じた教育の充実が求められています。特に聴覚に障害があることにより、言語の習得やコミュニケーション、教科指導において聴覚障害の状態に応じて、音声、文字、手話、指文字等を適切に活用したり、また、補聴器や人工内耳を活用したりして、指導方法を工夫することが必要になっています。つまり、教師には、聴覚障害教育が積み上げてきた実践を継承するとともに、幼児・児童・生徒の実態に応じた柔軟で丁寧な指導をするという専門性が求められることになります。幼児・児童・生徒の減少とともに、聾学校も１県１校の地域もあり、団塊の世代の退職とともに、専門性の維持と人材育成が共通の課題となっています。

　特別支援学校学習指導要領においては、障害種別ごとに、指導計画の作成と各学年にわたる内容を取扱いに当たっての配慮事項を示しています。このことを十分に理解し、指導をすることが重要です。

特別支援学校小学部・中学部学習指導要領（H29）

各教科の指導計画の作成と内容の取扱いに関する配慮事項
（小学部・中学部）

- 体験的な活動を通して、学習の基礎となる語句などについての的確な言語概念の形成を図り、児童の発達に応じた思考力の育成を図ること
- 児童の言語発達の程度に応じて、主体的に読書に親しんだり、書いて表現したりする態度を養うよう工夫すること
- 児童の聴覚障害の状態等に応じて、音声、文字、手話、指文字等を適切に活用して、発表や児童同士の話し合いなどの学習活動を積極的に取り入れ、的確な意思の相互伝達が行われるように指導を工夫すること
- 児童の聴覚障害の状況等に応じて、補聴器や人工内耳等の利用により、児童の保有する聴覚を最大限活用し、効果的な学習活動が展開できるようにすること
- 児童の言語概念や読み書きの力などに応じて、指導内容を適切に精選し、基礎的・基本的な事項に重点を置くなど指導の工夫をすること
- 視覚的な情報を獲得しやすい教材・教具やその活用等を工夫するとともに、コンピュータ等の情報機器を有効に活用し、指導の効果を高めるようにすること

特別支援学校高等部学習指導要領（H31）

各教科の指導計画の作成と内容の取扱いに関する配慮事項
（高等部）

- 生徒の興味・関心を生かして、主体的な言語活動を促すとともに、抽象的、論理的な思考力の伸長につとめること
- 生徒の言語力等に応じて、適切な読書習慣や書いて表現する力の育成を図り、主体的に情報を収集・獲得し、適切に選択・活用できる態度を養うようにすること
- 生徒の聴覚障害の状態等に応じて、音声、文字、手話、指文字等を適切に活用して、発表や生徒同士の話し合いなどの学習活動を積極的に取り入れ、正確かつ効率的な意思の相互伝達が行われるように指導方法を工夫すること
- 生徒の聴覚障害の状況等に応じて、補聴器や人工内耳等の利用により、生徒の保有する聴覚を最大限活用し、効果的な学習活動が展開できるようにすること
- 生徒の言語力等に応じて、指導内容を適切に精選し、基礎的・基本的な事項に重点を置くなど指導の工夫をすること
- 視覚的な情報を獲得しやすい教材・教具やその活用等を工夫するとともに、コンピュータ等の情報機器などを有効に活用し、指導の効果を高めるようにすること

4 学習指導要領への対応：主体的・対話的で深い学びによる授業改善

　今回示された学習指導要領は、令和２年度から小学部での完全実施となり、順次中学部、高等部へと進んでいきます。全国の聾学校では、この学習指導要領に基づく教育課程の編成を整えているところです。学習指導要領では、育成を目指す資質・能力として、以下の３つの柱を示しています。

　・学びを人生に生かそうとする「学びに向かう力・人間性の涵養」
　・生きて働く「知識・技能の習得」
　・未知の状況にも対応できる「思考力・判断力・表現力等の育成」

　そのため、各学校では、必要な資質・能力を育むため組織的にカリキュラム・マネジメントを実現し、教育課程の評価改善に努めるとともに、授業においては、主体的・対話的で深い学びの実現に向けた授業改善が求められています。

　聾学校においては、聴覚に障害があるため、基礎的・基本的な知識・技能をベースとしながら改善の視点として、（１）１時間の授業での改善、（２）単元計画や題材の選定による改善、（３）他の教科との関連による改善、（４）学部間のつながりに基づく改善などが考えられます。各学校で、どのような授業改善を進めるのか学校経営上の課題となっています。

本校の取組については、32頁以降の実践編を参照ください。

ろう重複障害児童・生徒への指導について

校長　村野　一臣

1　ろう重複障害児の在籍状況

　特別支援学校（聴覚障害）の在籍児童生徒数に対する重複障害学級の在籍児童生徒数の割合は、平成2年度は小・中学部で12.7％、高等部で5％でした。特別支援教育制度が開始された平成19年度は、小・中学部で19.6％、高等部で8.0％、更に平成29年度は、小・中学部で、22.2％、高等部で16.1％と年々増加しています。本校では、令和2年度において、幼・小・中学部で18.6％、高等部17.5％となっており、知的障害をベースに医療的ケアの必要な幼児・児童・生徒など障害が多様化している現状となっています。そのため、一人一人の実態を的確に把握し、きめ細かな指導が一層求められます。特にコミュニケーションについては、手話を中心に多様な方法を活用した指導が必要です。

2　実態把握について

　多様な幼児・児童・生徒の実態を把握し、指導課題を明確にして、個別指導計画に反映させていくことが重要です。しかし重複障害の場合、標準的検査の実施は困難を伴うことがあり、統一したもので実施することが難しいケースが見られます。そのため、本書194〜197頁で紹介しているように「発達段階表・コミュニケーションチャート表」の開発など、観察する基準となるものがあると客観的な評価が可能となります。また、S-M社会生活能力検査は、日常生活をよく知っている担任が回答するため、有効に活用できます。先行研究では、ろう重複児の場合は、一般的にコミュニケーションや集団参加が落ち込む傾向が見られます（姫路聾学校研究紀要第9号）。また、標準的検査以外では、行動上の課題を取り上げるなどする行動観察、ビデオに録画の分析・検討などが有効です。録画の分析は、気付かなかった点や指導の経過における変容が分かり、筆者はよく活用していました。

　実態把握では、どうしてもコミュニケーションに着目してしまいがちです。しかし重複児の場合は、行動の背景に着目するとともに、併せ有している障害の特性等に着目し、指導課題を明確化・焦点化することが大切です。すなわち、学習指導要領が示す「自立活動」の6区分27項目から指導課題を明確にすることを改めて強調しておきたいです。（参考：筆者「ろう学校高等部重複障害学級における指導の充実を図る研究」）

3　手立ての具体化：主体的・対話的で深い学びによる授業改善の視点

　指導課題を明確にし、各教科・領域での指導目標を設定していきます。

　幼児・児童・生徒の長所や可能性、興味・関心・意欲等に着目した手立てを具体的に考えていくことが生き生きとした活動（主体的・対話的で深い学びによる授業改善）につながります。手立ての工夫の視点として、

　（1）題材選定の工夫、（2）学習環境の工夫、（3）教材・教具の工夫、（4）展開の工夫、（5）教師の関わり方の工夫、などを考えるとよいです。

　また、指導上の留意点として、

（1）援助が過剰ならないようにする、（2）反応を読みとり適切な声かけや手助けをする、（3）活動にメリハリをつけ報告・確認ができるようにする、（4）適切に認め、ほめて評価する、なども大切な点です。

長所・可能性の把握
興味・関心・意欲の把握
障害特性の把握等

一人一人の手立ての具体化

⬇

生き生きと活動する姿

4　指導の実践例

（1）経験・体験を通した学習計画例

　ろう重複障害児は、基本的に知的障害を併せ有しているので、知的障害特別支援学校の学習指導要領に沿って教育課程を編成しています。ただし、聴覚に障害があり、音声のみの指導では難しいため、身振りや表情、手話、指文字等を活用して指導を行います。特に言葉の指導では、日常生活で繰り返し使う表現や幼児・児童・生徒の興味・関心から手話を中心に指導をしていくことが基本となります。また、生活単元学習や行事など体験活動と関連させながら見通しをもたせるとともに、国語等での個別の指導で更に定着を図ります。

　生活単元学習では、行事や季節をテーマとした単元を設定します。自らの体験や興味・関心を関連させて学習計画を立ていきます。中・高等部になると授業間の連携が希薄になるので、全体計画を十分に立てることが重要です。

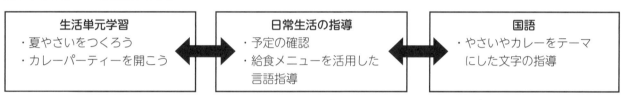

生活単元学習		日常生活の指導		国語
・夏やさいをつくろう ・カレーパーティーを開こう	⬄	・予定の確認 ・給食メニューを活用した 　言語指導	⬄	・やさいやカレーをテーマ 　にした文字の指導

☆やさいの名前、カレーの材料、作り方、招待状づくり、給食指導、ひらがなの読み書きなどの学習活動を関連付けるとともに、個別の課題を設定します。

☆「できた」、「分かった」という実感がもてるように、スモールステップを考えます。

☆ろう重複学級では、指導者（大人）が先読みして、過剰な支援をしがちです。自ら考えて行動できるよう反応や行動をみて支援します。過剰な支援は、「指示待ち」姿勢を強化します。

（2）文字の指導：国語（個別課題）

　手話での簡単なやりとりができるようになっても、文字の理解までは時間が必要です。また、そのためのスモールステップが大切になります。知的障害児と比較し、手話や指文字等のコミュニケーション手段を使うことで更に複雑になってしまいます。意図的に手話への置き換え、指文字での表現を入れていきます。音声と文字、手話と文字との結びつきが課題となる例が多いです。

文字指導までの流れ（ステップ）
・実物・写真と絵カードのマッチング
・写真・絵カードと身振り・手話のマッチング、模倣
・手話表現から絵カードのマッチング
・絵カードから手話表現、ひらがなのかたまりのマッチング、指文字の模倣
・絵カードから手話表現、ひらがなの構成（一音一文字での構成）、指文字
・指文字と文字カードのマッチング
・手話を指文字で表現する。

教材例：絵カードから手話カード、文字カード、指文字カードのマッチングを行う

手話カード　　　　　文字カード　　　　　指文字カード

④ ろう学校の指導における授業の基礎・基本　〜専門性を支える取組〜

副校長　加藤　紀彦　草間　みどり

　幼児・児童・生徒にいつでも分かりやすい指導をすることが、一人一人の子供を最大限伸ばします。子供の力を伸ばすために欠かせないのは、ろう教育の専門性です。本校では専門性を高めるために、学校全体で以下に紹介する５つの取組を実践しています。組織的、継続的に取り組むことでろう教育の専門性の維持、向上を目指しています。

ろう教育の専門性を支える五つの組織的、継続的な取組				
			↑	
専門性チェックリスト	授業力チェックリスト	立ろう学習ルール 	学びの基礎力アンケート Reading - Test	リーフレット「若手教員育成のために」

1　専門性チェックリスト

　本校では、ろう学校での指導に求められる基礎的・基本的な項目を挙げ、専門性チェックリストとして日々の授業実践に生かしています。新任・転任の教師はもちろんですが、長年聴覚障害教育に携わっている教師も、このチェックリストで自分の授業を省み、授業の質を高めています。

　教師は日本語力を育成する意識をもち、思考力を高める授業を実現するために、幼児・児童・生徒同士の話し合いを深めさせ、子供たちがお互いの話し合いの中から自ら学びを深めていくよう授業を進めます。

　年２回、自己申告（管理職に職務の進捗状況等を報告する）面接時に、「専門性チェックリスト」を基に話し合い、授業改善がなされているかを確認します。以下16項目について解説します。

（１）幼児・児童・生徒同士がお互いに顔も手話も見えるように、机や椅子の配置に気を付けている。

　◆ろう学校での机の配置は馬蹄形です。教師は、しっかり話を伝える意識をもち、口話、手話、音声すべての情報をお互いに読みとれる環境を整えましょう。

（２）集団補聴器がきちんと作動するか確認し、使っている。（マイクや幼児・児童・生徒の個人補聴器の電池とスイッチ（MT等）の確認も含む）

　◆ろう学校には集団補聴システムがあります。学校には様々な特性の子供がいます。教育の場である学校では、すべての手段をしっかり提供し、多くの情報を正確に伝えましょう。

（３）幼児・児童・生徒の注意を自分に向けてから話している。

　◆ベテランの教師は、すぐに全員の子供たちを集中させます。教材教具を面白く取り出す、面白い話をする、仕草を工夫するなど、それぞれの教師ならではの極意があります。子供たちの注意を向けられるよう、自分なりの指導の技の引き出しを増やしましょう。

（４）幼児・児童・生徒の方を向いて話している。（黒板の方を向いて話さない。話しながら

板書しない)

◆通常の小学校・中学校・高校・大学では、教師が黒板に向かって話しながら書いている姿が見られます。しかし、ろう学校の子供たちは視覚により情報を得ます。常に子供たち全員に向かって話しましょう。

（5）幼児・児童・生徒の実態に合わせて話している。（分かる言葉で、長すぎない文で、年齢に応じた言葉遣いで話している）

◆一文が長すぎると内容を理解することが難しくなります。理解できる言葉で話すことが原則です。ただし、分かる言葉を使ってより難しい言葉を習得させる等、語彙を増やすことも大切です。

（6）幼児・児童・生徒に十分聞こえる声で話している。（集団補聴器・マイクを適切に使い、口話と手話を併用している）

◆子供たちは手話も口形も見ています。聴覚を活用して音を聞き取っている子供もいます。口形も音声も日本語の読み書き能力の向上に必要だということを意識して、口形をはっきりして、子供に分かるような声で話しましょう。

（7）口形や表情が幼児・児童・生徒に見やすい位置で、分かりやすい口形で話している。

◆光を背にして話してはいけません。子供たちの目に太陽や光が入るからです。また、口形を誇張する必要はありませんが、母音ははっきり、子音は丁寧に発音し、口形を分かりやすくします。場面に応じ椅子に座るなど高さにも配慮し、幼児・児童・生徒から見やすい位置で、動き回ることなく、話をしましょう。

（8）手話を使用する際にも、正しい日本語を指導する視点をもっている。

◆手話は視覚言語として大切です。手話を使用する際は自分の手話表現に引きずられて、日本語文法が崩れたり、表現が必要以上に簡単になったりしないように気を付けましょう。

（9）手話の有効な点を生かしている。

◆指で要点の数を示す、位置・空間を活用するなど手話の有効な点を生かして、授業を進めましょう。

（10）理解の確認をしながら学習を進めている。

◆「分かりましたか」「分かりました」だけでは、理解したかどうか確認できません。何が分かったのか、適切な発問を通した確認が必要です。

（11）大事な言葉や文は、指文字や文字で確認している。

◆音声も手話もその場で消えてしまうものです。視覚によりはっきりと理解させましょう。生活で使う言語やキーワードは指文字や板書で確認しましょう。黒板の隅に書いて、学校生活の場面に使うことで使い方、使う場、反対語、同義語など言葉が広がり、定着を促せます。

（12）幼児・児童・生徒の発言が全員に伝わるようにしている。

◆必要に応じて前に出て発表させたり、教師が復唱して伝えたりしていますか。互いの発言を理解しているかどうか確かめましょう。分かったつもりでも、実は分かっていないこともあります。子供の様子をよく見ましょう。

（13）幼児・児童・生徒に、正しい口形、声（より明瞭な発音）を意識して話すよう促している。

◆手話が大切であることは言うまでもありません。加えて、正しい口形で話すこと、音声を用いることで意思疎通が図りやすくなることもあります。一つだけではなく、様々な手段を用いて意思疎通を図り、日本語力を高めましょう。

（14）教師の話だけではなく、友達の発言もきちんと見るように促し習慣づけている。

◆子供たちにすぐに情報源を察知させ、友達の意見を受けて、どのように考えるのか問いかけて思考を促し、深い学びにつなげていきましょう。

（15）言葉足らずの発言、誤りを含む発言等は、より良い表現、正しい表現、年齢相応の表現に直して教え、言わせたり書かせたりしていている。

◆ 「口形・口声模倣」「誤音矯正」「聞きとがめ」という言い方もあります。手話表現も含めて正しい日本語を理解しているか、曖昧な音韻等は何回も確認しましょう。「言葉の拡充」がろう学校の教育の大きな目標です。言葉が豊かであれば、思考が深まり、ひいてはよりよい生き方の実現につながります。乳幼児教育相談に参加する保護者の皆様には、「言葉のシャワー」をお願いしています。素敵な言葉を子供たちとたくさん交わし、日本語力を育てましょう。

(16) ノートやプリントに書くとき、読むとき、話を聞くとき（注目するとき）など活動を区別している。

◆ 今、何をするのか、指示をはっきり出してから学習活動をさせましょう。プリント配布のタイミングも大切です。配られたら何をするのか、きちんと指示をしていないと、注目させるまでにまた時間を要します。活動のめりはりをつけると授業力が向上します。

専門性チェックリスト

	チェック項目	できている	やや できている	あまり できて いない	できて いない
1	幼児・児童・生徒同士が、お互いに顔も手話も見えるように、机や椅子の配置に気を付けている。	Ⓐ	Ⓑ	Ⓒ	Ⓓ
2	集団補聴器がきちんと作動するか確認し、使っている。（マイクや幼児・児童・生徒の個人補聴器の電池とスイッチ（MT等）の確認も含む。）	Ⓐ	Ⓑ	Ⓒ	Ⓓ
3	幼児・児童・生徒の注意を自分に向けてから話している。	Ⓐ	Ⓑ	Ⓒ	Ⓓ
4	幼児・児童・生徒の方を向いて話している。（黒板の方を向いて話さない。話しながら板書しない。）	Ⓐ	Ⓑ	Ⓒ	Ⓓ
5	幼児・児童・生徒の実態に合わせて話している。（分かる言葉で、長すぎない文で、年齢に応じた言葉遣いで話している。）	Ⓐ	Ⓑ	Ⓒ	Ⓓ
6	幼児・児童・生徒に十分聞こえる声で話している。（集団補聴器・マイクを適切に使い、口話と手話を併用している。）	Ⓐ	Ⓑ	Ⓒ	Ⓓ
7	口形や表情が幼児・児童・生徒に見やすい位置で、分かりやすい口形で話している。（特に外では光を背にしない。口形を誇張する必要はないが、はっきりと動かしている。場合によっては椅子に座るなど高さにも配慮している。）	Ⓐ	Ⓑ	Ⓒ	Ⓓ
8	手話を使用する際にも、正しい日本語を指導する視点をもっている。（自分の手話表現に引きずられて、日本語文法がくずれたり、表現が必要以上に簡単になってしまったりしないように気を付けている。）	Ⓐ	Ⓑ	Ⓒ	Ⓓ
9	手話の有効な点を生かしている。（指で要点の数を示す、位置・空間を活用するなど）	Ⓐ	Ⓑ	Ⓒ	Ⓓ
10	理解の確認をしながら学習を進めている。（「分かりました」…何が分かったのかの確認が必要）	Ⓐ	Ⓑ	Ⓒ	Ⓓ
11	大事な言葉や文は、指文字や文字で確認している。（音声も手話もその場で消えてしまうもの）	Ⓐ	Ⓑ	Ⓒ	Ⓓ
12	幼児・児童・生徒の発言が全員に伝わるようにしている。（必要に応じて前に出して発表させたり、教師が復唱して伝えたりしている。）	Ⓐ	Ⓑ	Ⓒ	Ⓓ
13	幼児・児童・生徒に、正しい口形、声（より明瞭な発音）を意識して話すよう促している。（将来の社会自立に必要な力であることを認識させる。）	Ⓐ	Ⓑ	Ⓒ	Ⓓ
14	教師の話だけでなく、友達の発言もきちんと見るように促し習慣づけている。（相互読話の習慣）	Ⓐ	Ⓑ	Ⓒ	Ⓓ
15	言葉足らずの発言、誤りを含む発言等は、より良い表現、正しい表現、年齢相応の表現に直して教え、言わせたり書かせたりしている。（口声模倣、誤音矯正、言葉の拡充）	Ⓐ	Ⓑ	Ⓒ	Ⓓ
16	ノートやプリントに書くとき、読むとき、話を聞くとき（注目するとき）など活動を区別している。（今、何をするのか、指示をはっきり出してから活動させている。）	Ⓐ	Ⓑ	Ⓒ	Ⓓ

2 授業力向上チェックリスト

各教員は年1回以上研究授業を行います。専門性の中のここだけは特に気をつけてほしいという点

を、研究授業毎に参観者がチェックします。研究授業参観者の評価を通し、専門性を高めています。

　東京都の教員として採用された1年次から3年次は若手教員と呼び、研修の一環として授業力向上のため、年3回以上、研究授業を行います。現在（令和2年度）本校では全教員の4分の1にあたります。若手教員の育成が、ろう学校の教育の未来につながると言っても過言ではありません。

　若手教員が研究授業の1月ほど前に自分の授業を省みる「若手教員授業力向上チェックリスト」もあります。研究授業の前に、指導する教師と自分の課題を整理し、指導案作成、研究授業に臨みます。研究授業後の「授業力チェックリスト（評価）」は、授業力向上の指針として研究協議会等でも活用しています。（201頁参照）

> **☆若手教員の声☆**
> 　チェックリストを使用することで、板書や発問の工夫への意識が高まりました。また、ベテランの先生の授業を参観させていただく際の観点としても非常に参考になりました。先生方の工夫のポイントが分かるようになり、自分の授業でも取り入れることができるようになりました。

3　立ろう学習ルール

　幼稚部から高等部専攻科まで、立ろう学習ルールは共通です。授業の質を高めるため、授業力向上のため、幼児・児童・生徒、教師両方にとっての学習ルールとなっています。

◆**しっかり準備**……授業準備のことです。学習道具をそろえ、予習をし、忘れ物なく授業に臨ませます。教師は、授業準備（授業案、板書計画、授業のキーワード、発問計画の綿密な立案等）と教材準備をしっかり行います。

◆**正しい姿勢**……幼児・児童・生徒は正しい姿勢で授業を受けていますか。社会に出れば、午前も午後もしっかりとした姿勢で仕事をすることが求められています。教師にとって正しい姿勢とは、子供たちの将来をしっかりと見据えた授業を目指し、日々授業力向上に専念することです。

◆**よく見る、よく聞く**……よく見る、よく聞く、よく考えるは、授業の基本です。教師も同様、子供たちの様子をよく見て、発言をよく聞きましょう。ろう学校の教師は発問に対してクラス全員に一斉に発言させ、誤音（言葉）を直せる教師になるように、と教えられたことがあります。つまり、いかに多く子供たちに発言させ、正し、その発言で授業を構築していくかという教師の技量が求められるのです。言葉を紡ぐ授業を目指しましょう。

◆**丁寧な言葉**……教室は小社会です。社会に出た時、正しい失礼のない言葉遣いが自然にできるように日々の積み重ねが大切です。もちろん、教師も丁寧な言葉を使い授業を進めます。

4　学びの基礎力

　学びに向かう力の実態把握をします。「基本的な生活習慣」「豊かな基礎体験」「学びに向かう力」「学びを律する力」「自ら学ぶ力」を各学部に応じたアンケート形式で明らかにし、幼児・児童・生徒本人が努力すべきことを知り、担任、保護者と共有します。（186〜190頁参照）

　また、「Reading - Test」（教研式　読書力診断検査）により、言語を理解し使用する力の実態（読字力・語彙力・文法力・読解力）を細かく分析します。一人一人の幼児・児童・生徒の「読みとり、理解する力」を担任と各教科の教師が把握し、指導に生かしています。

5　若手教員を育てるために

　若手を育てる主任教諭向けのリーフレットを作成しています。若手教員の指導にあたる教師の啓発のために、指導教諭が作成しました。若手を育てる専門性が集約されています。主任級の教師が専門性を再確認し、誰もが自信をもって若手を育てられるよう指針として活用しています。（203頁参照）

5 ろう学校における授業づくりのポイント

指導教諭 庄﨑 真紀 山崎 亜矢

ろう学校の授業づくりにおける PDCA とは

授業づくりにおけるマネジメントサイクルについて以下4つの観点で述べていきます。

● Plan（計画）
 ・１時間の授業の流れを作る。
 ・主体的・対話的で深い学びを実現する。

● Do（実行）
 ・幼児・児童・生徒の概念を育てる。
 ・日本語の力を伸ばし、定着を図る。
 ・「分からない」「できない」を学びのチャンスと捉える。

● Check（検証・評価）
 ・幼児・児童・生徒の学習状況を的確に把握する。

● Action（改善）
 ・背景知識を身に付けられるよう指導する。
 ・連続性を意識して指導する。

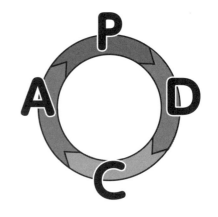

❶ 授業前の「台本」作り

◇的確に実態を把握する。
◇個々の実態に配慮する。
◇集団としての目標や、集団としての学びが生きる展開を考える。
◇一人一人が達成感をもてるようにする。
◇子供が見通しをもてるよう、授業をパターン化する。
◇指示、発問は明確にする。子供を迷わせない。
◇学びの過程が分かるよう板書計画を立てる。
◇計画は大事だが、絶対ではない。計画に縛られない勇気をもつ。

❷ 概念を育てる

◇子供が得意なコミュニケーション方法でやり取りする。
◇手話、指文字、音声、文字など子供に「分かる」方法で指導する。
◇視覚教材を活用する。
◇言葉を言い換えたり、言葉を言葉で説明したりするよう促す。

❸ 日本語の定着

◇子供の使う言葉に敏感になる。言葉を拾い、訂正したり、広げたりする。
◇どの教科、領域でも「日本語」を育てる意識をもつ。
◇読み書きの指導を丁寧にする。
◇口形模倣、口声模倣、拡充模倣、チェーンニングで確実な定着を図る。※チェーンニングとは、ある一つの概念を示すのに、指文字、文字、手話単語を連続して提示する方法のこと。

PDCA

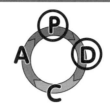

❹ 主体的・対話的で深い学び

◇子供自身が自分と対話できる環境を整える。（ノートの点検、コメントの記入）
◇子供の発言を生かし、思考が深まるやり取りを重ねる。
◇子供同士学び合う環境を整える。

❺ しつこさ

◇手話や音声で答えたことで終わりにしない。
◇手話や指文字、音声は「残らないこと」を忘れない。
◇「書く」活動を通して確認する。
◇機を捉え、既に指導したことも繰り返し指導する。（手を替え品を替え繰り返す。）
◇繰り返すことで日常生活に汎化できるようにする。

❻ 「分からない」は学びの好機

◇分からないことを肯定的に受け止める。
◇「分からない」と言えることが学びの一歩であることを認識し、子供にも伝える。
◇間違えた理由は子供と一緒に探る。（子供が自分で気付けるようにする）

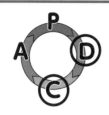

❼ 背景知識

◇授業中だけではなく、いつでも、どこでも機を捉えて子供を取り巻く世界について指導する。
◇朝の会や帰りの会は知識を広げ深める絶好のチャンス。事前に話題を考えておく。
◇「小耳に挟む」体験がたくさんできるよう、教師が意識を高くもつ。

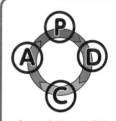

❽ 連続性を意識して

◇一時間の授業は、大きな単元や活動の中の一コマであることを意識する。
◇既習事項を生かして授業を組み立てる。
◇授業の内容を、子供たちの生活や経験と結び付ける。
◇既習事項が定着しているか確認する。
◇直接伝えないことも含めて教材研究をする。

ろう学校における授業づくりのポイント ～解説編～

① 授業前の「台本」作り

　「台本」作りのために気を付けたいことは次の3点です。1点目は子供の実態に基づいて考えることです。教材研究のために指導書を読むことがあると思います。指導書に書いてある通りに教えるのではなく、目の前の子供たちの実態を鑑みて、「分かる」ためにはどのように指導したらよいかを考えることが大事です。2点目は子供が学びの主役であることを忘れないことです。教えたいことがたくさんあったとしても、教師のペースに巻き込むのではなく、子供の気付きや疑問、考えたことを取り上げて、指導に生かせる余地を残しておきたいものです。子供と一緒に今日の「台本」を仕上げるという気持ちで臨みましょう。3点目は、板書計画をきちんと立てることです。「台本」と板書に統一性がないと、子供は混乱します。指導の中で大事な言葉は文字カードや短冊などにして示しましょう。加えて、授業の最初には「この授業で何が分かるか、この授業で何ができるようになるか」見通しを示すとともに、授業の終わりには、何が分かったのか子供の理解を確認する問いかけを忘れずにすることも「台本」作りの基本です。

② 概念を育てる

　「『りんご』とはどんなもの？」と問われたら、いくつ答えられるでしょうか。赤い、丸い、皮をむいて食べる、種がある、種は黒くて小さい、おいしい、甘い、果物、白雪姫が食べる、青森でたくさん採れる、ジャムにする、アップルパイ…。これらは子供が実際に食べたり、買い物をしたりすることを通して、また、本やテレビなどで情報を得たりした結果、得られた答えです。一つの言葉でどこまでイメージを広げられるか、これが「概念を育てる」ということです。概念を育てる時に気を付けたいことは次の3点です。1点目は子供の得意なコミュニケーション方法で育てることです。手話、身振り、音声、写真、イラスト、実物…。どのような方法でもよいのです。印象に残ったものは頭の引き出しに入ります。2点目は入った知識を整理することです。整理するとは、リンゴは果物の一つ、赤いものの一つなど、上位概念を育てることを意味します。3点目は言葉で表すことです。「赤くて丸くて食べるとおいしい、これの名前は『りんご』」名付けられることで、そのものや状態の個性がはっきりとします。このように概念が育ったら、中学部・高等部では「〇〇とは〇〇である」というように、言葉で言葉を説明することを習慣化させていきましょう。

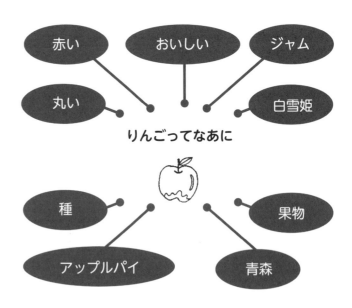

赤い　おいしい　ジャム
丸い　　　　　白雪姫
りんごってなあに
種　　　　　　果物
アップルパイ　　青森

③ 日本語の定着

　概念を育てると同時に、子供たちに日本語の力を身に付けさせることこそが、ろう学校の教師の仕事と言っても過言ではありません。どの学部でも、どの教科でも、理解した事柄は必ず日本語に置

き換えて答えるよう指導します。手話で答えられたとしても、更に日本語に置き換えさせて確認しましょう。

　日本語を定着させるために、ろう学校の教師は、子供の言葉に敏感になる必要があります。例えば、子供が「とうもろこし」を「とうころもし」と覚えていたら、間違いを直して、正しく覚えるように指導します。また、伝えようとしていることは分かるものの、日本語として正しくない場合には、丁寧にやり取りを重ね、意図を確認して、正しい日本語に直して示します。高等部の生徒であれば、社会参加・自立を視野に入れ、場や相手にふさわしい言葉、良好な人間関係を築くための言葉についても十分に指導したいものです。（※148頁　高等部　実践その２参照）

❹ 主体的・対話的で深い学び

　授業の主役は子供です。子供たちがテーマに即してよく考えられるように、様々な教材を提供していくのが教師の役割だと考えます。どのように提供すれば、主体的に取り組めるのか、対話的な場面を作れるのか、深い学びにつながる言葉かけとはどのようなものか、常に意識していきたいものです。幼稚部や小学部では、教師は知識を伝えるとともに、いつも５Ｗ１Ｈ等（いつ、どこ、だれ、なに、なぜ、どのように、どうやって）の問いかけをしていき、子供たちが考えてみようとする習慣を身に付けさせていくことが大切だと思います。中学部、高等部では加えて「自分との対話」「書物との対話」も深めさせていきたいものです。例えば、生徒が問題を前にして、手を止め、真剣な眼差しであったら、それは考えている証拠です。人との対話と同様に、自分との対話を通して学びは深まっていきます。授業における対話が大事であることは言うまでもありませんが、指導の目標を達成するための「話し合い」なので、手段と目的が転倒しないよう気を付けたいところです。

❺ しつこさ

　ろう学校では「しつこい」ことが大事です。手話で答えられたから、口頭で答えられたからこれでよしとはなりません。手話や指文字、音声は残りません。残る手段「文字」での確認が必要です。中学部や高等部では毎時間のノートの点検は難しいかもしれません。しかし、それでもノートの点検は大事です。どのような道筋をたどって答えに至ったのか、授業を通して何を学んだのか、ノートを点検することで思考の過程や、深まりを確認できます。

　以前指導したことであっても、機を捉えて、手を替え品を替え、繰り返し指導して定着させることも大事です。以前、「水玉模様」を「みずたまもさま」と読む子供がいました。そこで、学年の教師が順番で水玉模様の服を着てきては、「これの名前なんだっけ？」と尋ねたこともありました。これはほんの一例ですが、子供にしつこいと思われずに、しつこくする技を磨きたいものです。

❻ 「分からない」は学びの好機

　分からないことを、分からないと言えることが学びの第一歩です。分からなかった時、できなかった時こそ学びの最大のチャンスです。どこまで分かったか、どこまでできたか、どこでつまずいたのか、どうすればよかったのか…。子供が考えるのを傍らでしっかり支えましょう。「分からない」、「間違っていると思う」と言い、答えたがらない子供はいませんか。「間違っていても、完璧でなくても大丈夫。あなたの考えをきちんと聞くよ」というメッセージを伝えていきましょう。教師とのやり取りや、子供同士のやり取りの中で子供は自ら気付き、学びを深めていきます。

❼ 背景知識

　指導は授業の中だけで完結するわけではありません。朝の会や帰りの会、給食の時の会話、家庭学習などいろいろな場面を活用する必要があります。教科書を読む前にどれくらいの知識をもち合わせているかはとても重要です。生活経験や読書、思考する機会の連続で「背景知識」は育ちます。

　小学校低学年の国語科教材である「スイミー」を読むために必要な「背景知識」は何でしょうか。それは、海や海の生き物に関する、ある程度の知識です。知識だけではなく、生き物について思うこと、例えば「イソギンチャクはきれいだ」など、水族館で見たり触ったりして楽しんだことがあるかどうかも大切です。中学部、高等部など教科担当制の場合は、他教科とも連携し、教科の枠組みを超えて指導することで背景となる知識が身に付きます。例えば、国語の授業で、アウシュヴィッツ収容所で命を落とした神父に関する随筆を読み取る際、国語の時間内で歴史的背景などを詳しく指導することは困難です。他教科の教師と授業について情報交換する、年間指導計画を見合って、連携できるところは連携する、学級担任に学習内容を伝え、可能であればホームルームで関連事項を取り上げてもらうなど、チームとして指導していくことが背景知識の定着を促します。

> **＊背景知識を身に付けさせるために　～高等部国語科の一例～＊**
>
> 　背景知識を身に付けさせたい時、どうすればよいでしょうか。指導者が様々な資料に当たり知識を身に付けることは当然のことですが、それでも分からない時、腑に落ちない時、頼りになるのは周りの教師です。五重塔建設に携わる若者の姿を描いた随筆を指導する際、「伝統的組木工法」という言葉が出てきました。この言葉は文章読解につながる大事な言葉です。この大変さが分からなければ、文章を理解したことにはなりません。そこで、職業系の教師に相談し、早速組木を貸してもらうことにしました。生徒たちは実際に見て、手に触れることで五重塔建設がいかに困難を極める事業であるか思いを馳せることができました。鉄を削る際に出る「キリコ」についても同様に種類の異なるキリコをもらい、生徒たちに見せました。背景知識を教えようとしたらきりがありませんが、このように実物に触れることで実感を伴って文章を読めるようになることがあります。もう一つ大事なことは生徒の力を生かすことです。
>
> 　「先生、科挙について調べてみたのですが、皆に話してもいいですか」
>
> 　「山月記」を学習している時、一人の生徒がこう話しかけてきました。もちろん大歓迎です。科挙に合格したいがためにカンニングをする者がいたこと、カンニングが発覚したら一族郎党にまで罪が及んだこと等。見ている生徒たちの目が輝き、驚きの声が上がります。李徴という人物が生徒の心の中で息づき始めます。また、五重塔建設に携わる若者の姿を描いた随筆では、組木工法で椅子を作ったことがある生徒がどのように作るか説明し、その時の大変さを語ります。高等部段階では、周りの教師の力、生徒の力も背景知識を身に付けさせる際に大きな役割を果たしています。

❽ 連続性を意識した指導

　今日の授業は、前回の授業の続きであり、そして次回の授業に続くものです。また、今日の授業は、大きな単元や活動の中の一コマです。単元のゴールに向かって進んでいくわけですが、今日の授業がどの位置にあるのか、ゴールに向かってどんな役割を担う授業なのかを意識して授業を準備する必要があります。

連続性について、子供たちにも意識してもらえるような準備が必要です。その日を振り返るような活動（授業中に板書をノートに書き取る。宿題プリントや絵日記等、家庭で復習をする、等）を取り入れる、また、その日に使った教材を明日以降のために教室に掲示するのも効果的です。

　授業の最初には、既習事項が身に付いているかを確認します。子供たちには予習をしてきてもらいます。では、どんな予習をさせたらよいでしょうか。家庭でそのテーマについて話してもらう、教科書を読んできてもらう、授業で使う言葉の意味調べをしてもらう、等が考えられます。また、学習した内容は、授業中だけで終わるものではありません。例えば、リットルやミリリットル、グラムやキログラム等、単位の授業の前後では、家やお店の中で、牛乳パックやペットボトルの容量や、お肉やバター等の重さを確認してみたり、家で食材の分量を量って調理をしてみたりすることで、生活の中に落としていくことが大切です。子供たちがその学習を終えた後、生活の中でどのように生かし、生活を豊かにしていけるかを考えていくことが大切です。

＊連続性を意識した指導とは〜「教材研究」の視点から〜＊

　小学校低学年の国語科教材に『おおきなかぶ』があります。有名なお話で、原作は幼児期からよく読まれる絵本です。このお話は、同じパターンで登場人物が出てきたり話が展開していったり、また、「うんとこしょ　どっこいしょ」とリズムよく体を使ったりして、楽しく読みすすめることのできる楽しい教材です。

　更に掘り下げ、子供たちとの話し合いの中で、子供たちと野菜や栽培について知識を広げたり、家族構成について考えてみたり、どうしてかぶは抜けたのか、抜けた後どうしたのか考えてみたり等できる教材です。

　このような指導をするにあたり、教師はどんな準備をしておく必要があるでしょうか。

　例えば、かぶについてです。「かぶの種はどんな形をしているのか」、「植えたらどうなるのか」「どんな味か」「どんな料理をして食べるのか」等、授業する前に頭の中でイメージしておくと、子供たちとのやり取りが深まりますね。

　実は、『おおきなかぶ』はロシア民話です。日本で発行されている絵本の挿絵にあるのは白いかぶですが、ロシアやヨーロッパの絵本では、ルタバカという黄かぶとして描かれているのだそうです。

　このような情報は、もしかしたら授業では話題にならないかもしれません。けれども、教師として、知らないで教材を扱うのと、知っているけれど今回は提供しなかったのとでは大きな違いがあると思うのです。

　また、このような教材研究は、国語で『おおきなかぶ』の単元が終わっても、その後の生活科での栽培や調理活動につながるかもしれません。そこに連続性も生まれます。

　指導のために、教科書に書かれている内容だけでなく周辺事項も含め、あらかじめ調べたり考察しておいたりすること、これが「教材研究する」ということではないでしょうか。

　教師が、教材に対し楽しんだり興味深く思ったりすることで、授業に深みが出るのではないでしょうか。

連続性のある学びとは

　立川ろう学校は、乳幼児教育相談から高等部専攻科まで、0歳から20歳までの子供たちの通う学校です。子供たちは、進級するたびに新しい活動と出会ったり、知らない人と出会ったりして、様々なことを学び取って成長していきます。

　1時間の授業は大きな活動や単元の一コマであり、今日まで子供たちが身に付けたことを基に明日の授業を準備する繰り返しの大切さや、授業一つ一つが大きな目標に向かうためのステップであることを意識することの大切さについては、前頁までの「8　連続性を意識して」という部分で述べました。

　これらは、0歳から20歳までの子供たちの長い学校生活においても同じことが言えるのではないでしょうか。子供たちが入学してから卒業するまでの間、授業はもちろん、HRや給食等、学年や学部を越えたあらゆる場面での連続性のある学びの積み重ねが、子供たちの知識を広げ、思考力を深め、身体健やかに、心を豊かにしていくのではと考えます。

　ここでは、オリパラの取組について、学校全体の大きなテーマを受けて各学部等でどのような活動に取り組んできたかを紹介していきます。子供の成長や課題に合わせた活動内容は、学校全体としての連続性を生み出していきます。

授業の中で　　学校生活の中で　　家庭学習の中で

日本の伝統
- すもう大会
- こままわし大会
- 和太鼓体験
- 季節行事
- 日本の昔話の読み聞かせ、劇

- 三味線体験
- 茶道体験
- 木版画体験
- 季節行事
- お正月遊び

国際感覚
- 外国のお話の読み聞かせ、劇
- 外国や世界の人々について
- 国旗

- 中国について留学生に教えてもらう
- メキシコについて留学生に教えてもらう
- ラテン音楽楽器体験

・全校で中国雑技団鑑賞会　　・栄養士によるオリパラ給食

障害理解
- アメリカ人ろう者と遊ぼう（手話を教えてもらう）
- ろうの空手選手と遊ぼう（空手体験）

- 障害者スポーツ体験（ボッチャ）

スポーツ
- 立川オリパラランド（小学部）体験
- 運動会
- メダルの話

- 立川オリパラランド（文化祭での発表）サーフィン、ゴルフ、ボッチャ、車いすバスケ
- 運動会
- メダルの話

・オリパラ観戦　　・NHKパプリカ立川バージョンの撮影

・家庭との連携　　・絵日記、日記、学習プリント等による振り返り

乳幼児教育相談	幼稚部	小学部（小低部）	小学部（小高部）
0歳から	重度・重複学級		

いつでもどこでも学びの場「連続性」
～オリパラの取組を通して～

　学校全体を通した「連続性」は、大きなイベントについてだけではありません。日常生活の中の身近な話題について知ったり考えたりする毎日の積み重ねもまた、連続性です。季節行事やニュースで話題になっていること等について、HRや授業の中でいつも意図的に取り上げていくことが、学校生活を終えて社会に出ていく子供たちにとって20年間の財産になるのではと考えます。下記に取り上げるとよい内容を例示しました。

こんなことも意図的に取り上げ続けて

☆　季節行事　　　　　　　☆　カレンダー、祝日
☆　身近な生活にある言葉　☆　時事問題
☆　新聞の見出し　　　　　☆　子供から出た話題
☆　上位概念　　　　　　　☆　「どうして」「どうやって」を考える時間

・箸作り、布の草鞋作り体験
・日本の昔遊び
・茶道体験
・日本紹介DVDの作成と海外ろう学校等への贈呈

・外国の方への日本のガイドブックの作成
・多文化理解（6か国の外国人の方との交流）
・JICA国際協力出前講座（ジンバブエ等）
・ベナンろう学校との文通

・全校で中国雑技団鑑賞会　　　　・栄養士によるオリパラ給食

・デフリンピアンとの交流（陸上選手、卓球メダリスト等の体験談を聞く、卓球体験）
・デフリンピックについて知る。
・障害者スポーツ体験（車いすテニス、車いすバドミントン、車いすバスケ、タグラグビー、ボッチャ、シッティングバレー）

・オリンピック・パラリンピックの基礎知識・歴史
・前回の東京オリンピックについての歴史
・オリンピックの発祥についての劇活動
・オリンピック・パラリンピックのボランティア活動について

・オリパラ観戦　　　　　・NHKパプリカ立川バージョンの撮影

・家庭との連携　　　・絵日記、日記、学習プリント等による振り返り

中学部	高等部	専攻科
重度・重複学級		20歳まで

第 1 章

ろう学校における主体的・対話的で深い学びの視点による授業改善

実践編

1 本校のOJTについて

1 研究の概要

　新学習指導要領の導入に伴い、本校では「自ら学ぼうとする幼児・児童・生徒の育成」を目指し、平成30年度からOJTを活用して、「主体的・対話的な深い学びのある授業」の改善に取り組みました。授業改善にあたっては、いくつかの重要な項目を設け、それを相互に関連させて、効果的な実践に結び付けられるように考えました。

　日頃の授業を通じて、全教員（約90名）でより効果的に研究の推進とOJTの実践を行うため、以下のような取組を行いました。以後、研究構想図に示した内容を詳述します。

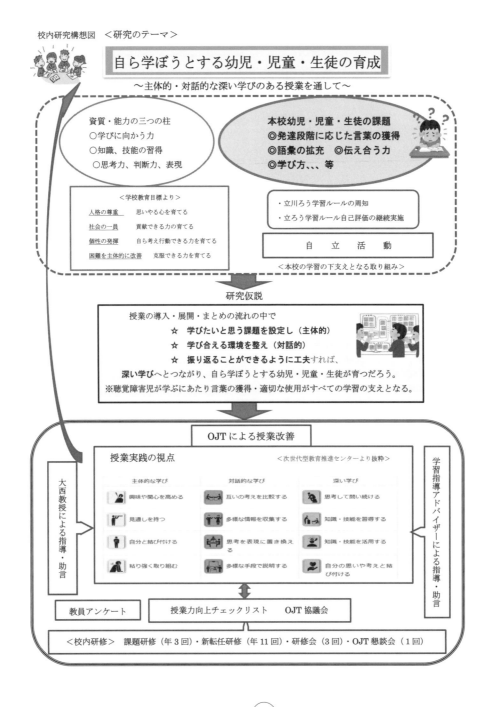

2 OJTの取組

「主体的・対話的で深い学びのある授業」の実現のためには、教師の研修体制、授業力及び専門性の向上、組織の再編などの課題がありました。それらを一つ一つ整理し、意識的・計画的・継続的に進め、教師の一人一人の資質・能力の向上、人材育成の充実を図りました。

（1）研究授業の実施

全教員が「主体的・対話的で深い学びのある授業」の実現のために、1年間に1回以上研究授業を行いました。その際、聴覚障害教育の基礎・基本を大切に、導入・展開・まとめの一連の授業の流れを盛り込みました。併せて、ねらいを前頁の研究構想図で示した「授業実践の視点」（12の視点）に焦点化し、各OJTグループでどの視点に注目して授業改善を進めていくのかを協議しました。

また、参観者がろう教育の専門性の観点を確認できる「授業力向上チェックリスト」を作成しました。参観時に記入し、研究協議の際の資料として活用しました。更に、管理職をはじめ全学部の教師が研究授業の授業日を知ることができるスケジュール表の作成や職員朝会での研究授業時間・場所の連絡を行い、全教員が参観しやすい体制を整えました。

（2）研究グループの再編成

従来、数か月に一度招集される英語などの主要教科のグループだった教科会や"言葉"や"かず"などの学習領域別のグループを統廃合し、学部別・教科別の16グループに再編成しました。そして、全教員が16グループのいずれかのグループに入り、自身の専門性に応じたOJTの実践ができるように整備しました。

幼稚部	小学部（国語）	小学部（算数）	中高国語	中高社会	中高数学	中高理科	保健体育	中高英語	中高技術家庭	芸術（図工・美術・音楽）	小重度・重複	中高重度・重複	機械・総合技術	情報・商業	自立活動

各OJTグループの中からリーダーが選出され、グループ内の授業改善の推進役として、授業日程調整やOJT協議会の準備をはじめ、協議会の充実に努めました。リーダーはこれらの職務を通して、組織的に授業力を向上させるための担い手となりました。

さらに、小・中・高の各学部、重複グループで毎月開催されていた課題研究は、年間3回の課題研修として、「主体的・対話的で深い学びのある授業」の基礎的な研修をしたり、各学部の課題解決のためのために講師を招聘し学んだりする機会としました。

（3）OJT協議会の開催

各グループで研究授業を実践後、授業についてグループで決めたテーマに沿った授業であったか、「主体的・対話的で深い学びのある授業」となっていたか、聴覚障害教育の専門性は担保されていたかなど協議を行う場を設けました。（年間7回　期間：6～12月）

（4）学習指導アドバイザーの導入、その他

　各教師の聴覚障害教育の専門性の維持・向上、「主体的・対話的で深い学びのある授業」の充実のため、各グループに外部の専門家をアドバイザーとして招聘しました。授業を参観していただき、OJT協議会にて指導・助言を頂戴して、次の授業へ生かせるようにしました。

　また、本校には、指導教諭※が2名います。16グループを大きく二つに分け、指導教諭は、それぞれの大グループを担当し、OJTグループ内で解決できない様々な悩みや各教師個人の授業の課題、協議会の進め方などについて助言しました。新規採用教員、転任者のための研修の一環として、各部の中堅やベテラン教師の授業を参観する研修を企画し、実際の授業から学ぶ機会を作りました。

※指導教諭…高い専門性と優れた教科指導力を持つ教員で、模範授業などを通じて、教科等の指導技術を自校・他校の教員に普及させる職務を担う教員（東京都教育委員会ホームページより）

（5）全校講演会・OJT懇談会、報告会等の開催

　聴覚障害教育の専門性の維持・向上と「主体的・対話的で深い学びのある授業」の実現を目指し、全校で講演会・懇談会等を開催しました。

　これらを通して専門性、授業力の礎が築かれるとともに、協議を通して専門性について考える環境が整いました。

［全校講演会］（平成31年8月30日）

「ろう学校における主体的・対話的な深い学びの視点による授業改善」（東北福祉大学　大西孝志教授）

　講演会では、新学習指導要領のポイントや本校の授業実践を通じて、ろう教育における主体的・対話的な深い学びのある授業について具体的にご指導いただきました。また、『ブラック・ジャック』の漫画を使用して、幼児・児童・生徒の「見方・考え方」を育てることを分かりやすく教えていただきました。

［OJT報告会］（平成31年2月20日）

　平成30年度…1年間のまとめとして、年度末に各OJTグループの授業実践やグループの取組をお互いに知り、学びを広げるためにポスター展示をしました。

［OJT中間報告会］（令和2年1月7日）

　令和元年度…平成30年度と同様ポスター展示とともに、各グループでの取組を発表しあい、その場で意見交換をしました。各自が興味関心のある3つのグループの発表を見たり、質疑応答を通して、参考になった点をまとめたりしました。まとめたものは各グループにフィードバッグしました。

　令和2年度…3年間のまとめとして、全国の聾学校、各関係機関に向けてオンラインで研究内容やOJTの取組等について発表しました。

② 各グループの実践

01 幼稚部グループ

（1）主体的・対話的で深い学びのための授業改善の視点（設定の理由）

授業改善の視点Ⅰ **協同して課題解決する**

　劇あそびをはじめ劇活動における様々な場面で、幼児同士の関わり合いを展開させ、その中で、コミュニケーションの成立や協力しようとする気持ち等についての課題を解決したいと考えました。

授業改善の視点Ⅱ **興味や関心を高める**

　幼児のことばの育ちや劇あそび等の集団活動において、準備不足ゆえにその幼児の興味や関心が低くなってしまうと、保育者のねらっていることは達成されにくくなります。「わくわくするような授業」「～やってみたい！と思うような授業」を展開することで幼児の興味や関心を高め、そこからどのような力や知識、気持ち等を育てていくかが重要だと考えました。

（2）実践例

1 活動名　　劇活動『おたまじゃくしの101ちゃん』　対象：幼稚部2年生

2 活動のねらい（5領域）

・『おたまじゃくしの101ちゃん：偕成社』の絵本の世界を楽しむ。（健康）（環境）

・絵本に登場する生き物の気持ちを考える。（言葉）

・絵本に登場する生き物をイメージし、動く。（表現）

・ストーリーに沿って動き、やり取りを楽しむ。（人間関係）

3 幼児の姿（実態）

　本学年は11名の幼児が在籍している。他校から転入してきた幼児は本校での生活リズムやコミュニケーションに慣れていない様子が見られる。全体としては援助が必要であるが、簡単な日常会話は、成立するようになってきた。鬼ごっこなど、自分たちで考えて遊ぶ姿もみられるようになった。子供たちは、3歳児の頃からごっこあそび（『3びきのやぎのがらがらどん：福音館書店』・『おおきなだいこん：童心社』・『てぶくろ：福音館書店』）を通して、少しずつではあるが自分ではない、他のものになったつもりの「つもりの楽しさ」を味わうことができるようになってきた。また、絵本も大好きで虚構の世界の面白さを味わえるようになってきた。また、週に1回『さくら・さくらんぼのリズム：群羊社』を取り入れている。さくら・さくらんぼのリズムに取り組むようになって、体の動きや運動能力が伸び、遊びや生活が豊かになった。そこで、さくら・さくらんぼのリズムの動きを取り入れながら、絵本の世界をイメージし、体を動かし、やり取りを楽しむ劇活動に取り組

むこととした。その中で、「他人の気持ちを考える・感じる」ことを大切にしながら、劇作りに取り組んでいく。

4 活動内容

活動1	毎日	絵本の読み聞かせを聞く。
活動2	6時間程度	絵本に出てくる生き物の気持ちを考える。(カエルのお母さん・おたまじゃくし達・101ちゃん・めだか・とんぼ・あめんぼ・たがめ・ざりがに)
活動3(1)	6時間程度	絵本に出てくる生き物の動きを工夫して表現する。お話の絵を描いたり、絵本に出てくる生き物を制作したりする。
活動3(2)	10時間程度	絵本に出てくる生き物の気持ちを思い出しながら、場面の台詞を考える。
活動4	6時間	色々な役に挑戦しながら、ストーリーの流れに沿って動く。背景画を描いたり、小道具を作ったりする。
活動5	1時間程度	役決めをする。
活動6	6時間	文化祭での発表に向けて役作りをする。
活動7	4時間程度	役を交代しながら、劇遊びを楽しむ。

5 本時

(1) 本時のねらい（5領域）

・お話に出てくる生き物の動きや台詞を工夫して表現したりしようとする。（言葉・表現）

・友達の動き・表情・台詞をよく見聞きし、演じている姿に共感しようとする。（人間関係）

(2) 本時の展開

	○活動内容　予想される幼児の姿	◆環境の構成と援助 ●ろう学校的支援や配慮、教材・用具※評価
導入 5分	○挨拶 ○劇活動の確認	●全員が見えるよう馬蹄形に座るよう促す。MTを見ているか確認する。 ◆今日の活動に見通しがもてるよう確認する。
展開① 20分	○劇活動(役作り・教室) ・絵本の読み聞かせ 絵本の読み聞かせを行う中で、自分の台詞を言う。 ・友達の台詞を聞く。 ・自分なりに台詞のタイミングをつかむ。	●絵本(紙芝居)を準備し、全員が見られるよう配慮する。 ●場面ごと課題を整理し、意識をもたせる。 ◆新しい気づきや発見を拾いながら、共有していく。 ※自分の台詞を覚えていたか。 ※相手の台詞を見聞きすることができたか。 ※積極的に取り組めたか。 ※友達とのやりとりを楽しめたか。　【授業改善の視点Ⅰ】
展開② 20分	○劇遊び(ホールにて) ・場面ごとに行う。 ・自分の出番が分かる。 ・友達の演技を見る。	◆紙芝居を使って場面の共有化を図る。 ◆演じる側と観る側と、座る位置を工夫してお互い見合えるよう工夫する。 ◆立ち位置等、目安になるよう印を付ける。 ●幼児全員、活動に参加しているかどうか時々確認する。 ●STは演じている友だちに注目させる。 ※自分が感じたことが表現できたか。 ※友だちの話を見ることができたか。【授業改善の視点Ⅱ】
まとめ 10分	○振り返り ・明日の活動の確認 ・今日の劇活動の中で、「いいなあ」「すごいな」「がんばったな」と感じたことを発表する。 ○挨拶	◆新しい気づきや表現を確認し、共有できたことを喜び合う。 ◆友達の動きや台詞でよかったことなど感想を聞く。 ●必要に応じて劇化し、みんなで模仿し表現する。 ※自分が感じたことが表現できたか。 ※友だちの話を見ることができたか。

（3）授業改善に向けて　〜視点を明確にして研究協議の充実を図る〜

●授業改善の視点Ⅰについて

・絵本「おたまじゃくしの101ちゃん」を使って読み聞かせをする中で、登場人物の台詞や動き等に着目させ、場面遊びを行った。たがめとざりがに戦う場面やかえるのママを起こす場面では全体的に意欲的に参加できるような支援ができた。

・場面によってはなかなか台詞が出てこなかった幼児もいたことから、幼児から出てきた台詞や動きを吹き出しや写真で残し、視覚的に分かりやすいよう配慮したこともよい支援であった。

・幼児が自分だけでなく友達の動きにも注目し、お互いに見合える場面があってよかった。幼児同士でイメージを共有することができ、関わり合いを深めることができた。

●授業改善の視点Ⅱについて

・絵本の読み聞かせの後、ホールに移動し、お面をつけて場面ごとに劇を行った。その際「表情」「動き」「台詞」に重点をおいて、話し合い、役作りを行った。

・子供たちの様子について振り返ったところ、どの子供もあらすじに沿ってごっこ遊びを楽しむことはできたが、登場人物の心情を読みとったり、場面の状況や流れの意味を考えて表現したりすることが難しい幼児もいた。しかし、演じている自分を客観的に捉え、表現方法を工夫する姿も見られた。

・一見参加が難しいと思われた幼児も自分なりに絵をめくっていたので、それも意欲的な参加の一つではないか。

・視点Ⅰにも通じるところだが、イメージする力を育てたり、登場人物の心情を読み取ったりできるようになるには、やり取りの繰り返しが必要である。

・身近な生き物たちが登場する今回の絵本はイメージがしやすく、劇化しやすかった。

●学習指導アドバイザーより

　幼児一人一人に様々な役を経験させることは大切である。その結果、個々の受け止め方は物足りなかったり、難しかったりするかもしれないが、それはそれで大事だ。また、劇活動は結果ではなくプロセスが重要で、「良い発表」を目指すだけではなく、練習の中で幼児たちが夢中で活動している様子を短時間でも良いから撮影し、幼児本人に見せることで、幼児本人にとって新たな気付きが生じることもある。

乳幼児教育相談・幼稚部の授業のポイント

遊びでも意図的な声かけを

　子供たちが豊かに遊べるように２つの環境設定を大切にしたいと考えます。

①　物的環境では、子供たちが見立てたり、イメージしたりしやすい物、季節や行事、発達に応じた扱いができる物を取り入れたり、子供たちの人数に応じた数を準備したりしています。
②　人的環境では、保育者の見守りと意図的な声かけのバランスを大切にし、子供一人一人や子供同士の世界を深め、広げる関わりを心がけています。

　幼稚部３年間を通して、子供たちが人とかかわり合い、遊び込む楽しさを味わえるようにしています。

ともに　はぐくむ

①　保護者が日常的に参観できる体制を設け、親子で共感し合えるように支援しています。
②　「その時、その場」の子供の姿から、成長を喜び合い、課題への対応の工夫をともに考えるようにしています。
③　親子が離れても、子供の成長にどのように関わるか支援し、自立を育みます。

豊かなコミュニケーションからことばへと

　ことばの習得のための土台作りとして自由遊びや設定活動などがあり、そこで身体や心が動いた時にコミュニケーションの力が伸びます。その豊かなコミュニケーションを基に教師の意図的なやりとりの中で指文字、文字カードなど視覚的な手がかりを通して生活言語の習得につなげていくことが大切です。

保護者支援（乳幼児教育相談）

　乳幼児教育相談は「保護者支援」が柱です。

①　確定診断前の曖昧な状況に置かれた母親の不安に寄り添い、不安に対する継続的な支援を行います。
②　具体的な情報提供をしながら、難聴であるかもしれない赤ちゃんとのコミュニケーションを支援します。
③　発達と照らしあわせながら、聴力レベルの評価を行います。

　このような支援を、時間をかけながら丁寧に行っていきます。

（1）主体的・対話的で深い学びのための授業改善の視点（設定の理由）

授業改善の視点Ⅰ　思考して問い続ける

　児童の中には、「人の話を聞いて、内容をきちんと理解すること」、「発表することはできるが、書いて自分の考えを深めていくこと」が苦手な児童がいます。学習内容の理解を深めていくため、話し合い活動等を通して、「自分の考えをもち、相手に伝えること」、「友達の考えを聞き、自分の考えを広げること」、「思考を深めながら学習に取り組むこと」をねらいとしました。

授業改善の視点Ⅱ　思考を表現に置き換える

　学年が上がっていくにつれ、教科書に出てくる言葉が難しくなり、学習に対する意欲が減退していく児童がいます。学習に対する苦手意識を少しでも軽減させるために、教科書の言葉（学習言語）をきちんと自分の言葉（生活言語）にするための言語活動や、文章を要約する活動等を通して、思考を適切な言葉で表現する力を育てることが大切であると考えました。

（2）実践例

◆科目：国語　　対象：小学部5年

◆単元名（教材名）「説明のしかたの工夫を見つけ、話し合おう」（「天気を予想する」）

◆単元の目標

・題材、筆者の考え、説明の仕方に興味をもって、読もうとしている。　　　　　　〔知識・技能〕

・筆者が事例や理由、根拠として挙げている事例を読み取っている。〔思考力・判断力・表現力〕

・図表を活用し、キーワードを使って筆者の述べている事例や根拠を説明しようとしている。

〔主体的に学習に取り組む態度〕

◆児童の学びの様子及び重点をおく指導事項

　どの児童も国語の学習には真面目に取り組んでいる。発想力が豊かで、積極的に挙手し、自分の意見を述べようとしている。これまで学習した説明文では、全体像をつかみ、事実を読み取り、それに対する自分なりの考えをもつことができた。しかし、現時点では、事実と筆者の考えを区別しながら読み進めること、また読んだ内容を基に論理的に説明することには課題がある。そのため、筆者の考えを読み取るだけでなく、自分たちならどう考えるかを話し合うことで、互いの思考を深める時間を設け、理由を付けて説明できる力を身に付けさせたい。

　本題材は、表やグラフなどを用いながら事実を説明している部分と、筆者の考えを述べている部分の段落が分かれていて、読み取りやすい構成である。資料と本文を読み進めながら、筆者の考えを読み取らせたい。また本題材は、これまでの生活経験や他の教科の学習と関連付けしやすい内容である。理科の学習では天気の変化の仕方について理解したり、実際に天気を予想する体験を行ったりしているので児童のこれまでの経験と結びつけながら、学習意欲を喚起したい。また「読むこと」に関しては、意見等を述べる前に一度考えを整理し、その根拠を本文から探す時間を設けることで、児童が自信をもって発言できるような授業展開をしていきたい。

●本時の目標

・天気予報の的中率がどうして高くなったのか、その理由を読み取ることができる。

●本時の展開

（発：発問　指：指示）

	○学習内容・学習活動	◆教師の支援や配慮　●教材・教具 ※評価（方法）**太字**は聴覚障害への配慮
導入 5分	○前時の復習をする。 発「天気を予想する」ことに対する、1つ目の問いは何でしたか。	◆児童が答えられない場合、前時のノートから、答えを探し出すよう促す。
展開① 7分	○第2段落から、1つ目の理由を読み取る。 発筆者が述べている「1つめの理由」は何ですか。 発「科学技術の進歩」したことで、どのようなことができるようになりましたか。	◆キーワードとなる言葉を書き出した短冊を用意し、児童の思考の手がかりとする。 ●短冊 **◆教科書に出てくる言葉を押さえ、それらを基に考えられるようにする。** ◆スーパーコンピュータの観測したデータがどのように天気の予想図を作っているかイメージをもち、考えられるようにする。 ◆筆者の伝えたいことを児童の言葉で説明するよう促し、最後に教科書に書かれている言葉を使って、一緒にまとめる。
展開② 8分	○第3段落から、2つ目の理由を読み取る。 発筆者が述べている「2つめの理由」は何ですか。 発「国際的な協力の実現」が進んだことで、どのようなことができるようになりましたか。	◆キーワードとなる短冊を適宜提示し、児童が説明をするときのヒントにする。 ●短冊 ◆「国際的な協力」がなぜ必要なのか、静止気象衛星を例に考えられるようにする。 **◆筆者の伝えたいことを児童の言葉で説明するよう促し、最後に教科書に書かれている言葉を使って、一緒にまとめる。** ※天気予報の的中率が高くなったことを自分の言葉で説明しようとする。【授業改善の視点Ⅱ】
展開③ 20分	○ペアで話し合う。 指更に科学技術が進歩し、国際的な協力が進めば、天気予報が100パーセント的中するようになると思いますか。ペアになり、話し合い、発表してください。	◆話し合いが停滞している場合、教科書の図表やこれまでの自分の経験を踏まえて話し合いをするよう促す。 ◆話し合った内容を付箋に記入し、互いに共有できるようにする。 ●付箋 ※理由と共に考えを伝え合いながら、内容の理解を深めようとする。【授業改善の視点Ⅰ】
まとめ 5分	○ノートに板書を視写する。 ○筆者の考えを端的にまとめる。 発天気予報の的中率は、どうして高くなったのでしょうか。	◆書き方等、間違いがないか個別に見て回る。 ◆児童が答えられない場合、板書から答えを探し出すよう促す。

（3）授業改善に向けて　～視点を明確にして研究協議の充実を図る～

●授業改善の視点Ⅰについて

・話し合い活動は、児童が様々な考え方があることを知る機会になる。今回のような児童が意見を発表する活動では、正解を出したり意見を１つに絞る必要はないのではないか。
・理科も天気を観測・予想する授業がある。そのため実際に理科の学習で天気を予想した体験を話題として取り入れると、思考を深めることにつながるのではないか。
・ろう学校は児童の人数が少なく、また、それぞれの経験も少ないことから、様々な考えを巡らせることが難しい児童が多い。そのため、教師から、児童が思考を深めるような問いかけ（話題）や、考えを揺さぶるような問いかけをすると、児童が様々な視点で考えるきっかけになるのではないか。
・互いの意見に対して、自分ならどう考えるか等、更に自分の考えを見直したり、振り返ったりできるような展開を作れるとよい。

●授業改善の視点Ⅱについて

・教科書に出てくる言葉や文を、自分の知識と合わせて説明できるようにしたり、自分の言葉に置き変えたりするためには、どのような発問・活動にするかを授業前に十分検討するなどの教材研究が大切である。
・教材文の内容の読み取りは概ねできるが、文章の表面的なことしか読み取っていなかったり、内容まで十分理解できていなかったりする児童がいる。そのため、教材をどの程度まで理解できているのかを確認するために、児童の言葉を使って文章を要約する活動や、筆者の考えを説明する活動を設定することが有効であると考える。これらの力はすぐに身に付くものではないため、単元のみでなく、年間を通して単元の系統性を把握し、段階を踏んで活動を設定していくことが大切である。
・文脈を読み取ることを目標にするのであれば、本文の言葉を使って正確に答えることが必要であるが、自分の言葉で説明することを目標にするのであれば、これまでの生活経験・学習経験をもとに説明できればよい。教科書にこだわりすぎず、また、教師が説明や誘導をしすぎないようにしたい。

●学習指導アドバイザーより

・話し合い活動は、児童自身が思考の過程の表現方法を知ることができるようになることが大切である。表現方法が分からない児童には、話し合いや発表の仕方などについて決まった型を提示し、それに沿って意見を述べさせると良い。
・意見を述べるためには、それに対する根拠が必要になる。国語の学習では、その根拠を本文から引き出す必要がある。本文を基に自分の意見をまとめることができるようになるよう、綿密な授業計画が必要である。
・教師と児童が１対１でやりとりをしているだけでは、児童の思考力は育たない。個別にやりとりをするのではなく全員で考えていけるように、教師と児童が１対複数のやりとりとなるような授業を展開していく必要がある。

小学部　国語の授業のポイント

「分からない」は◎

　学習言語が難しくなるにつれ、文章を読むことに抵抗を感じる児童がいます。分からない言葉は、（1）「前後の文脈から言葉の意味を想像しながら読む」、（2）「正しい意味をイラスト等とともに確認する」ことで、分からない言葉に対する抵抗感を軽減していく必要があります。「分からない」ことが悪いのではなく、「分からなくても、分かるようになる」楽しみを感じながら学習に臨めると良いと思います。

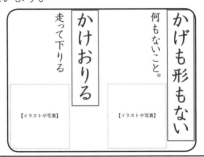

読んで分かることの整理

　説明文、物語文に関わらず、文章の内容を理解し、整理していくことは大切です。読んで分かったことを整理し、文章の内容を要約したり、そこから自分の考えをまとめたりする授業展開を大切にしたいと考えます。また、それらが見て分かるよう、教師は板書計画を事前にしっかり考えておくことが大切です。

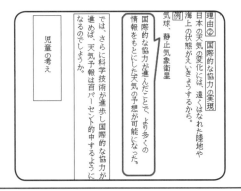

自分の言葉で説明する

　概ね内容を捉えることができていても、読み取ったことを自分の言葉で説明することが苦手な児童がいます。自分の言葉で説明する力を育てるためには、話し合い活動など思考を問い続ける活動を設定することが大切であると考えます。意見をまとめる際には、ワークシートや付箋などに書き出す活動を取り入れることで、文章の内容を簡潔に、時には自分の意見も踏まえて説明できる力を育てていきたいです。

本文に戻って考える

　自分の考えをその場で発表することができても、書くことで考えを深めていくことが苦手な児童がいます。ワークシートに自分の考えの根拠となった叙述を書き出し、叙述を基に考えたことを書き出した後に意見を交換する活動とすることで、きちんとした根拠を基に意見を組み立てる力を育てていきたいです。またこの活動によって、友達の考えと比較したり、意図を読み取ったりする力を育てたいと思います。

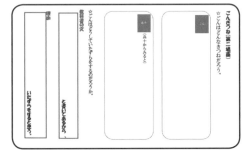

03 小学部　算数グループ

（1）主体的・対話的で深い学びのための授業改善の視点（設定の理由）

授業改善の視点Ⅰ　思考を表現に置き換える

　ろう学校の児童は、算数においても「国語力」が大きな課題になります。問題文の意図を読み取ることが苦手で、何を答えるのか、どのように立式するのか迷う様子が見られます。また、友達の考えを聞いて理解することや、自分の考えを正しく相手に伝えることに困難が伴います。そこで、解法の仕組みや自分の思考を適切な言葉で表現する力を育みたいと考えました。

授業改善の視点Ⅱ　知識・技能を活用する

　児童は授業の中で、計算の仕方などの知識・技能を学びます。しかし、知識・技能の定着に課題のある児童や、既習事項を応用することに課題のある児童もいます。そこで、既習事項を示し、どのように活用できるのかを考えたり、実際に活用したりすることもねらいとしました。

（2）実践例

◆科目：算数　　　　　対象：小学部３年

◆単元名（教材名）「かけ算の筆算」

◆単元の目標

・（２、３位数）×（１位数）の筆算のしかたを理解し、筆算で計算できる。〔知識・技能〕

・既習事項を活用して、（２、３位数）×（１位数）の計算のしかたを考えたり、具体物や図、式を用いて表現したりして考えている。　　　　　　　　　　〔思考力・判断力・表現力〕

・２位数や３位数に１位数をかける計算のしかたを考えたり、この考えを活用するよさに気付いたりしようとしている。　　　　　　　　　　　　　　〔主体的に学習に取り組む態度〕

◆児童の学びの様子及び重点をおく指導事項

　児童３名は手話と聴覚活用を併用しており、１名は手話が主なコミュニケーション手段である。４名の共通のコミュニケーション手段は手話である。４名とも学習に対する意欲は高く、自分の力で考えようと取り組むことができる。比較的理解力が高く、自分で考えることができる児童や、分かる時には挙手したり、友達の答えを聞いて正否を判断したりすることができる児童がいる。一方で、既習事項を活用して解法を求めたり、問題場面をイメージしたりすることがやや苦手な児童がいる。

　本単元では、既習事項である加法の筆算や乗法九九、分配法則、10のまとまり、100のまとまりなどの考えを用いながら学習を進めていき、「学んだことを用いて求められた」という自信をもたせたい。また、筆算の答えや手順は位によって色を変え、計算の答えや繰り上がりがどこに書かれているのかを理解できるようにする。筆算の手順は文章でも示し、児童が思考を言語化する際の手立てとなるよう配慮する。

●本時の目標

・（２位数）×（１位数）で繰り上がりのある筆算をすることができる。

●本時の展開

発：発問

	○学習内容・児童の学習活動	◆教師の支援や配慮　●教材・教具 ※評価（方法）**太字は聴覚障害への配慮**
導入 5分	・本単元の学習内容を思い出す。 ・前時の復習を行う。(34×2) ・本時のねらいを一緒に読む。 発 繰り上がりとは何ですか。	◆かけ算の筆算では、たし算を使っていたことを思い出させる。 ◆児童に筆算の仕方を説明させる。 ◆**本時のねらいを提示する際は、「繰り上がり」を虫食いにしておき、言葉や意味を思い出せるようにする。**
	くり上がりのあるかけ算の筆算の仕方を考えよう。	
展開 ①7 分	○71×4の計算の仕方を考える。 発 71×4の筆算を、全員でしてみましょう。 ・思考を表現に置き換えながら、計算の仕方を考える。 ・4×7の答えを百の位に繰り上げることを理解する。	◆筆算では、位をそろえて書けているか、筆算用紙を確認する。 ◆答えが出ない場合は、筆算用紙上で4→1、4→7のように手を動かし、「最初に計算するのはどっちですか。」と問う。 ●筆算用紙に、位ごとの色（一の位は赤、十の位は青）を使って、↑や式を書き込む。 ◆28を十の位にまとめて書き、違和感をもたせ、正解に気付かせる。 ◆必要な時は具体物や分配法則を用いる。 ※計算の手順を接続語と文で説明している。（発言・活動の様子の観察）
展開 ②13 分	○13×7の計算の仕方を考える。 発 13×7の筆算を、全員でしてみましょう。 ・思考を表現に置き換えながら、計算の仕方を考える。 ・3×7の答えを十の位に繰り上げることを理解する。	◆児童の発言がない場合は、「最初に何の位を計算しますか。」と問う。 ●繰り上がりの数字も、位で色分けして書き込む。 ◆十の位の答えを7と書き、繰り上がりの2をたし算しなければならないことに気付かせる。 ◆**筆算用紙と手順の文を対応させ、思考と表現を結び付ける。** ※計算の手順を接続語と文で説明している。（発言・活動の様子の観察）　　　　　　　　【授業改善の視点Ⅰ】
展開 ③ 10分	○95×3の計算の仕方を考える。 ・各自筆算用紙に記入し、計算の仕方を考える。 発 筆算の仕方を説明しましょう。 ・手順の文を使って、筆算の仕方を説明する。	◆自分で考えることが難しい児童には、13×7の解き方を思い出させるなど、適宜助言をする。 ◆**手順の文を参考に、接続語を使いながら説明するように促す。** ◆繰り上がりの1をたし算しなければならない点を強調する。 ◆285の2を百の位に書く点を強調する。 ※既習事項をもとに計算方法を考えている。（発言・活動の様子の観察）　　　　　　　　【授業改善の視点Ⅱ】
まとめ 10分	・本時の学習内容をノートに書く。 ・次時の内容について知る。	◆机間指導を行い、写し間違いがないか確かめる。 ◆次時への期待感を高める。 ◆次時の学習内容について伝える。 ※学習内容を理解してノートを書いている。（ノートの点検）

（3）授業改善に向けて　～視点を明確にして研究協議の充実を図る～

●授業改善の視点Ⅰについて

- 「まず、（　）を計算する」のように、筆算の手順を言葉に言い換えさせながら指導した。順番を示す「まず」、「次に」、「最後に」といった言葉を意識し、どの位から計算すればよいのか、次に何をすればよいのかといったことを、言葉で説明できるように指導した。
- 71×4 の解法を文章で説明する際、一の位の計算において、教科書と同じように 4×1 と説明した。しかし、児童は普段左から計算しているため、1×4 と言い間違えることが多くあった。答えには影響がないため、協議会では、「児童が理解しやすいほうでよいのではないか」という結論になった。
- 繰り上がりの数字について、授業では筆算式の枠内に記入していたが、教科書では答えの枠内に記している。「児童が自分で記入位置を決め、統一して理解できればよいのではないか」という結論になったが、児童自身で決める際も「次の位の、答えの枠に書く」のように、思考を言語化して理解を促すことができるよう、指導を継続していくことが大切である。

●授業改善の視点Ⅱについて

- 1問目、2問目を、言葉や手順を確認しながら全員で解くことで、3問目は学んだことを生かし、自分で考えて解くことができるような授業構成にした。しかし、繰り上がりの仕方が異なる問題であったため、確認したばかりの手順でもうまく当てはめられない児童がいた。
- 71×4 の計算において、「十の位の説明として $7 \times 4 = 28$ ではなく、$70 \times 4 = 280$ と示すことで分配法則を活用して仕組みの理解を促すことができるのではないか」という意見があった。また、協議会では、繰り上がりの計算がない場合でも、「途中経過として4と280を分けた方が、分配法則を意識することができるのではないか」という意見があった。既習事項の仕組みを活用して授業内で丁寧に示すことにより、児童自身の知識・技能を活用する力につなげることができる。その後の授業においては、分配法則との関連や、$70 \times 4 = 280$ の0を「見えない0」として意識させることで、位を間違えることは少なくなっていった。

●学習指導アドバイザーより

- 解決への思考を表現することは、自らの考えが整理され、知識・技能の定着につながるとともに、児童同士の学び合いにもつながり、理解を深化させることもできる。解決に向けては、既習の知識、技能の活用が、不可欠である。活用には「何を求める問題で、解決にはどのようなプロセスが必要なのか」を、既習事項との類似点や相違点を明確にして考えられるようにしたい。
- 乗法、除法における「全体の数」「1あたり」「いくつ分」など、仕組みを表す基本的な言葉を常に意識できるように、年間を通して計画的に指導を進める必要がある。思考の表現のためには、プロセスが可視化されていることが重要となる。キーワードや関連性が明確かつ簡潔に表記され、一連の流れが理解できる高い板書技術が教師には求められる。
- 学習前には既習事項の定着度など、児童の状況を的確に把握する必要がある。不十分と考えられる場合は、事前に対応しておくべきである。

小学部　算数の授業のポイント

問題をイメージ化するべし

数字だけを見て立式するのではなく、問題文をきちんと読み、その場面を正しくイメージして演算決定と立式ができるように1年生から指導しています。問題場面を〇と矢印などを使って図に表すことも有効な方法です。児童同士がお互いの考えを知ることができます。

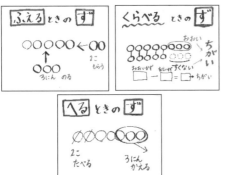

問いに線を引くべし

問題文を読んだとき、「問い」の文に線を引かせます。「答えることは何か」「答えは何個必要か」「単位は何か」を明確にしてから考え始めるようにさせます。文章を正しく読み取ることが大きな課題である児童にとって、問題解決の手順の手がかりになります。

【問題文】「28本のえんぴつを6人に同じ数ずつ配ります。1人分は何本で、何本あまりますか。」→答えることは、1人分の本数と、あまりの本数だな。単位は、「本」だな。

手順を言語化するべし

計算方法などの思考を表現に置き換えるために、手順を言葉で説明できるよう指導しています。「まず」、「次に」、「最後に」といった言葉を意識的に用い、児童同士がお互いに自分の考えを説明できるようにしています。

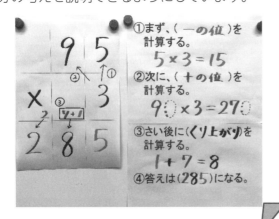

具体的教材の操作

計算方法などの思考を表現に置き換えるために、具体的教材の操作を行い、児童が自分の思考を確認できるようにします。また、視覚的に確認することで、児童同士の共有も図ります。

（1）主体的・対話的で深い学びのための授業改善の視点（設定の理由）

授業改善の視点Ⅰ　思考を表現に置き換える

　生徒の中には、文章を読んで分かったことや考えたことを、言葉で表現することに苦手意識をもつ生徒がいます。また、思考と発せられた言葉とに乖離があり、自分の考えが十分に伝わらず、もどかしさを感じる様子も見られます。生徒同士、また生徒と教師との対話を通して、自分が読み取ったこと、考えていることをより適切な言葉で表現する力を育むことをねらいとしました。

授業改善の視点Ⅱ　互いの考えを比較する

　国語の授業では、自分の考えをもつことに加えて、他者の意見と比較し、類似点や相違点に気付き、質問したり、話し合ったりすることによって、ものの見方考え方を広げることが大切だと考えます。加えて、他者との比較において、なぜそう考えるのか尋ねたり、逆に自分が説明したりすることを通して、思考を深めることをねらいとしました。

（2）実践例

◆科目：国語総合　　対象：高等部普通科1年

◆単元名（教材名）「文化とことば」（「季節の言葉と出会う」）

◆単元の目標

　・我が国の言語文化に特徴的な語句の量を増し、それらの文化的背景について理解を深め、文章の中で使うことを通して、五感を磨き、語彙を豊かにする。　　　　　　　　　　〔知識・技能〕

　・作品や文章に表れているものの見方、感じ方を捉え内容を解釈している。

〔思考力、判断力、表現力〕

　・俳句や和歌などに詠まれた季節を表す言葉を調べ、生活の中で使おうとしたり、日本人の感性、ものの見方、感じ方について説明しようとしたりしている。　　〔主体的に学習に取り組む態度〕

◆生徒の学びの様子及び重点をおく指導事項

　本学習グループの生徒は、文章を理解する上で必要な基礎的語彙力は備わっている。また、授業において理解が困難な場合も、教師の説明や他者の意見を聞くことで理解を深められる。本単元では、自らの思考過程を他者に説明する力や、他者の発言の十分な理解とそれを踏まえて再考する力を高めたいと考えた。そこで、授業において、文章に基づいて考え説明する機会及び他者と意見交換しながら自らの考えを深めていく機会を意図的に設定することにした。これらを通して、自らの意見が適切か否かを評価・判断する力が身に付くよう配慮する。

　本単元の主題は「文化とことば」である。普段はあまり意識しない日本人独特の感性、日本語の語彙、その背景にある日本文化について改めて理解を深めることを目指す。生徒は季節を感じることはできるが、現代化した生活の中で、「うつろい」を捉えるという機会はあまりない。具体例を示しながら「うつろい」に目を向けられる姿勢を育てていきたい。日本人特有の感性が、生徒の中にも生きていることに気付けるよう指導する。感性は視覚、聴覚等様々な感覚を通して育まれるものである。本来、聴覚によって育まれるものに関しては、他の感覚で代替したり、残存

聴力を活用したりして捉えられるよう配慮する。聴覚による感性に基づく季語や言葉を指導する際には、資料を提示し、補足説明するなどの工夫をする。

●本時の目標

日本人独特の感覚や感性とは何かを理解する。

●本時の展開

(発：発問　指：指示)

	○学習内容・生徒の学習活動	◆教師の支援や配慮　●教材・教具 ※評価（方法）　**太字**は聴覚障害への配慮
導入 10分	○前時の復習をする。 発 日本人は「うつろいに美しさを見いだす」とはどのような意味ですか。また、なぜうつろうことに美を感じるのですか。 ○本時の学習目標を確認する。	◆日本人は、ずっと変わらないものではなく、変化していくものを美しいと感じることを確認する。 ◆生徒が答えられない場合は「うつろい」の意味に注目させる。
展開 20分	○韓国との比較を通して日本人の感性を読み取る。 発 韓国と日本では、花の愛で方にどのような違いがありますか。 発 むくげが好きということから、韓国人はどのようなことをよいものと考えているのでしょうか。 発 教科書の中から桜にまつわる季語を挙げ、桜の咲き始めから散るまでの間のどの時期に当たるか答えましょう。 発 「散る方にウエイトがかかっていく」とは具体的にはどのようなことですか。	◆花の愛で方の違いを捉えさせる。 ◆むくげが長い期間花を咲かせることから考えさせる。 ◆「初花」「花吹雪」「花屑」「花筏」を読み取る。 **◆それぞれの季語の写真を示し、具体的なイメージを喚起する。** ◆生徒一人一人に説明させる。生徒の発言を聞き、「ウエイト」の文脈上の意味を正しく捉えているか確認する。 **◆生徒から出された意見は必ず板書し、文字で確認できるようにする。** ※「うつろう」ことに敏感な日本人の感性を読み取っている。　　　　　【授業改善の視点Ⅰ】
展開 11分	○季語に表れた日本人の特性を読み取る。 指 「滅びの美学」について、花以外の例を考えましょう。 指 二人でペアになり、先ほど挙げた例がなぜ「滅びの美学」と言えるのか話し合い、発表しましょう。	◆生徒から意見が出ない場合は西郷隆盛の事例を示す。 ◆なぜ西郷隆盛の事例が「滅びの美学」であると言えるのか互いに意見を述べるよう伝える。 ※季語を通して、日本人が培ってきた感性について理解を深めようとしている。 　　　　　　　　　　【授業改善の視点Ⅱ】
まとめ 9分	○ノートに板書を視写する。	◆自分が発表したこと、他者の発表を聞いて分かったことを踏まえて記述するよう促す。

（3）授業改善に向けて　～視点を明確にして研究協議の充実を図る～

●授業改善の視点Ⅰについて

・「散る方にウエイトがかかっていく」という語句に着目して確認したことはよかった。「桜の花弁が積もっていって、どんどん重くなって……」と答え、この文脈でのウエイトの意味が分かっていない生徒がいた。文脈を捉えて考えることが苦手な生徒に対して、文章を正確に読めているかどうか確認する発問をしていた。

・ある生徒は写真を指して、「上よりも下の方が、愛で方が上」と言っていたが、そのことへの確かめがなかった。答えていることは間違いではない。しかし、生徒の発する言葉に敏感になる必要があったのではないか。生徒の考えを確認しながら、文中の言葉を使ってもう一度説明させると良かった。

・発表させたあと、深められるような「やりとり」があると良かった。「どういう意味かもう少し詳しく話してみよう」「今の話はつまりこういうことか」というような掘り下げがあるとよい。

●授業改善の視点Ⅱについて

・「滅びの美学」について「必ず終わりがあること」というように説明していたが、それは正確さに欠けるのではないか。終わりがあるから美しいとする見方、いつか終わることを覚悟しながらそれをも受け入れる姿勢などと説明すると分かるのではないか。

・生徒から「滅びの美学」の事例が出なかった時に「西郷隆盛」を例として挙げていた。直前に日本史で学習していたという情報を得ていたからこそできたことだと思う。生徒が知っている人物を挙げたことで、意見の比較が容易になった。

・生徒からは、「武士のために自分の命を捧げて戦ったこと」「最後は自刃してしまうところが滅びの美学」というような意見が出た。なぜ滅びの美学と言えるのか、生徒の言葉で様々な意見が出たことは良かった。「花以外の滅びの美学の例を考えなさい」という問いは生徒にとっては答えにくい問いではなかったか。単元に入る前の「種まき」が必要だったのではないか。

●学習指導アドバイザーより

・「暑いけれど、この感じは、もう夏ではない」「毎年、この時期に秋はもうそこまで来ていると分かる瞬間がある」などという会話を幼い時から耳にして醸成されるのが季節感であり、季節の言葉であるのなら、聴覚に障害がある生徒達には、自分の中にしまわれているそれらの感覚を、「そう言われてみれば、思い当たることがある」と取り出し、それを言葉で確認していく過程が必要である。生徒の中にある感覚、思い、考えを丁寧に聞き、受け止め、共に言葉を紡ぎだせるとよい。

・「散る方にウエイトがかかっていく」という感覚が自分の中にあるか、そのことについて何か思い当たることがあるかと問い、皆で話し合い、意見を交換していく。水を含んだ和紙で立体を造形していくように、それぞれの意見を重ね合わせていく。その営みの中に、生徒たちの思考を押し上げられるような教師の働きかけがあると、生徒たちは「語る自分」が認められたという実感をもつことができる。

中学部・高等部　国語の授業のポイント

目で読む　手で読む　声で読む

　手で読むとは、「視写」のことです。教科書の本文をノートの見開き上の部分に一行空けて視写しています。視写をしながら、意味の分からない言葉や、読めない漢字をチェックします。空いた一行は、赤字でルビを振ったり、指示語とそれが指し示す部分を書き込んだりすることなどに使用します。声で読むとは、音読のことですが、手話もつけて行います。音読で漢字の読みを確認したり、手話表現を見ることで、言葉の意味を正確に捉えているかを確認したりしています。目と手と声で文章を繰り返し読み、理解を深めることにつなげます。

考えさせる発問

　考えさせる発問とは、「根拠を求める発問」「類似点や相違点を明らかにする発問」「具体例を求める発問」「経験を想起させる発問」などのことです。生徒は考えさせる発問を受け、自分の読みが表面的な読みであったことに気付き、より深く思考をめぐらせるようになります。また、話し合い活動に発展させることも効果的です。考えさせる発問を効果的に用いるためには、生徒にどのような力を身に付けさせたいのか、どこに重きをおいて授業を行うのか十分に考える必要があります。事前の発問計画をしっかり練っておくことが大切です。

思考が見える板書

　板書は単なる記録ではありません。授業中の発言や話し合い活動を通した思考の流れを視覚化していくものです。生徒は、自身の発言意図を的確に表現した日本語に触れることで言語感覚を養っていきます。同時に、どのような根拠を基に考え、どのように読み取っていったか、その思考の流れを再確認することで、より理解が深まっていきます。そこで得られた知見を手がかりに、更に考えを発展させていくという一連の流れを目指しています。そのために綿密な板書計画はもちろん、生徒の発言を吸い上げて板書に反映させるよう心掛けています。

生きた言葉の定着

　文章の内容を捉えるためには、まずは文章中の語句を正しく読めていることが大前提です。それができたら、意味や用法を理解できるよう指導します。音読、視写などの様子をよく見て、文章を読むために必要な準備ができているかどうかを確認します。もし、この段階で更に学習が必要であれば、プリントなどを活用して繰り返し指導し、定着を図ります。新出語句や意味の分からなかった言葉については、指導の中で生徒自身がもっている知識や生活経験と結び付け指導します。間違っているかもしれないが、使ってみようという気持ちを大切にします。

中学部・高等部　社会グループ

（1）主体的・対話的で深い学びのための授業改善の視点（設定の理由）

授業改善の視点Ⅰ　興味や関心を高める

　学習内容には「すでにあるもの」「過去に起こったこと」「生徒が経験していないこと」が多く含まれます。そのため、苦手意識をもっている、何をどう考えるべきか苦慮している生徒も少なくありません。具体例や資料、自他の考えや知識から事象への興味や関心を引き出し、事象に向き合えるようになることをねらいとしています。

授業改善の視点Ⅱ　知識や技能を概念化する

　生徒の中には知識を断片的に理解していたり、既習事項や知識を関連付けて考えたりすることを苦手にしている例も散見されます。しかし、社会科で学ぶ内容は、過去から現在、未来までの連続体で起こっている一事象と捉えることができます。そのために、歴史的背景、経緯や変化をひもとくこと、また、図絵、資料、統計、条文等から必要な情報を収集すること等を通して、既習内容や関連事項、生徒がもつ知識を融合して考えられるようになることをねらいとしています。

（2）実践例

◆科目：現代社会　　対象：高等部普通科１年

◆単元名（教材名）「民主社会の原理と日本国憲法」

◆単元の目標

・基本的人権の保障、国民主権、平和主義、天皇の地位と役割、権力分立、個人の尊重、国民の権利の保障、司法制度のあり方等について理解し、その知識を身に付ける。　　〔知識・技能〕

・現代の民主社会の法に関する諸事象から課題を見いだし、さまざまな立場や考え方を踏まえて表現できるようになる。　　〔思考力・判断力・表現力〕

・現代の民主政治や法に対する関心を高め、個人の尊重と法の支配について考察できるようになる。　　〔主体的に学習に取り組む態度〕

◆生徒の学びの様子及び重点を置く指導事項

　日本国憲法については、小学校及び中学校でも学習しており、本グループの生徒は既習内容が定着している。憲法の条文を参照しながら、また条文を分かりやすい言葉で置き換えながら解説したり、プレゼンテーションソフトや関連事項の映像や画像等を活用したりすることで、理解を深めさせたい。

●本時の目標

- ・平等と差別に関心をもち、日本国憲法の平等権について考察する。
- ・差別をなくす試みについて思考、判断し、その状態について表現する。
- ・差別の現状と解決に向けた取組についての知識を身に付ける。

●本時の展開

[発]：発問

	○学習内容・生徒の学習活動	◆教師の支援や配慮　●教材・教具 ※評価（方法）**太字は聴覚障害への配慮**
導入 7分	○前時を振り返る。 ○本時の内容を知る。	◆既習内容の板書の一部を提示する。 **◆スライド資料を使用し、図や絵、写真を提示して学習内容にイメージをもてるようにする。** ※前時の内容を思い出せたか。
展開① 8分	○日本国憲法が保障する平等権を知る。 ・平等権に関わる憲法の条文を読む。 ・条文に示された内容を理解する。	◆憲法の条文を示し、現代語に訳し内容理解を促す。 ●スライド資料・語句カード ※条文に示された内容が理解できたか。
展開② 10分	○男女差別をなくす試みを知る。 [発] 保母、看護婦、主婦の名称からイメージする性別は何ですか。 ・仕事の内容から性別が限定されることの是非について考察する。 [発] かつて労働基準法に、「女性は深夜勤務ができない」という内容が含まれていました。これについてあなたはどう考えますか。 ・国が、法改正により性別による社会参加の差をなくそうとしていることを理解する。	◆発問を通して、生徒の気付きを促し、思考させる。 ◆制定・改訂された法律名を制定された年とともに示す。 **◆社会科特有の言葉について、正しい意味を把握できたか丁寧に確認する。** ●スライド資料・語句カード ※国が法整備によって差別を解消しようとしていることを理解できたか。 【授業改善の視点Ⅰ】
展開③ 15分	○障害者に対する差別をなくす法令、考え方を知る。 [発] 企業が障害者を雇用しやすくする法律があることを知っていますか。 ・国が法整備により差別をなくそうとしていることを理解する。 ・（バリアフリーの画像を見せて）人々の考え方や建物の構造を少し変えるだけで、全ての人が社会で生活しやすくなることを確認する。	◆発問から障害者に対する差別解消に向けた例や新たな考え方を示す。 ◆制定・改訂された法律名を制定された年とともに示す。 ◆ノーマライゼーション、バリアフリー、ユニバーサルデザインの意味を整理する。 ●スライド資料・語句カード 【授業改善の視点Ⅱ】 ※国が法改正により、差別や偏見をなくそうとしている現状を知り、課題について理解できたか。
まとめ 10分	○板書をノートに写す。 ○本時の内容を振り返る。 ○次回の内容を知る。	※板書内容をノートに反映できたか。 ◆平等権が憲法で保障されているものの、社会生活では差別や偏見がまだ残っていることを確認する。

（3）授業改善に向けて　〜視点を明確にして研究協議の充実を図る〜

●授業改善の視点Ⅰについて

・授業で取り上げる内容（社会的事象や歴史的事象）の中には、生徒が自分に関係のあること
として捉えることが難しいものも多い。社会科で学ぶ内容がどのように自分の生活とつながっ
ているのか、影響があるのかを知ることで授業内容に関心をもてるように促せるとよい。

・発問に対する解答や、話し合い活動への参加に消極的な様子が見られる場合には、ただ発問
するのではなく、前時の重要語句の復習や、その発問を考えるために必要な知識を事前に伝
えることで自分なりの答えを考えられるようにするとよい。

・発問を考える際には、生徒から引き出したい内容を明確にしておくことで、生徒が何を答え
ればよいのかが分かりやすくなるのではないか。

・生徒の生活に結びつくような資料を提示し、資料から気付いたことを生徒自らが発表し、課
題と照らし合わせて解決へと導く授業の展開を作れるとよい。

●授業改善の視点Ⅱについて

・単に知識を得るだけではなく、生徒自身が得た知識について自分なりに説明できる状態にし
たい。そのために授業内において、一度説明を受けたことについて、生徒に改めて問いかけ、
それぞれが自分の言葉で説明できているかどうか、確認する作業が大切である。

・歴史の授業において、歴史的事象の前後にどのような原因や結果があるのかを学び、その流
れを理解しているかどうかの確認をすることが重要である。また、公民においては、社会的
な問題に対してさまざまな立場の考えがあることを学び、多数の意見を取り入れて自分の意
見をより深めていくことが大切である。

・社会科特有の用語の理解、定着が難しい様子が見られる場合には、言葉を言葉で説明するだ
けではなく、状況を言葉に変換したり、イメージを先に提示してから用語を伝えたりするこ
とが大切である。言葉と並行して絵などでイメージを提示することで、用語への関心をもた
せたい。

●学習指導アドバイザーより

　生徒の興味・関心を高めるためには、授業に必然性をもたせたい。生徒が自ら解決したいと
思う課題をもてるようにすることが重要であり、このことが主体的な態度にもつながると考え
る。そのためには、生徒の実態を的確に捉え、引き出したい疑問等を明確にし、資料の内容、
活用方法、発問等を吟味することが不可欠である。授業では生徒間の根拠を明確にした協議を
通し、解決への流れを作りたい。その際は、解決への思考の流れを、ポイントを明確にした板
書等で提示することも重要である。また、資料を読み取る力は、年間を通じ、計画的に育成を
図りたい。

　協議は、事象を多角的な視点で捉えることになり、自らの考えを深め、より広い概念化につ
ながる。円滑な協議に向けては、過度の情報提供は、生徒の思考が混乱することになるので、
注意したい。状況に応じた情報提示ができる力が教師に求められる。

中学部・高等部　社会の授業のポイント

「読む」学習の充実

　教科書を読むことに苦手意識をもつ生徒は少なくありません。発問の該当箇所を抜き出す力や、必要な情報を学び取る力などの日本語力を育めるよう、教科書を読む作業を多く取り入れています。ディスプレイで教科書を提示し、線を引きながら生徒と共に読むことで、生徒の教科書を読む意欲の向上が見られました。

> **利潤**とは、企業の収入から、様々な生産要素に対する支払いを引いたものです。
> 利潤を上げなければ、企業は存続することはできません。利潤を上げるために、企業同士は**競争**を行い、自社の商品が多く購入されることを目指します。

ニュースの活用

　普段、テレビや新聞で取り上げられているようなニュースが社会科の授業の内容に関わることも多くあります。特に公民的分野に関しては授業内容に加えて、関連するニュース等を取り上げることを大切にしています。ニュースを読み解き、その影響や学習内容との関連について発問することで、生徒がニュースと学習内容のどちらにも関心をもつ様子が見られました。

　身近なニュースから、学習内容を現在起きている問題として捉え、より深い理解や考察へとつなげていけるように促しています。

スライド教材の活用

　板書と説明を行き来することで、説明が途切れ、生徒には分かりにくい授業になります。スライド教材を準備して板書の時間を短縮し、図などを示しながら手話等で説明することで生徒に分かりやすい授業づくりを目指します。

　特に、重要語句を覚えることが多い社会科では、活用頻度は高いです。

アクティブ・ラーニング

　「主体的な学び」「対話的な学び」「深い学び」となるよう、調べ学習やディベートをする場などを設けています。調べ学習では、一つのテーマに関してインターネットや書籍を利用しています。ディベートでも、テーマを設定し、2つのチームに分かれて意見を出し合い、主体的・対話的な学びにつなげています。

06 中学部・高等部　数学グループ

（1）主体的・対話的で深い学びのための授業改善の視点（設定の理由）

授業改善の視点Ⅰ 　思考して問い続ける

　答えを出す時、発表をする時、こちらの問いに対してすぐに反応するのではなく、じっくりと思考をした後で発言をしてほしいと考えています。物事の因果関係や根拠となる知識を自分の頭から引き出しながら、ゴールに向かって段階的に進めていく思考習慣を身に付けることをねらいとしました。

授業改善の視点Ⅱ 　振り返って次へつなげる

　思考をする、理解するためには、それらの材料となり基盤となる既習事項が準備されていることが前提と考えます。限られた授業時間の中で、少しでも円滑な思考と理解を促すために、過去の関連する事項の記憶を想起し、言葉で表し明確にすることをねらいとしました。

（2）実践例

◆教科：数学　　対象：中学部3年

◆単元名（教材名）「関数 $y=ax^2$」

◆単元の目標

・関数 $y=ax^2$ について理解することができる。　　　　　　　　　　　　　〔知識・技能〕

・関数 $y=ax^2$ の変数の変化の様子やグラフの特徴を予想したり考えたりすることができる。

〔思考力・判断力・表現力〕

・既存知識を正しく引用し、根拠をもって正否を判断し、得られた結論を自分なりの言葉でまとめて表現しようとしている。　　　　　　　　　　　　　　〔主体的に学習に取り組む態度〕

◆生徒の学びの様子及び重点をおく指導事項

　学ぶ姿勢や態度は身に付いており、意欲的に考えることができる。1、2年生時の学習の積み重ねはある程度はできている。更に理解を深めるために課題となることは、知識を引き出し、関連させて、活用することである。よって、既習事項を想起し、それらを思考・判断・表現の際に根拠として活用するように指導している。また、生徒間で協議や質疑応答の中での互いの意見から、自身の思考内容が不足している部分に気付き、それらを補う必要性を感じてほしい。答えを導く活動を通すことにより、克服への意欲が高まるように促していきたい。

●本時の目標

- グラフを基に y の値の変化の様子を言うことができる。
- x の変域における y の変域について正確に捉え、不等号を用いて適切に表すことができるようになる。

●本時の展開

（発：発問　指：指示　説：説明）

	○学習活動・生徒の学習活動	◆教師の支援や配慮　●教材・教具 ※評価（方法）**太字**は聴覚障害への配慮
導入 １０分	○前回の学習内容の確認 発 関数 $y=ax^2$ のグラフのポイントは何か。 ○今日は「関数 $y=ax^2$ の値の変化」について学習することを伝える。 発「値」とは、何の値のことか。 発 x の値、y の値はどのように変化するか。 　本日の学習内容 グラフをイメージしながら、ある x の変域における y の変域を考える。	◆既習事項を想起させ、本時の内容の理解促進を図る。4つのポイントが言えるか確認する。 【授業改善の視点Ⅱ】 ◆この学習領域に入ることを板書で示す。 ◆値の変化に着目させて、思考を促すきっかけとする。
展開① １５分	以下発問　□に入る言葉を答えなさい。 $a>0$ のとき 　$x<0$ の範囲では、y の値は 減少 する。 　$x=0$ のとき、y の値は最小値 0 をとる。 　$x>0$ の範囲では、y の値は□□する。 $a<0$ のとき 　$x<0$ の範囲では、y の値は□□する。 　$x=0$ のとき、y の値は□□ 0 をとる。 　$x>0$ の範囲では、y の値は□□する。 例1 関数 $y=3x^2$ について、x の変域が $-1\leqq x\leqq 2$ のとき、y の変域を求める。 　$x<0$ の範囲では、y の値は□から□まで 　$x=0$ のとき、y の値は□ 0 をとる。 　$x>0$ の範囲では、y の値は□から□まで 指 y の値の動きを空中でイメージしなさい。 　y の変域は $3\leqq y\leqq 12$ 　$0\leqq y\leqq 12\cdots$ 説 変域とは動く範囲を示すものであり、必ずしもスタートとゴールの場所を言えばよいのではない。	◆本題に入る前に、x の範囲を0で分け知識を整理しておく。 ◆□内に入る言葉を答える際は根拠を明確にするよう伝える。 **◆用語や言葉の使い方に間違いや曖昧さがあるときは適宜修正し、復唱させる。** ◆生徒間で協議させ正解を求めさせる。 **◆解答者の理由説明時に、手話だけに頼らず聞き手に正確に伝わるように意識し説明できているか、また、聞き手の理解度も確認する。** ◆理解が難しい場合は事例を示し理解を促す。
展開② ２０分	確1 関数 $y=3x^2$ について、x の変域が $-2\leqq x\leqq 1$ のとき、y の変域を求める。 　$x<0$ の範囲では、y の値は□から□まで 　$x=0$ のとき、y の値は□□ 0 をとる。 　$x>0$ の範囲では、y の値は□から□まで 指 y の値の動きを空中イメージしなさい。 　y の変域は $3\leqq y\leqq 12$ 　$0\leqq y\leqq 12\cdots$	◆答える際には、根拠を明確にするよう、伝える。**その際の用語や言葉の使い方に間違いや曖昧さがある時は、適宜修正し復唱させる。** ※展開①の思考や説明ができるようになっている。 【授業改善の視点Ⅰ】
まとめ ５分	○本時のポイントを再確認する。 ・x の変域に対応した y の変域を答える時に注意すべきポイントが言える。（上記説） ○次回は　$a<0$ のとき　を学習することを告げる。	※本授業の流れを頭から思い出すことができる。 ◆ x と y の値の変化の様子を適切に説明できるかどうかを確認する。 **◆理解したことを、適切な用語を用いて、できるだけ正しい日本語で表現できるよう適宜修正し、復唱させる。**

（3）授業改善に向けて　〜視点を明確にして研究協議の充実を図る〜

●授業改善の視点Ⅰについて

・「思考して問い続ける」とは、問題解決能力の育成に深く関わる部分と考える。
・発問した時に「分からない」「何と言ってよいか分からない」などの生徒の反応がよく見られる。
・「時間が足りなくなるから考えさせる時間を確保しづらい。」という声がよく聞かれるが、知識や技能が曖昧な状況での発問は、授業のねらいから外れ、思考して問い続けることから遠ざかることにもなりかねない。
・本視点達成のための方法の一つとしてアクティブ・ラーニングがあるが、この活動が充実したものとなるためにはどうしたらよいのか。
・単なる話し合いではなく、学ぶ側の意識や思考が活性化することにこの活動の意義がある。
・やはり根拠ある知識や経験を基にしながら、自ら糸口を見つけ、問題解決にふさわしい方法を見出しながら答えに辿り着くようにしなければならない。
・自分の出した結論の正誤を確かめる能力を身に付けさせるためには、「自分に問い続ける」習慣の定着も当然ながら重要である。
・正しい判断ができることや客観的な視点から物事を理解したり確かめたりするようになるためにも、やはり物差しとなる知識や経験が必要であることを、改めて認識した。

●授業改善の視点Ⅱについて

・上記欄にも触れたが、思考するための材料が必要であるため、知識や技能が曖昧になっている生徒にとっては、既習事項の想起や振り返りが欠かせない。
・授業の導入部分で毎回この取組を確保することで、その後の発問に対して考える方向性を示すことができ、生徒の発言も多くなり、思考が活性化する手応えを感じることがある。
・限られている時間の中で口頭での振り返りはよく行うが、そもそも記憶や基礎定着が不足している生徒には、板書による視覚的情報提示の必要に迫られることが多く起こる。
・文字や図で常に生徒が確認できる状況にすることで、主体的で対話的な授業により近付くことができる。

●学習指導アドバイザーより

・生徒が主体的に思考し、自分の考えや答えを深く問うことができるようになるためには、既習事項の再確認や記憶想起が大切となる。言い換えれば、できるだけ多くの関連知識があることで、思考が円滑に進み、自分の考えを確認する作業も正確に行えるようになる。
・授業中の円滑な思考を促進するためには、思考のプロセスが分かるような板書が大切である。
・考えていることを言語化・文章化することを得意としない生徒には、カードやミニホワイトボードなどを活用し、思考を視覚化する取組も有効である。
・上記の取組のためには、考える時間を十分与える必要があり、それを想定して授業準備をしなければならない。そのためには、教師が生徒の言語力や学力をしっかり把握し、押さえるべき基本内容は確保しつつ、臨機応変に対応できる技量を備え、授業を展開できる必要がある。

中学部・高等部　数学の授業のポイント

根拠ある思考

正しい答えを導き出すためには、正しい知識が必要です。その知識が根拠となり正当な理由として活用でき、正しい判断につながると考えます。「思考」はいろいろな種類がありますが、数学においては常に明確な根拠を軸として考えていく必要があります。

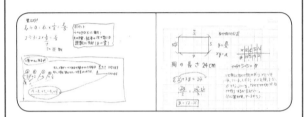

疑う心

自分の出した答えや考えが、果たして正しいのか、誤りや勘違い、思い込みをしていないか、という意識を常にもつように、授業の中で頻繁に声かけをしています。これはなかなか定着しづらいことですが、このような視点が備わることで、左記の「根拠ある思考」を引き出す行動や、間違えたときにその原因を究明しようという行動につながっていくと考えます。

数学においては、雰囲気や感覚的にではなく、明確な事実や根拠、決められたルールに基づいて行うものであるということを、生徒に繰り返し伝えていく必要があります。

伝える姿勢・見る姿勢

教師の説明を聞くときだけでなく、生徒同士での議論の場において、一つ一つの言葉や用語の意味を正しく理解し、手話を明確に表現して相手に正確に伝えようとすること、そして、受け取る側もそれらを正確に読み取り理解しようとすることがとても重要です。特に数学においては、言葉や用語とそれに伴う概念や定義・定理などの理解の曖昧さが、多くの誤りに直結してしまいます。

本校の立ろう学習ルール「よく見る、よく聞く」はその基本です。主体的・対話的で深い学びにつなげていくためにも、欠かせない姿勢です。

反復学習

思考に必要な、基礎知識や経験を積み重ねるために、反復学習は必須です。継続すると機械的な作業になりがちですが、習得し活用できるようになるために、生徒には忍耐としぶとさをもって取り組んでほしいところです。

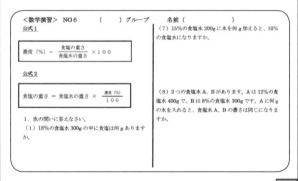

（1）主体的・対話的で深い学びのための授業改善の視点（設定の理由）

授業改善の視点 I 📖 振り返って次へつなげる

　実験及び探究活動を行う際には、結果や考察を文章化します。生徒によっては、この文章化に時間がかかる場合があります。電子黒板の表示やホワイトボードの板書に、手掛かりとなる言葉や単語を残しておくということが思考を表現に換える手段の一つになるので、意識的に整理して残しておくことが大事だと考えます。ワークシートの様式やノートの書き方も中学部、高等部で段階的に変えていき、実験内容をまとめ、自身の思考を整理して生徒同士で深いやり取りをする力を高めていけることを目指します。

授業改善の視点 II 🙌 共に考えを創り上げる

　実験は協働して行います。よって結果は共通のものとなりますが、結果からの考察は各自で行います。互いの意見を聞き合うことで、自分の考察の確認ができ、協働して考えを創り上げられます。分かりやすいまとめ方を意識させ、考察については、結果から分かったことを各自で文章にまとめるように指導しています。

（2）実践例

◆科目：理科　　対象：中学部２年

◆単元名（教材名）「電流と回路」

◆単元の目標

・直列回路や並列回路の各点の電流や電圧の規則性を理解し、具体的な回路図における電流や電圧を計算して求めることができる。　　　　　　　　　　　　　　　　　　　〔知識・技能〕

・回路を組み立てたり、各点の電流や電圧を測定したりすることができ、実験結果から考察することができる。　　　　　　　　　　　　　　　　　　　　　　　〔思考力・判断力・表現力〕

・回路における電流や電圧に関する実験に興味をもち、意欲的に取り組む態度を養う。

〔主体的に学習に取り組む態度〕

◆生徒の学びの様子及び重点を置く指導事項

　第２学年１学期に「物質の成り立ち」で酸化銀を加熱し、加熱後に残った物質（銀）に電流が流れるか実験を行った。生徒は「電池（電源）がなければ電流が流れないこと」や「ひとまわりのつながった道すじ（回路）を作らなければ電流が流れないこと」の理解がまだ十分ではなかったため、単元の導入でこの２点に関して復習した。生徒はこれまでに実験器具の取り扱い方、実験準備→実験→片付け、実験レポートへの記入などを学習し、身に付けている。学んだことから予想したり考えたりすることができるが、教師と個々に話し合うことができても集団で話し合うことが苦手な生徒が多い。今回の実験では３人ずつ２グループに分けた小集団の中で、生徒たちが自らすすんで学習に取り組む姿勢を身に付けさせたい。

●本時の目標
・実験結果をまとめ、ヒントや手がかり、既習事項を想起して文や式で表現することができる。
・直列回路を正しく組み、各点の電流を測定することができる。
・電流の流れを予想し、実験方法を考えたり、話し合ったりしようとしている。

●本時の展開

（発：発問　指：指示）

	○学習内容・生徒の学習活動	◆教師の支援や配慮　●教材・教具 ※評価（方法）**太字**は聴覚障害への配慮
導入 5分	○電流計の使い方の復習 発 電流が７０ｍＡの時は－端子はどこに 　つなげばよいでしょうか。 ○直列回路の復習 発 （前に行った直列回路の図を示して）こ 　のような回路を何というでしょうか。 ○本時の授業の確認 　「直列回路」を前提に「自由に」回路を 　組めることを説明する。電池や豆電球の 　数を変更できる。	◆分からない時は、教科書やノート、実験プ 　リントを見るように促す。 ◆集中して聞けるように、説明が終わってか 　ら本時分のプリントを配る。 ◆**電子黒板と手話等を活用した説明により、** 　**本時の目標について明確なイメージをもっ** 　**た上で活動に取り組めるようにする。** ●電池、豆電球、導線、電流計、文字カード、 　模造紙
展開① １０分	○与えられた実験器具を用いて直列回路の 　回路図を書く。 ○グループごとに回路図を提出する。書け 　たグループから実験を行う。 発 その回路は前に行った実験とどこが違 　いますか。 発 そのような回路にするのはなぜでしょ 　うか。 指 模造紙に回路図と理由を書いてください。	◆生徒一人一人が意見を出し、話し合い活動 　をするために２グループに分け、グループ 　ごとに指示を出す。 ◆Ａグループには、前回の実験との違いを、 　Ｂグループには、回路を考えた理由を問う。 ◆Ｂグループには、前回のノートやプリント 　の回路図を参考に取り組むよう促す。 ※グループで相談しながら活動しているか。 　　　　　　　　　　　　　【授業改善の視点Ⅰ】
実験 １５分	○考えた回路図に合わせて回路を組み、各 　点の電流を測定する。 ○測定した結果はノートに記録する。	◆均等に役割分担ができるように声かけをす 　る。 ◆**活動中でも互いの発言が見られるように、** 　**立ち位置を意識させ、他の生徒が注視して** 　**いるのを確認した上で発言するように声か** 　**けをする。** ◆正しく回路が組めているか図と比較しなが 　ら確認させる。
展開② １０分	○実験結果から分かることについてグルー 　プごとに話し合う。 ・Ａグループ：結果を書き出し、分かったこ 　　　　　　とを考え、文でまとめる。 ・Ｂグループ：個別に意見を出し、グループ 　　　　　　の意見をまとめる。	◆文でまとめる際、Ａグループは書き出した 　言葉を文として組み立てられるように支援 　する。Ｂグループは生徒だけで文を考えさせ、 　より適切な言葉に直せるように支援する。 　　　　　　　　　　　　　【授業改善の視点Ⅱ】
まとめ １０分	○各グループ代表１名ずつ発表する。 ○実験の感想と今後の実験について考え 　る。 発 次回はどのような実験をすればよいで 　しょうか。 ○ノートに次回やってみたい実験と理由を書 　く。	◆**グループでまとめた模造紙はホワイトボー** 　**ドに貼り、各グループの代表者が前に立ち、** 　**注視させてから手話と口話を使って発表す** 　**るよう促す。** ※ノートに指示したことが書かれているか。

（3）授業改善に向けて　～視点を明確にして研究協議の充実を図る～

●授業改善の視点Ⅰについて

- 実験への見通しをもたせるために、教科書やノートへの記載だけでなく、電子黒板やホワイトボードへの板書でこれまでの流れが分かる一連化した視覚情報を提示し、授業の確認・復習を行うようにすると良かった。
- 教科書のみではなく、電子黒板・板書等で実験の手順などを示すとより見通しをもちやすくなったと思われる。
- 電流計の使い方や直列回路について必要に応じて確認できるよう、常に見える位置への表示が必要だった。
- 模造紙へのまとめの記入も一から取り組ませるのではなく、記入するに当たっての具体例を表示するなどの配慮をするとよかった。
- 他の実験においても、教科書に実験の手本となる写真や図面は載っているが、教科書を見ながら取り組ませるより、電子黒板等で示し、活動しながら生徒教師お互いに常に確認できるように今後は行いたい。

●授業改善の視点Ⅱについて

- 主体的・対話的で深い学びを実現するには、実験や探究活動のやり方、まとめ方、発表の仕方を工夫し、生徒に取り組ませることが重要であると考える。
- 中学部、高等部と段階はあると思われるが、最初に見通しをもたせることで、何をすべきかが分かり、まとめることで、思考を表現に置き換えることができるのではないか。
- 中学部段階では、教師と生徒のやり取りにより、生徒の思考を整理させ、文章化させることが多いが、この場合、１対１の対話活動となってしまい、生徒間の横のやり取りが育ちにくい状況にある。そこで、実験結果のまとめ方、考察の理論立ての型を作り、習慣化させることが有効であると考える。その試みとして、（1）生徒の理論立ての型を作る、（2）中高で生徒の実験ワークシートの型を検討し、段階的に生徒の実験結果・考察を文章化する力を伸ばすという２点に取り組んでいく。
- 高等部では、目的をはっきりさせ、考える手立てを電子黒板、ホワイトボード等に示しておき、文章化に役立つキーワードを残し、自分で考え言語化することに重点を置く。
- よく考察できているものについて、どこがよかったのか明確にすることで、次回の実験では更によい考察ができるようにしていく。これが共に考えを創り上げることにもなる。

●学習指導アドバイザーより

　　生徒に一から活動に取り組ませてみるというチャレンジ的な試みであった。生徒にしっかりと授業への見通しをもたせるためには、指導案を軸としての発問や板書などの確かな授業計画が必要である。また、板書や電子黒板での表示により生徒が一連の授業の流れを把握できるようにさせたい。理科は実験があるという利点を生かし、深い思考・対話活動を通して生徒の力を伸ばしていけるとよい。

中学部・高等部　理科の授業のポイント

結果および、既習事項からの考察

実験結果から理科事象を考察するにあたり、自分の考えを文章化することは常に生徒の課題となっていました。生徒の思考を促すために、まず、実験の結果、これまでの経験・知識など根拠となる事例を想起させること、これを日頃から意識させています。

自分は「〜であると考えます。
　　　　なぜなら〇〇だからです」
〇〇の箇所には
目に見えて分かった実験の結果
これまでの経験や知識を根拠として示す。

実験結果のまとめに一貫性をもたせる

教師により、電子黒板・ホワイトボードの活用の比重、生徒のプリント、ノート記入の比重は変わりますが、実験時のワークシート等に関しては、中高で様式の共通理解を図っています。中学部ではこれだけ書けるようにという目標となる基準を設定し、高等部ではより思考を深め、言語活動を活発にできることを目指します。

ホワイトボード		ノート
	中高で一貫したレポートの項目を立て、結果や考察を言葉に表すことに慣れていく。	
電子黒板		プリント

実験という最高のアクティブ・ラーニング

実験活動を伴うという授業特性を生かし、生徒が興味をもって「主体的」に実験に取り組み、友達と実験の進め方や、結果からの考察を話し合うなど「対話」を深められることを目指します。そのために生徒が実験に確かな見通しをもてるように、電子黒板・板書を活用します。

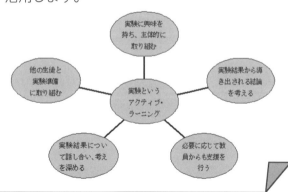

言語化

理科は目で見た実験結果を「言語化」して考察したり、写真・図表を「言語化」して教科書等の文章、理科事象等と結びつけたりすることが重要になります。ろう学校の特性を生かし、手話を活用したやり取りを通して、生徒の思考・言語を引き出し、文章化できるよう支援することにも重点を置いています。

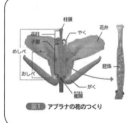

新版理科の世界　1年(大日本図書平成28年版) より

08

保健体育グループ

（1）主体的・対話的で深い学びのための授業改善の視点（設定の理由）

授業改善の視点Ⅰ 振り返って次へつなげる

　保健の授業では、それぞれの単元が結びついていくため、以前に学習した内容を振り返りながら授業を展開していくことが大切だと考えます。また体育の授業では、技能を高めたり理解を深めたりするために、自分の活動を振り返りながら改善するプロセスが大切になります。学習の中で、自分で工夫しながら次につなげる力を育てたいと考え、このねらいを設定しました。

授業改善の視点Ⅱ 知識・技能を活用する

　保健の授業では、授業で得た知識を自分の生活に結びつけて活用することが最も大切だと考えます。そのため、授業の際には生徒の体験や経験に結び付けたり、イメージしやすい例を出したりしながら、知識を活用する力を育てたいと考えました。また体育の授業では、すべての種目において、基本技能を習得し、その技能をゲームや集団の中で活用することが大切なポイントとなるため、このねらいを設定しました。

（2）実践例

◆科目：体育　　対象：中学部3年

◆単元名（教材名）「柔道」

◆単元の目標

・柔道の導入段階で求められる基本的な技能（特に受け身）のポイントを理解し、習得及び洗練化を図る。　　　　　　　　　　　　　　　　　　　　　　　　　　　　　〔知識・技能〕

・受け身の種類や行い方を理解した上で、状況に応じて適切に選択できるようにする。

〔思考力・判断力・表現力〕

・これまでに学習した知識を活用し、自他の安全を慮りながら活動できるようにする。

〔主体的に学習に取り組む態度〕

◆生徒の学びの様子及び重点を置く指導事項

　本時の対象生徒は、本単元で初めて柔道に取り組むため、以下2点のポイントを設定する。（1）体育の授業の大原則の一つである、安全・安心な授業づくりの観点から、本単元では「受け身」を軸に授業を展開する。（2）受け身の学習の際は、「投げ技もどき（受け身の習得を目的とした、受け身の相対的動作。投げ技の習得を目的としない）」とセットで行うことで、柔道の技能的特性である「崩し―技―受け身」の動きも併せて体験させる。

　柔道の技能的特性に、「崩し―技―受け身」が挙げられる。「崩し―技」では、お互いが組み、崩し合う中で、相手の重心を不安定にさせたところに技を掛ける。すなわち、技を掛けられた人は、予想外の力のかかりによって、地面に倒れこむことになる。その時に、頭を守り、体にかかる衝撃を和らげるために、掛けられた技に合った「適切な受け身」を取る必要がある。また、柔道に初めて取り組む生徒の心理的特性として、「怖い」「痛い」「危ない」といった負の感情が先行することが挙げられる。このような感情が強化されてしまうと、柔道になじみをもてず敬遠してし

まう。

　そこで本単元では、生徒の安全面だけでなく、情緒面にも十分に配慮しながら、柔道の技能的特性である「崩し―技―受け身」の動きも併せて体験させる。具体的には、6種類の受け身を軸に、投げ技もどき（＝受け身の習得を目的とした、受け身の相対的動作。投げ技の習得を目的としない）とセットで、授業を展開していく。

●**本時の目標**
・横受け身（落下）を中心に、受け身の技能の習得・習熟を図る。
・これまでの学習を生かし、安全面に配慮して約束練習に取り組むことができる。

●**本時の展開**

（発：発問　指：指示）

時間	○学習内容・生徒の学習活動	◆教師の支援や配慮　●教材・教具 ※評価（方法）**太字**は聴覚障害への配慮
導入 10分	○用具準備 ○本時の内容確認 ○準備体操	●競技器具 ◆本時の内容と併せて、前回の学習内容との関連についても取り上げ、系統性を見出させる。
展開① 10分	○これまでに学習した受け身の復習 ・一人で受け身を行う。（後ろ受け身、横受け身） ・ペアでの受け身練習（小内刈り、大外刈り、出足払い） 発 これまでに行った受け身の練習では、どのような技がありましたか。	◆示範しながら、説明する。 ◆習熟が不十分な生徒を中心に、観察する。 ※技能が習熟されているか。 ◆**活動する時間と話をする時間をしっかりと分け、全員が説明を理解できるようにする。**
展開② 20分	○横受け身－落下　※ペアで活動 ・四つばいになった相手を横転させる。 ・約束練習（膝車－膝立ち）（膝車－立位） ○横受け身のまとめ　※ペアで活動 ・約束練習（出足払いか膝車のどちらか） 指 ペアになって、安全に注意しながら練習しましょう。	◆都度示範しながら、説明する。 ※技能を習得できているか。これまで身に付けた技能を活用しようとしているか。 ※安全面に配慮しながら、練習に取り組めているか。 ◆**正しい形の模範、練習方法の見本など、目で見て分かる説明を行う。** 【授業改善の視点Ⅱ】
まとめ 10分	○本時のまとめ・次回予告 ○片付け ○振り返りシートの記入 指 今日の授業を振り返りながら、気付いたことや感想を書き込みましょう。	●振り返りシート、筆記用具 ◆書き進められない生徒には、授業内容やポイントを伝えながら感想などを引き出す。 【授業改善の視点Ⅰ】

（3）授業改善に向けて　〜視点を明確にして研究協議の充実を図る〜
●授業改善の視点Ⅰについて

・実技の授業では感覚的に技術を身に付けていくことが中心であるが、その感覚を「振り返りシート」を活用し、言葉にすることで、次回の授業で言葉を頼りに感覚を思い出すことができるという効果が期待できる。
・生徒からの感想に「受け身を取るのがこわい」というものがあった。このような感想も、きちんと振り返ることでどのように練習をしたらこわくならずにできるか考えるきっかけになる。教師にとってもどのような声かけや配慮ができるか改善するための資料になる。生徒が自分で考える力を育てるとともに、教師の授業改善にも効果的に生かせるのではないか。
・中学部3年や高等部になると自分の考えや感じたことを書くことができるようになるが、小学部や中学部1、2年では文章を書く指導にたくさんの時間を使ってしまうことが考えられる。対象学年に合わせて振り返りシートの内容を工夫できると良い。

●授業改善の視点Ⅱについて

・受け身の練習に当たり「座った状態→立った状態→落下」と段階を追って、新しいことを加えながら行ったが、思っていたよりも難しく、もっと一つ一つの技に時間をかけて定着させていくべきだと感じた。生徒の実態を把握し、単元計画の段階で授業のつながりを意識して計画することや、生徒の学びの流れに沿った内容を組み立てるよう改善していきたい。
・段階を追って授業を展開したことで、生徒の理解はスムーズであったように思う。
・ポイントを意識できている生徒とそうでない生徒で取り組み方に違いがあった。
・生徒の理解度にバラつきがあるため、一人一人の運動能力なども含めどのくらい身に付いて、何ができるのか、何がけがにつながる可能性があるかを把握する必要がある。

●学習指導アドバイザーより

・段階的な指導の工夫
　低→高、遅→速、弱→強、静→動、易→難、など、段階を追って授業を進められると良い。
・生徒間の学び合う姿勢
　ペアでの取組を行っているので、お互いに評価し合うよう声かけをしたり、教師がポイントを提示し、そのポイントを基に会話させたりするとより深い学びにつながるのではないか。
・武道の特性を教える
　伝統的な礼法を丁寧に教える。授業を通して相手を尊重することを伝える。
・オリンピック選手の映像を見せる
　映像を通して戦った相手を尊重する姿勢を学ばせることで、スポーツの意義を理解させるのも効果的である。

保健体育の授業のポイント

感覚を言葉にする

【自分の動きを言葉として理解する】
　動きの感覚を言葉にすることで、次の授業でその言葉を見たときに感覚を思い出しながら取り組むことができると考えます。また感覚を言葉にする作業によって、日本語の語彙力を高めることにもつながるように指導しています。

振り返りシート

（　）月（　）日　　　　　授業のテーマ　〈　なわとび　〉

今日練習した内容を簡単に書きましょう。
例）二重とび　あやとび　など

気づいたこと学んだこと、感じたこと分かったこと（「こうすると上手にできる！」「ここが難しい・・」など）

名前（　　　　　）

目で見て分かる

【動画で振り返る】
　言葉による助言に加え、より具体的にイメージできるよう ICT 機器を活用し、自分の動きを動画で確認できるようにしています。
【見て分かる工夫】
　フラッグなどの用具を活用しています。

みんなが活躍できる

【ルールの工夫】
　全員が活躍して楽しむことを目指し、種目に合わせてルールの工夫をしています。例えば球技では、ゲームごとに得点できる人を決め、全員に点数を取るチャンスを作ります。また安全に授業を行うために、ルールだけでなく用具の工夫もしています。

ゲームでの気付き

【ゲームをして気付くこと】
　初めて取り組む種目では、特に細かい指導をする前にゲームを行うことがあります。そうすると、種目に必要な技術に気付いたり、もっと上手になるためにはどうすれば良いのか考えたりすることができます。また、そのあとの練習に意欲的に取り組むことへつなげます。
【失敗から学ぶこと】
　ゲームに失敗は付きものです。失敗したことを繰り返さないためにどうしたらよいか、自分で考えることを大切にしています。

09

中学部・高等部　英語グループ

（1）主体的・対話的で深い学びのための授業改善の視点（設定の理由）

授業改善の視点Ⅰ　知識・技能を習得する

　英語の授業では、単語・文法・文章の３つの柱があります。単語と文法の知識を習得することで文章を英語で読めたり書いたりすることができます。そのため、単語と文法の知識を習得することはとても大事です。これを達成するために、文法について基本的な知識（意味など）を何度も確認して定着を目指しています。

授業改善の視点Ⅱ　知識・技能を活用する

　習ったことを英文表現として活用するのが苦手な生徒もいます。英語の授業では、文の趣旨に応じて適切な単語や文法を選択する技能の習得が求められます。練習問題など英文表現の練習の機会をたくさん設けることで、自分の力で英文を書けるようになることを目指しています。また、互いの英文を見合うことで、自分の間違いに気付き理解を確実なものにつなげるよう指導しています。

（2）実践例

◆科目：英語　　対象：中学部３年

◆単元名（教材名）「Unit5 Living with Robots-For or Against」

◆単元の目標

　・後置修飾を用いて、人やものを詳しく説明していることを理解している。　　　〔知識・技能〕

　・後置修飾を用いて、何かされている人やものについて説明することができる。

〔思考力・判断力・表現力〕

　・現在分詞と過去分詞の後置修飾について理解して、表現することができる。

〔主体的に学習に向かう態度〕

◆生徒の学びの様子及び重点をおく指導事項

　　どの生徒も授業を受ける態度はとても良く、授業者の指示や説明をきちんと聞こうとする。

　　英語に対して強い興味や関心をもっている生徒もおり、英語検定を受験して合格している。英語検定に合格したことにより大きな自信につながって、英語学習に対する意欲が高まっている。

　　一方で英語に対して苦手意識をもっている生徒もいるが、今まで英語の学習に消極的であった生徒が、学年が上がって単語を覚える努力をするなど、英語の学習に取り組み始めている様子が見られる。その結果、期末考査でもよい結果を得ることができた。

　　英語を苦手とする生徒には、できたところを褒め、苦手意識を払拭するよう指導する。

　　また一人一人が理解できる授業を目指すために、授業における説明や指示は簡潔に分かりやすくすることを心掛ける。発問に対して答えられなかったり、忘れてしまったりした時はノートや教科書をすぐに見て確認するよう促し、自分が理解していない部分を意識できるようにする。

　　すでに学び終えた英語の知識や技能が曖昧になることがあり、学習内容の確実な定着が課題である。そこで、本時の目標を達成できているか、まとめの部分で今回何を学んだかを生徒に発表

させて確認する。

●本時の目標
・現在分詞と過去分詞の後置修飾について理解する。
・現在分詞と過去分詞の後置修飾を使って表現する。

●本時の展開

	○学習内容・生徒の学習活動	◆教師の支援や配慮　●教材・教具 ※評価（方法）**太字は聴覚障害への配慮**
導入 5分	○あいさつ ○本時の内容確認 　今日はUnit5Part1に入り、語句、基本文、基本練習をすることを確認する。	**◆ASL（アメリカ手話）を使用して、今日の調子を周囲に伝える。** 会話で授業を始めることで生徒たちの気持ちを和らげることもねらう。 ◆授業の流れを伝えて見通しをもたせる。
展開① 5分	語句確認 ・robot, against, technology…	**◆デジタル教科書を使い、語句の発音と意味を確認する。** ◆一通り確認した後、もう一度確認する。 ※単語を発音し意味を覚えようとしたか。
展開② 22分	基本文確認 ○現在分詞と過去分詞を学習する。 ・ある名詞を後ろから説明して「〜している」と表すのを「現在分詞の後置修飾」という。 ・ある名詞について後ろから説明して「〜される」と表すのを「過去分詞の後置修飾」という。 ・「後置修飾」というのは後ろから詳しく説明するということ。	◆ノートに基本文を写すよう促し、発音、意味を確認する。 ◆文法用語よりも意味の理解を重視する。 **◆基本文を一人ずつ復唱する。** ※現在分詞と過去分詞の後置修飾の意味を理解することができたか。 【授業改善の視点Ⅰ】
展開③ 15分	基本練習 ○基本練習の問題を解く。 例　・The girl standing over there is Ami. 　　・This book written by Soseki is interesting.	◆答えをまずノートに書き、その後ホワイトボードに書き、発音、日本語訳を皆で確認する。 ◆答えについて補足したり間違いを修正したりすることがあれば、赤で書く。 ※現在分詞と過去分詞の後置修飾の使い方を理解したか。　　　【授業改善の視点Ⅱ】
まとめ 3分	○本時の内容確認 ○次時の内容確認 宿題　本文をノートに写して、日本語訳も考えてくる。	※現在分詞と過去分詞の後置修飾の意味を答えることができたか。

（3）授業改善に向けて　～視点を明確にして研究協議の充実を図る～

●授業改善の視点Ⅰについて

・生徒は授業内で扱った例文や練習問題について概ね理解している様子で、教師の発問に対する答えも適切だった。
・「現在分詞と過去分詞の後置修飾」という内容では、「〜している（現在分詞）」、「〜された（過去分詞）」の基本となる考え方がどれほど理解できているのかが重要である。特に過去分詞の「〜された」については、日本語でも混乱する部分でもあるので、練習問題や身近な例文を通して丁寧に確認する必要がある。
・既習事項である現在分詞を使った現在進行形と過去分詞を使った受け身（受動態）の文法と混乱する可能性が高いので、2つの文法を使った例文と比べて確認する機会も必要である。例えば、現在進行形の"The boy is running over there."「男の子はあそこで走っています。」と現在分詞の後置修飾の"the boy running over there"「あそこで走っている男の子」のように日本語で比較し、丁寧に説明していくことが大切である。

●授業改善の視点Ⅱについて

・生徒は板書やスライドを確認しながら問題に挑戦し、適切な答えを書くことができていた。学習した直後であることと、似たような例が近くにあることで、生徒にとって答えやすかったのだと思う。
・練習問題以外に、学習内容を使った英作文を取り入れるのはどうかという話になった。授業時間内に取り入れることが難しいようであれば、復習を兼ねたプリントを用意し、その中で発展的な問題として取り組むことができるようにする、あるいはALTとの授業の中で学習した表現を使った活動を取り入れるのはどうか。
・学習した内容を定着させるための復習の中で、学習内容をどれだけ定着させられるかが重要であり、教師が復習の内容を意識し、より効果的な指導を心がけるようにしていく必要がある。

●学習指導アドバイザーより

　英語の知識や技術を指導する時に気を付けなければならないのは、生徒の実態をつかんだ上で指導しているかどうかである。コミュニケーション手段・思考手段は手話なのか日本語なのか、今の英語力はどれくらいなのか、音を拒否している生徒はいないか、といったことを確認することで、指導方法が変わる。日本語として多様な表現ができるが、1つに絞って取り上げたほうが良い。例えば、現在分詞で「〜している」と意味を教えるが、過去分詞で「作られている」が出た時に現在分詞なのか過去分詞なのか混乱してしまう。「作られている」ではなく「作られた」を使って説明することで、過去分詞の意味の基本である「〜された」とつながり、過去分詞だと理解しやすくなる。このように授業者があえて1つの使い方に絞って説明したほうが生徒にとって分かりやすいことがある。

中学部・高等部　英語の授業のポイント

日本語と英語の違い

　日本語と英語を効果的に比べることで、言語には普遍性と固有性があることに気付き、各言語の性質や価値をよりよく理解できるようになります。つまり、英語を学ぶことは、日本語を外から見つめるきっかけとなり、言語能力の効果的な育成につながっていくことが期待できます。英語を日本語に置き換えるだけの指導や日本語と英語の共通する点や異なる点をただの知識として覚えさせるのではなく、言語活動を通して2言語を比較できるように留意しています。

見て分かる5文型

　英語では意味の伝達において語順が重要な役割を担っており、語の順序を替えると意味が大きく異なってしまいます。そのため，生徒に英語の文構造（5文型）を意識させるために、主語、動詞、目的語、補語を色分け※し視覚化させ、語の配列等の特徴を日本語との比較の中で捉えて指導を行うなどの工夫をしています。

※主語：赤、動詞：青、目的語：黄色、補語：緑

視覚支援

　アメリカ手話の単語や身振りなどの視覚的な情報を活用し、確実なコミュニケーションを行えるように指導しています。知識として語句や表現を与えるのではなく、アメリカ手話と事物を結び付ける活動を通して、生徒自身がその意味を理解し語句や表現に慣れ親しんでいくことで、初期学習者の英語への興味・関心が高まることが期待できます。ただし、アメリカ手話の使用は英語の習得に直結しないことも忘れてはいけません。

読み方

　単語の上にカタカナで発音を表記しています。単語の読み方が分かると綴りが想起しやすくなるようです。ローマ字や綴り字と発音との間の規則性について知ることは、英語学習に効果があります。また外来語と英語を比べることで、言語そのものへの理解や言語の背景にある文化に対する理解も深まります。

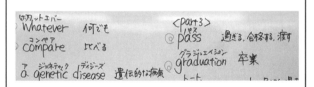

10 中学部・高等部　技術・家庭グループ

（1）主体的・対話的で深い学びのための授業改善の視点（設定の理由）

授業改善の視点　📖 見通しをもつ

　技術・家庭の授業では、見通しをもった行動が難しい生徒が多く見られます。その原因として、経験が少なく、行動の結果を予測することが難しいことが考えられます。見通しがもてないことで、教師の指示を待って行動する様子が見られます。そこで、見通しをもち、自ら行動できる授業づくりを本グループのねらいとしました。

（2）実践例

◆科目：家庭基礎　　対象：高等部普通科1年

◆単元名（教材名）「食事の計画と調理」

◆単元の目標

　・健康で自立した生活を営むために必要な食生活について基本的な知識と技術を習得する。

〔知識・技能〕

　・栄養素について理解し、バランスの取れた食事とはどのようなものか考える。

〔思考力・判断力・表現力〕

　・実習を通じて他者と協働し、互いに認め合いながら、積極的に作業を進める。

〔主体的に学習に取り組む態度〕

◆生徒の学びの様子及び重点をおく指導事項

　興味・関心の高いものには集中して取り組むことができる生徒たちである。手話や指文字、口話などを用いて、コミュニケーションをとっている。基本的な内容を丁寧に押さえながら、学習を進めれば理解することができる。食生活分野においては、興味・関心をもって取り組んでいる。1学期に経験した調理実習（和食）においても、実生活における経験によって、身に付けている知識や技術に差はあるものの、意欲的に取り組む姿が見られた。夏休みには、調理をするという課題にも積極的に取り組むことができた。

　指導においては、技術の差によって、実習への参加の度合いに差が出ないように配慮する必要がある。また、今回の調理実習では、基本的な調理の知識や技術の定着を図るとともに、栄養素や食材の調理性についても、視覚的な教材を充実させることで調理への興味・意欲を喚起したい。さらに、時程表をホワイトボードに提示したり、事前学習において、作り方を確認したりするなどして、主体的に調理作業を進められるようにしたい。調理実習後には、事後学習において、振り返りを行うことで、体験したことや学んだ知識や身に付けた技術の定着を図り、それを家庭生活で生かそうとする態度を育成し、食生活を適切に営む能力の向上を図りたい。

●本時の目標

・日常的な中国料理を作り、炒め物の要点を理解する。

・かんてんやでんぷんの特徴や扱い方を知る。

●本時の展開

（発：発問　示：示範）

時間	○学習内容・生徒の学習活動	◆教師の支援や配慮　●教材・教具 ※評価（方法）**太字は聴覚障害への配慮**
導入 １０分	○身支度 ○挨拶、出席確認 ○前時の復習 発 先週、調理実習を行うことを伝えましたが、何を作るか覚えていますか。 　→青椒肉絲、粟米湯、奶豆腐 ○作業説明を理解する。 発 今日作る３品の中で一番初めに作ったほうがいいものは何ですか。それはなぜですか。 ○本時の学習目標を知る。 ・日常的な中国料理を作り、炒め物の要点を理解する。 ・かんてんやでんぷんの扱い方や特徴を知る。	◆エプロン・三角巾を持参しているか確認する。 ◆初めは、前時のプリントを見ずに答えるように指示し、答えが出ないようなら、前時のプリントを確認させる。 ◆**新しい言葉を学習する際に、読み方を指文字や板書を用いて確認する。** ◆作業手順の効率を考えさせる。 ◆作業手順と作業に費やす目安時間を記す。 ◆調味料はすべてあらかじめ準備をして作業を始めることを伝える。 ◆青椒肉絲は、調味料を準備しておくことはポイントであると伝える。 ◆でんぷんはかたくり粉のことであることを確認し、青椒肉絲は２か所でかたくり粉を使うが、用途が違うことを伝え、どのような目的で使うのか考えながら調理をするよう伝える。
展開① ５分	○調理のポイントを知る。 ・手をしっかり洗って、ふきんの準備をする。 ・粟米湯と奶豆腐の調味料を準備する。	◆衛生管理を徹底させる。 ◆机間指導を行い、計量方法を理解していない生徒には声かけをする。 ◆プリントに記載されている材料のうち、調味料のみを準備する。
展開② １５分	＜粟米湯＞ ・水溶きかたくり粉を作る。 ・卵はよく溶きほぐし、糸のように細く流し入れると美しい見た目に仕上がることを理解する。 ＜青椒肉絲＞ ・料理に合った、食材の切り方を理解する。	◆**作業内容を説明する際には、動画やイラストを掲示したり実演したりすることでイメージをつかみやすくする。** ◆必ず水で溶くことを理解させる。 示 湯で溶いたかたくり粉を見せる。 示 汁への入れ方を示範する。 ◆水溶きかたくり粉はスープが固まらないように加減しながら加えることを伝える。 示 卵の入れ方を示範する。 示 野菜の切り方、肉の切り方を示範する。 ※調理方法や材料を確認し、調理ポイントについて考え、見通しをもっている。
展開③ ２０分	○調理を開始する。 ・粟米湯と奶豆腐を手順通り作る。 ・２品完成したグループから青椒肉絲を作る準備を始める。	◆机間指導を行い、安全に配慮する。また、十分に作り方を理解していない場合は、声かけをし示範をする。 ◆奶豆腐のシロップは冷蔵庫で冷やす。 ※調理を効率的に進めるためには、どのようにすればよいのか考えている。

※２時間続きの授業である。本時はそのうちの１時間目である。

（3）授業改善に向けて　〜視点を明確にして研究協議の充実を図る〜
●授業改善の視点について

- ・実習時に実際に示範する、完成したものを先に示す等、生徒が作業内容をイメージしやすいように努めた。
- ・レシピに材料の大きさ（8ミリメートルや3センチメートル）や、材料を入れたり火を止めるタイミングが書かれていても理解しにくい生徒も、工程を映像で示すことによりスムーズに作業を進めることができた。
- ・作業の流れを視覚的に示すことで、生徒が円滑に動くことができていた。
- ・作業の流れが、ホワイトボードに記入されているのに加え、手元の資料でも確認できたことで、より生徒が主体的に活動できていたように感じた。
- ・「卵を割る」「こす」「ひと煮立ちする」等、作業では経験の少なさから作業が止まる生徒もいた。
- ・実習や実験を通して少しずつ経験を積み重ねていくことによって、経験不足を補っていく必要があるのではないか。
- ・日々の授業では、経験の少なさをスライド教材や写真、イラストなどの視覚教材で補っているが、実物（完成見本や部分見本など）を見る、使ってみることが重要なのだと改めて気付かされた。
- ・今回の授業、1回だけで今回作った3品が作れるようになっているとは考えにくいので、時間が許せばもう一度同じものを作る機会があると、より定着につながると思う。
- ・失敗の予測をしたり、失敗例を共有したりする事前事後学習があるとより良い。
- ・失敗させることも貴重な経験である。
- ・今回の授業で出た反省は、調理の授業だけでなく被服の授業や技術科の授業でも生かしていくことが可能だと思うので、日々の授業で取り入れていくよう、努めていきたい。

●学習指導アドバイザーより

　技術・家庭科においては、経験が少なく見通しをもった行動が難しい生徒に対し、導入時に、完成見本や映像を活用することは効果的な手段である。生徒は、導入で見た作品や料理のイメージをもって製作や調理に取り組むことになるが、実際にやってみると、そう簡単にはいかない。

　道具の使い方に戸惑ったり、調味料や材料を入れたりするタイミングを間違えたり、時間がかかりすぎて、実際にできたものが自分のイメージと程遠いものになってしまうことがある。この自分のイメージとは違うものができたときの「なぜ？」という疑問と、「どうしたらうまくできるのだろう」という追求心こそが、主体的・対話的で深い学びにつながる活動の第一歩である。同時に、聴覚障害のある生徒の言語力を高めるよいチャンスでもある。作業中に教師の指示をメモすることの習慣化や、教師や生徒同士の話し合い活動を設定して、技術・家庭科に必要な専門用語や状況に応じた適切な文を習得するように促すことは、ろう学校の教師の重要な使命でもある。今後も実技教科としての特性を最大限に生かした指導を追求してほしい。

中学部・高等部　技術・家庭の授業のポイント

数量感覚

製作物を作ったり調理を行ったりする際に、〇センチメートルはどれくらいの長さなのか、〇ミリリットルはどれくらいの量なのか、といった感覚があると作業が素早くなりミスも少なくなります。授業では、実際の長さや量を示してから作業に取りかかっています。

速く丁寧な作業

早く作業を進めるためには、見通しをもった作業計画が必要です。また丁寧な作業をするためには基礎的な技術が身に付いていないといけません。その両方を目指しつつ作業に取り組むよう指導しています。

実物　実習　身近な教材

衣・食・住・保育・介護・消費生活・環境を自分自身の実生活に関わる身近な問題として捉えられるよう教材を工夫し、経験を増やすために実習を多く取り入れた授業を行います。

実践的反復学習

知識の定着を目指し、道具や物の名称、材料の計算等を繰り返し指導します。また、調理実習や被服製作の実践の中で繰り返し指導することにより、技術の定着も図ります。

```
                                          年　　G

計量

★容量を計算すると何〔mℓ〕になりますか？
①小さじ３

②小さじ1／2

③大さじ2

④大さじ1と1／3

⑤1人：小さじ1　→　4人分

⑥1人：大さじ1／2　→　4人分
```

（1）主体的・対話的で深い学びのための授業改善の視点（設定の理由）

授業改善の視点Ⅰ  興味や関心を高める

　図工・美術では、作品で表現することに対して苦手意識をもつ児童・生徒が多く見られます。音楽では、自分の演奏への自己評価が難しく、モチベーションが上げづらいという面があります。どちらも、児童・生徒の興味・関心を引き出すことが課題とされることから、それらを高める授業づくりをすることをねらいとしました。

授業改善の視点Ⅱ 　自分の思いや考えと結び付ける

　作品をつくったり、音楽を演奏したりする際に大切なことは、意図をもって表現を工夫することです。子供たちが思ったことや考えたことを教師が引き出し、より豊かな表現力を身に付けることができるような言葉がけが大切です。またその言葉がけも最小限に留めることを目指し、このテーマを設定しました。

（2）実践例

◆科目：音楽　　対象：小学部4年生

◆単元名（教材名）「ストンプをつくろう」

◆単元の目標

　・これまでの音楽経験を生かし、リズムパターンを繰り返したり、つないだり、重ねたりして音楽をつくる。　　　　　　　　　　　　　　　　　　　　　　　　　　　　〔知識・技能〕

　・道具の特性を生かしてリズムをつくる。　　　　　　　　　　　〔思考力、判断力、表現力〕

　・身の回りの音に興味関心をもち、楽器以外の物を使った音楽表現を楽しむ。

　　　　　　　　　　　　　　　　　　　　　　　　　　　　　　〔主体的に学習に取り組む態度〕

◆児童の学びの様子及び重点をおく指導事項

　小学部4年生の児童は、日頃から積極的な姿勢で楽しみながら音楽活動に取り組んでいる。毎回授業の導入で、児童が音符のカードを組み合わせてリズムをつくり、ボディパーカッションで表現する活動を全員で行っており、リズムづくりには親しんでいる。「ストンプ」については、DVDで鑑賞しているが、実際に自分たちで演奏したり、曲をつくったりするのは初めてである。

　今回の授業では「身の回りの様々な音に気付き、興味関心をもつ」ということと、「道具の特性を生かす方法を自分で考えて表現する」ということに重点を置いている。普段意識していないと入ってこない音の存在に気付くために、まず「身の回りにある音の出るもの」を集めるところから始め、自分たちの周りにどれだけの「音」があるかを知り、音遊びをして楽しみながら、興味関心をもてるようにしていく。

　創作活動の際には、道具の特性を生かしたリズムづくりをねらいとし、音の出し方や道具の特性を生かしてリズムづくりをするように促していく。細かく速いリズムが合うのか、長い音を出せる楽器なのか、大きな音は出せるのか、音を鳴らす時の見た目など、友達と話し合ったり、教師が助言したりすることで、その道具に合った曲がつくれるようにしていく。

●本時の目標

・１小節分のリズムを友達とつなげて曲をつくることができる。

・道具の特性を理解し、それに合わせて曲全体の強弱を考えることができる。

●本時の展開

（発：発問　指：指示）

	○学習内容・児童の学習活動	◆教師の支援や配慮　●教材・教具 ※評価（方法）**太字は聴覚障害への配慮**
導入 5分	○授業内容の確認をする。 ○前時につくったリズムをそれぞれ確認し、リズム打ちの練習をする。	**◆リズムに合わせて楽譜を指したり、拍を取ったりするなどを目で見て「音」を感じるようにする。**
展開① ２０分	○つくったリズムを全員でつなげて演奏する。 ○全員で様々な強弱のつけ方を練習する。 ○それぞれの道具の特性を生かして、強弱をつける。 指 友達の音を聴いて、右からだんだん強くなるように並び、強弱をつけて音を鳴らしましょう。 発 一番大きな音が出せる道具はどれですか。 指 何か気付いたことはありますか。順番を変える必要があれば変えてください。	◆どこに並べばよいか分からない児童がいたら、友達同士で音の大きさを比べて考えるように促す。 **◆音の大きさを表情や体の動きで示し、イメージを広げる。児童が音を出す際は、見えるところで相手に届くよう音を出すように言葉がけをする。** ※使う道具や鳴らし方によって音の強弱や音色が変わることに気付くことができる。 【授業改善の視点Ⅰ】
展開② １５分	○グループごとにリズムをつなげて曲をつくる。 指 グループの友達と話し合い、リズムをつなげて曲をつくりましょう。 指 強弱をつけて練習しましょう。その時、さっき行った活動を思い出して、道具の音を生かして曲全体の強弱を考えましょう。リズムの順番を変更したい場合は変更してもかまいません。	●ワークシート ◆話し合いがうまく進められないグループには教師が適宜助言する。 **◆だんだんと強弱が変わっていくパターンと、突然強くなったり弱くなったりするパターンなどを提示し、児童がイメージをもって表現できるようにする。** ※少しずつ変化する時と急に変化する時の表現方法の違いやそれぞれの面白さに気付き、自分の表現に生かすことができる。 【授業改善の視点Ⅱ】
まとめ 5分	○グループごとにできた曲を発表する。	◆良かったところや工夫してあったところを評価し、具体的に児童に伝える。

（3）授業改善に向けて　〜視点を明確にして研究協議の充実を図る〜

●授業改善の視点Ⅰについて

- 児童が「音」というものに興味関心をもって接する機会をつくるために「ストンプ」を題材にした。身の回りには様々な音があることを知り、自分で音楽づくりをしたり、友達の音を聴いたりすることで、興味関心をもって活動に取り組むことができた。
- 音をそろえるということが、一番の課題であった。練習を重ね、リズムが分かってくると楽しさを感じることができた。根気よく教え、楽しさを感じられるための手助けや指導の仕方が教師にとって必要になってくるのではないか。
- グループ活動をする際に、話がまとまらず、個々に違うことを話しているグループがあった。このような時は、言葉がけは最小限にとどめ、できるだけ自分たちで活動を進めていけるように流れをつくっていけるのが理想的である。

●授業改善の視点Ⅱについて

- 前時までの活動で様々な道具とその道具から出せる音に触れ、それぞれの特性を知った上で自分の好きなものを選び、今回使用した。奏法や音の特性を踏まえた表現方法やリズムづくりをすることができた。
- 子供たちが、道具の特性を理解し、自分たちで考え、音の大きい順に並べることができていたことに感心した。
- 普段の授業でのリズム学習の積み重ねにより、四拍子の構造を理解した上でのリズムづくりができていた。またそれにより、一音一音に気持ちを込めた演奏をすることができていた。
- 今回は2グループに分かれて発表を見合うという形式でまとめたが、演奏の様子を映像に残し、自分達の演奏を見る活動を取り入れると、振り返りができ、より深い学びにつながったのではないか。

●学習指導アドバイザーより

- 一人一人が丁寧に音とリズムを創っているのが印象的だった。
- 身の回りには音があると気付くよい題材だった。おそらく素材を何にするか、どう音を出すか、様々なものを打って児童たちは確かめたのだろうということが感じられた。
- グループ学習をすることで、自分たちで音楽の工夫を考え進めていたのが良かった。理想としては、教師の助言がなくとも自分たちで音楽を楽しみ、仕上げて、自信をもって発表できることではないか。
- 自主的にグループ学習を進めるには、リーダーシップをとれる児童をグループに1人ずつ入れるとよい。ただし今回のように同じような実態の児童同士でグループを組むという方法でもそれぞれの自分らしさが発揮され、新たな学びを得られる可能性があるというメリットもある。
- 児童がやる気をもち続けるためには、その都度言葉で評価し、自信につながる言葉がけをする。また音楽クイズやリズム遊びを取り入れることで意欲を引き出すことも有効である。

芸術（図工・美術・音楽）の授業のポイント

心の表現　言葉で表現

　鑑賞活動で感じたことや、自分の作品や演奏に込めた気持ちなどを、言葉で表現する機会を設けることで、子供たちのもつ表現力をより確かなものにします。また、他者と共有することで、新しい発想が生まれたり、共感することで自分の考えに自信をもったりすることができます。

　ろう学校の子供たちの課題である「言語力」の向上をねらい、芸術科の教科でも、創作活動や演奏活動だけではなく、言語活動も交えながら学習を深めていくことが大切になります。

個性を尊重する

　作品づくりや演奏には答えはないので、芸術科目は子供たちの個性を存分に発揮できるというのが魅力です。もちろん、知識や技能を向上させ、より高度な演奏をしたり、素晴らしい作品を作り上げたりするといったことも必要です。しかし、学校教育として重要なことは、自分の個性を表現する楽しさに気付き、他者との違いを受け入れ、自己肯定感を高めることです。そのために、表現活動を通して子供たちの個性を引き出し、いいところをたくさん見つけて伝えていく必要があります。

想像力と創造力を育てる

　芸術科目では、イメージを広げる「想像力」と、自ら新しいものをつくりあげる「創造力」が必要です。鑑賞活動を通して、様々な作品や演奏に触れ、自分の目指したい目標をもったり、イメージを深めたりして、想像力を養います。そしてその想像力の引き出しから、少しずつアイディアを取り出し、自ら考え工夫し、自分の作品を創造していくことにつなげていきます。

　どちらかに偏ることなく、鑑賞活動と表現活動をバランスよく授業に取り入れることが子供たちの表現力を伸ばすことにつながります。

見える音楽

　ろう学校の音楽では具体物を使ったり、体を使ったりする活動を多く取り入れています。

　例えばボディパーカッションは、音色の違いを捉えづらい子供でも、体のいろいろな場所を使って音を出すことで、幅広い表現を楽しむことができます。また、強弱に関しても、音の大きさだけでなく、体を大きく使ったり縮こまって使ったりすることによって、強弱を視覚的に捉えることができます。

　できるだけ聴力に関係なく楽しめる授業を私たちはいつも考えるようにしています。

12 小学部　重複・重複グループ

（1）主体的・対話的で深い学びのための授業改善の視点（設定の理由）

> **授業改善の視点**　👤 興味や関心を高める
>
> 　重複学級に在籍する児童の主なコミュニケーション手段は、ジェスチャーや手話です。伝えたい事柄は多くありますが、語彙数が少なく、相手に十分伝わらないことが多々あります。そのため、授業や日々の学校生活の中で、身近な言葉や学校生活・日常生活でよく使う言葉（手話・日本語とも）を取り上げ、学習しています。言葉を機械的に覚えるのではなく、児童が体験してきたことと関連付けることで言葉に対する興味関心を引き出し、「言葉を覚えたい！」「使いたい！」という積極的な気持ちを育成したいと考えました。

（2）実践例

◆科目：国語　　対象：小学部重度・重複学級5・6年
◆単元名（教材名）「言葉を覚えよう〜食べ物の名前〜」（小西英子作『おべんとう』福音館書店）
◆単元の目標

　・身近な食べ物の名前を知り、語彙を増やす。　　　　　　　　　　　　　　　　　〔知識・技能〕
　・食べ物の名前を文字で読み書きしたり、指文字や手話で表したりすることができる。

〔思考力・判断力・表現力〕

　・言葉によるやりとりを楽しむ。　　　　　　　　　　　　　　〔主体的に学習に取り組む態度〕

◆児童の学びの様子及び重点を置く指導事項

　重度・重複学級に在籍する児童の多くは、文字による情報よりもイラストや写真など視覚的に捉えやすいものから情報を得ることを好むことが多い。したがって、授業では提示する文字数を減らし、イラストや写真を多く活用することで興味を引き出せるようにする。イラストや写真を見て読み取ったことを手話やジェスチャーで表現したり、手話やジェスチャーを見て読み取ったことをイラストや写真から選択したりする活動に多く取り組めるようにする。

　読み書きをすることができる児童には、身近な言葉を文字で読み取って手話で表現したり、書かれた文字列に合うイラストや写真を選択したりして、言葉の意味を正しく理解できるようになることをねらいとして指導する。学校生活や日常生活でよく使う言葉を多く取り上げて指導し、授業以外の場面でも繰り返し使いながら、言葉の定着を図る。

　本単元の学習では、題材として小西英子作の絵本『おべんとう』を用いる。児童にとって身近な、行事の時に食べる「お弁当」をきっかけに、普段よく食べているおかずや、自分の好きなおかずの名前に興味をもって覚えること、そして、日常生活の中で覚えた言葉をすすんで使いながらコミュニケーションしようとすることができるようになることを目標に学習を進める。

●本時の目標

・絵本に登場する食べ物の名前を、文字で読み取ることができる。

〔思考力・判断力・表現力〕

●本時の展開

〔発〕：発問　〔指〕：指示

	○学習内容・児童の学習活動	◆教師の支援や配慮　●教材・教具 ※評価（方法）**太字**は聴覚障害への配慮
導入 5分	○リライト絵本「おべんとう」を通読する。 ・教師の読み聞かせを見聞きして、内容を思い出す。	◆譜面台に本を載せ、児童が注視しているか確かめながら読み聞かせる。 ◆適宜児童が好きな場面で読み聞かせを止め、関連する話題のやりとりを楽しみながら読めるようにする。 ●リライト絵本、譜面台
展開① 20分	○絵本に登場したおかずを順番に確認しながら、1つ1つの言葉のイメージを膨らませる。 ・絵本を見ながら、手話で答えたり、提示されたイラストから選択したりして答える。 〔発〕はじめに、何を入れますか。 〔発〕次に、何を入れますか。 〔発〕○○は何色ですか。 〔発〕○○は好きですか。 （以下、おかずごとに繰り返し発問する）	◆ホワイトボードに大きなお弁当箱のイラストを用意し、その中に順番におかずイラストを貼っていきながら絵本と同じお弁当が出来上がるようにする。 ●弁当箱やおかずのイラストカード ◆一つ一つのおかずに関連する事柄のやりとりを通して、イメージを膨らませられるようにする。 【授業改善の視点】
	○おかずの名前を、文字で読み取る。 〔発〕（言葉カードを提示しながら）これは、どのおかずですか？　読んで、合うイラストの近くに貼りましょう。 ・手元に渡された言葉カードを読み、ホワイトボード上のおかずイラストと照らし合わせて貼る。	◆**言葉カードに書かれている文字を確実に読むために、指文字で表してから貼るように促す。** ◆分からない時は色や形などの特徴に関するやりとりをして、イメージをヒントにしながら答えられるようにする。 ●言葉カード ※言葉カードを読み、それに合うイラストと照らし合わせてカードを貼っている。（行動の観察）
展開② 10分	○弁当を食べる時に必要な道具を確認しながら、弁当に関連する語彙を広げる。 〔指〕お弁当を食べる時に必要な道具を、一緒に思い出してみましょう。 ・箸、レジャーシート、おてふきのイラストカードを見ながら、どのような使い方をするのか、やりとりを通して確認する。	◆これまでに行事などで弁当を食べた経験を思い出して、道具を連想できるようにする。 ◆フォークとくわ、箸と橋など、形や名前が似ている物を提示して、どのような違いがあるかをすすんで比べられるようにする。
まとめ 10分	○ワークシートに取り組む。 ・本時で取り扱った食べ物の名前や道具の名前を確認する。	◆**適宜進み具合を確認し、個別に指文字で名前を確認したり、児童がもつイメージを聞いたりする。** ※文字とイラストを正しく線で結んでいる。（ワークシートの確認）

（3）授業改善に向けて　〜視点を明確にして研究協議の充実を図る〜
●授業改善の視点について

・題材として、絵本『おべんとう』を選んだ点は良かった。ただ、この絵本の良さは「ふっくら」とか「ふわふわ」といった擬音語・擬態語の部分にあるので、それらを省かない方が良かった。あえてリライトせずとも、教師が読み聞かせをする時に表現を工夫して、言葉の楽しさを伝えられれば、より児童の興味関心を引けたのではないかと思う。

・絵本に出てきたおかずを一つずつ確認する活動で、そのおかずの色や、児童の好みかどうかなどを尋ねるやりとりが良かった。おかず一つ一つに対するイメージの膨らみが、言葉の連想につながり、言葉に対する興味関心が更に広がっていくと思う。実際、1名の児童は、この単元の学習後にお弁当を作ってもらう機会に、自ら「『（指文字で）からあげ』を入れてほしい」と母親に伝えることができた。これまで手話で「肉」としか表現していなかった本児にとって、学習した言葉を生活で使えたという大きな変化が見られた。

・ホワイトボードに掲示した大きなお弁当箱によって、児童の興味関心がとても高められていた。提示の仕方をもっと工夫できると良い。大きさやフォントサイズも考えて、どうしたら更に伝わりやすくなるかを考えると良い。

・授業づくりにおいて、ねらいをもっと明確にして、それを達成するための手立てを考えると良い。何をねらいにするのか。授業で学習したことが、児童の日常生活の中でどう役に立つのか。何を学習したら児童にとって得になるか、良いことがあるか。

●学習指導アドバイザーより

・「言葉」とは、経験や体験によって裏付けされるもの。「あつあつ」「ふわふわ」「ぷりぷり」などの表現があった方が、経験による裏付けと相まって言葉が記憶に残る。

・ただ言葉を覚えさせたいというのだったら、絵カードを使った繰り返し学習で良い。絵本を題材として選んだということは、児童の期待やモチベーションを高めるために使うということ。感性を大事にすると良い。授業者自身がその絵本を読んで感じたこと、感動したことなど、言葉のもつ良さやあたたかみを伝えていかなければならない。

・授業を、知識の伝達だけで終わらせない。演出が大事である。児童の立場になって、授業の"山場"を考える。あえて子供を混乱させてみてもよい。

・生活に使える「言葉」の学習を。言葉や数字は、武器になる。時に不利な扱いを受けるかもしれない時に、それを見抜ける力も必要。200も300も単語を知っていても、使えなければ意味がない。少ない単語でも、それらを駆使して伝えられるように。児童が自分の言葉として習得し、表現できるように。

小学部　重度・重複学級の授業のポイント

一人一人に応じたアプローチ

　重度・重複学級に在籍する児童の実態は様々です。実態把握が、すべての授業づくりの土台と言えます。一人一人の性格や理解の仕方、特性等を分かった上で、同じねらい、同じ題材であっても異なるアプローチ（手立て）を考え、教材教具を工夫することが求められます。

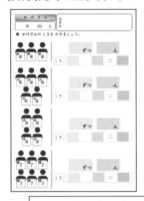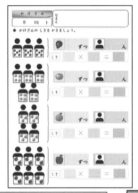

一人一人に合わせた教材の工夫

指導案を台本に

　教師は授業の演出家です。授業のねらいを明確にし、そのねらいを達成するための"山場"に向けて、どうやって児童の心をつかむのか。そして、児童が「分かった！」と安心した上で更に「何だろう？」と思考し、挑戦することができるように、どう授業を展開するのか。役者（児童）の立場になって、台本（学習指導案）を考案します。

　授業後は、再び児童の立場になって授業評価を実施し、また次の授業に生かします。

経験に裏付けされた言葉

　ろう学校では、国語の授業に限らず、全ての学習活動が言葉の習得につながります。学習する事柄を、児童がこれまでの経験の中で感じたことや考えたことと関連付け、感性を大切にしながら、豊かな言葉の広がりを目指します。児童にとって読みやすいものになるよう、文や言葉をリライトすることもあります。しかし、児童の感性に働きかけるような言葉や表現は省かずに、むしろそれらを生かして学習を展開することで、児童にとって"使える言葉"の習得と拡充を目指します。

将来必ず役に立つ力を

　重複学級の授業づくりは、年間指導計画を立てる時から始まっています。何を、どのように学ばせるか。どうしてそれを学ばせるのか。児童の実態を踏まえつつ、児童の今の生活、更には将来の自立した生活に役立つ力を育成するという視点を常にもち続け、具体的な指導内容やねらい、手立てを熟考します。児童にとって「学び甲斐のある授業」は、おのずと興味関心が高められるものとなるはずです。

13 中学部・高等部　重度・重複グループ

（1）主体的・対話的で深い学びのための授業改善の視点（設定の理由）

授業改善の視点　👤 自分と結び付ける

　主体的に自ら学ぼうとする生徒を育てるためには、授業が楽しい、ワクワクする、よく分かることが大切です。また、学習内容が将来の自分とどのように関わりをもつのかイメージできたり、理解できたりすることも学習意欲が増す重要なポイントです。そのため、日頃の学習から学習内容と自分を結びつけ、将来の自分を少しでも意識できる、将来をイメージして学習意欲を継続できるように授業改善の視点として取り上げました。

（2）実践例

◆科目：国語　　対象：中学部重度・重複学級 2・3 年

◆単元名（教材名）「俳句を作ろう」

◆単元の目標

・日本の伝統文化の一つである俳句を知り、五音七音のリズムや文語調に親しむ。〔知識・技能〕

・写真を見ながらイメージを膨らませ、俳句を完成させる。　　　　〔思考力・判断力・表現力〕

・自分が経験したことを選び俳句を作る。　　　　　　　　　　　〔主体的に学習に取り組む態度〕

◆生徒の学びの様子及び重点をおく指導事項

　本グループは手話を主なコミュニケーション手段としている学習集団である。重度・重複学級の生徒の実態、日本語や手話の言語獲得状況、習得速度などはそれぞれ異なっており、学習の際に個別の支援や配慮を必要としている。本校では生徒の実態に応じて、小集団学習グループを編成し、授業を行っている。

　グループの共通課題として、①俳句のルールについての理解の徹底、②俳句のルールにのっとった言語表現を行うこと、③文脈の読み取りや未知の単語についての意味理解などが挙げられる。感じたことや経験したことなどを絵や手話で表現しようとすることはできるため、これらを日本語に置き換えて表現する課題に継続して取り組んでいる。また、これまで俳句を作った経験がある生徒もおり、ルールについては一定の理解が図れているものの、自分の気持ちや情景を俳句で表現するためには指導者の支援が必要である。全体的に学習に対して真面目に取り組もうとする姿勢が見られ、学習意欲は高い。

　本課題は生徒の実態を鑑みたとき、やや高度な課題ではあるが、生徒が最近経験した移動教室や修学旅行を題材にしているため、学習意欲を喚起できる内容である。森村誠一の「写真俳句」を参考に写真を用い、教材教具を工夫して、俳句を理解し楽しめるように配慮した。そのことにより、生徒が日本の伝統文化の一つである俳句を通して、言葉のもつ意味や使い方を知り、五音七音のリズムや文語調を感じられるようにした。

●本時の目標

・自分の経験した出来事の写真を選び俳句に表す。

●本時の展開

（発：発問）

時間	○学習活動・生徒の学習活動	◆教師の支援や配慮　●教材・教具 ※評価（方法）**太字は聴覚障害への配慮**
導入 5分	○前時にクラスで完成させた俳句を読み五音七音のリズムを思い出す。	●前時の写真俳句 ◆俳句を掲示して五音七音が意識できるように⑤・⑦の印をつける。
展開① 15分	○本時の内容確認 　"写真俳句を作ろう！" ○作りたい俳句の写真を選ぶ。 ○写真を見て、どこで、何を、どうしたか、どう感じたかなどを思い出す。 発 どこで　何をしていますか？	●移動教室の写真、修学旅行の写真 **◆自らが経験した移動教室や修学旅行の様子を思い出しやすいように、生徒本人が写っている写真を複数枚用意する。** ※経験を思い出し、俳句で表現したい写真を選ぶことができたか。 **◆思い出した場所や活動内容を復唱し、他の生徒と共有できるように板書する。** **◆言葉（音声や文字）で表せない生徒は、手話で表現したことを教師が言葉に代えて板書する。**
展開② 20分	○考えた言葉を五音七音にまとめる。 ○まとめた言葉を短冊に書きだす。 ○俳句にしたい言葉を選ぶ。 ○五七五の17音に選んだ言葉を並べ、俳句を作る。 ○出来上がった俳句を発表する。 ○写真を見ないで自分の俳句を読んだり、友達の俳句を鑑賞したりする。	◆思い出した内容を五音七音に合うように言葉をまとめさせる。難しい生徒は教師と一緒に考える。　　　　　　　　　　　【授業改善の視点】 ●短冊 ●俳句用ミニホワイトボード ※五音七音の言葉を選ぶことができたか。 **◆俳句作成用ミニホワイトボードを用意し、できあがった俳句を掲示して、生徒同士が見やすく読みやすくする。** ◆一人読み、二人読みするなどいろいろな読み方を促す。 ◆友達の俳句で良かったところ面白いところ等を見つけられるように言葉がけする。
まとめ 10分	○学習のまとめ	◆今日の学習の内容を振り返ることができるように質問する。

（3）授業改善に向けて　～視点を明確にして研究協議の充実を図る～
●授業改善の視点について

・主体的な学びを作る際に「写真俳句」はとても良い教材である。自分の活動を写真で視覚的に振り返ることができ、思い出すときの手掛かりになる。国語の授業内容は「単語」や「漢字」の指導に偏りがちであるが、それ以外の学習活動として、重度・重複学級の生徒の実態や特性に合った内容である。
・視覚的な補助ツールとして写真を使って体験を振り返るという活動は、国語の授業だけではなく他の授業でも使うことができる題材である。
・思い出した内容でも言葉として表現することが難しい生徒がいる。その場合は、手話表現を促し、それを教師が読み取って言葉に代えて確認する支援も必要な時がある。
・板書の構造化を図り、学習中に生徒が板書を見る際には、どこを見たら良いかをはっきりと明示したほうが良い。

●学習指導アドバイザーより

　　言語は耳からいろいろな情報を聞いて、その積み重ねでできあがっていく。しかし聴覚障害は耳から情報をつかむことを難しくするため、その状態で言語力を育てていくには、いろいろな方法がある。例えば語彙力を育てる方法の一つに、身の回りにある実物に文字カードを貼る方法が挙げられる。しかし、結局は言語に対する学習のモチベーションが大事なのではないか。
　　「俳句」という題材は、助詞がなくとも名詞の組み合わせで作ることができるので、詩作の入り口としては分かりやすく、ある種の"言葉遊び"に近いものがある。これらは、小学部から繰り返しやってきていると考えられる。言語と自分の環境を近づけていく活動の１つで、ろう学校の生徒にはとても大事な活動である。これに写真があることで言語表現を引き出しやすく、重度・重複学級の生徒たちの実態に題材がマッチしている。イメージや表現が写真に引っ張られすぎてもよくないが、こういった視覚的補助はとても有効であると考えられる。
　　また俳句中の表現で「体験」という言葉が出てくるが、この漠然とした言葉を「菓子作り」などのより細かく具体的な情景や表現に変えていくと、より生徒の言いたいことに表現を近づけていくことができる。言いたいことは心の中にあるけれど、表現できないもどかしさ…それは私たちが英語圏の国々に行った時の状況と同じで、ごく標準的な言い回ししかできないもどかしさに似ている。つまり、思ったことを言葉で正確に表現できない辛さである。その状況を生徒たちは常に抱えていることを念頭に、指導することが大切である。

中学部・高等部　重複・重複学級の授業のポイント

体験に基づく学習

　生徒が体験したことや見たことは、経験として残りやすく、親しみやすい出来事になります。指導案で紹介した「写真俳句」のような題材では、体験を手がかりにして、言葉の力をはじめとする様々な力を、実感を伴って身に付けられるようになります。

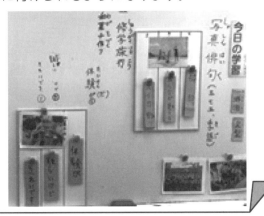

社会性を育てる

　中学部・高等部での学習は、特に「集団での活動」をより重視して進めていきます。「学びあい」の姿勢をもって、自分と他の生徒の意見を比べたり、集団での活動を行う経験を積み重ねたりする中で、自分を客観視する力や約束・ルールの大切さなどを学んでいきます。

　高等部になると、進路先見学・インターンシップ・現場実習など、卒業した後に働く職場を見たり仕事の体験をしたりする機会を設けています。一緒に働く聴者とどのようにコミュニケーションを取っていくのかなど、これまで培ってきた社会性の一部が評価される場面です。

結果が見て分かる

　自分の行動が結果としてすぐに分かると、学習の理解が進みます。例えばタブレットでプログラムを打ち込んでドローンやロボットなどを動かす学習では、実物が目の前で動くという分かりやすい結果があったため、生徒たちは体感的にプログラミングを学ぶことができました。

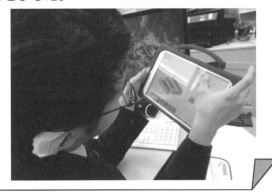

キャリア教育の視点

　主に高等部段階で、卒業後の進路を意識した学習活動を多く設定しています。職業や作業学習の中で、仕事への意欲、体力、社会人としての基本的なマナー（挨拶・報告・連絡・相談、時間の遵守、適切な服装など）、余暇の過ごし方や掃除、洗濯といった生活力などを、実践的に身に付けることが目的です。

14 機械・総合技術グループ

（1）主体的・対話的で深い学びのための授業改善の視点（設定の理由）

授業改善の視点Ⅰ 互いの考えを比較する

　生徒一人一人が課題に向き合い、自分なりの考えや意見をもつことにより意欲的に学習活動に取り組むことができます。その後の意見交換の場で、生徒同士が他者との比較により対話的な学習に取り組むことによって、理解が深まるだけでなく、コミュニケーション力の向上にもつながると考えます。

授業改善の視点Ⅱ 自分と結び付ける

　生徒の実態として、抽象的なイメージをもちにくい傾向があります。特に目で捉えがたい「力」についての指導を行う際に、日頃からよく目にしている身近なものを具体例とし、体験的に学習することを大切にしています。プレゼンテーションソフトを用いて具体物を示し、視覚的にイメージさせることで、工業の様々な事象を数理処理できる知識と技術を習得させ、実際に活用しようとする態度を育てます。

授業改善の視点Ⅲ 知識・技能を活用する

　学習の最終目標は、アウトプットです。知識・技術が生きるのは、インプットした時ではなく、アウトプットした時だと考えられます。学習したことを何か活用してこそ、達成感を感じ、学習意欲が高まっていくのだと考えます。

（2）実践例

◆教科：機械設計　　対象：高等部3年

◆単元名（教材名）「機械に働く力」

◆単元の目標

・機械に働く力の作図方法や計算方法、設計との関わりを理解する。　　　　　〔知識・技能〕

・具体例を踏まえて、力の表し方や合成・分解の方法、力のモーメントや偶力の作用の仕方を考察し、その過程や結果を示すことができる。　　　　　　　　　　〔思考力・判断力・表現力〕

・機械に働く力の工学的意義に関心をもち、どのように設計に役立てるかを探求し、理解しようとする。　　　　　　　　　　　　　　　　　　　　　〔主体的に学習に取り組む態度〕

◆生徒の学びの様子及び重点をおく指導事項

　中学校までに学んだ数学、理科の知識を基礎として、工業事象に関わる計算の学習を行い、基礎的な計算方法を学習してきた。また、関数電卓の使い方を理解し、正確に計算できるようになってきている。今までの学習の様子からは、身に付けた知識を活用したり応用したりするといった場面において、困難を生じる様子が見られる。学習を進めるにあたって、知識の習得を徹底する場面とその知識を活用する能動的な場面のメリハリをつけた授業展開を意識して、学習を進める。

●本時の目標

・力のモーメントについて理解する。
・力のモーメントを計算で求めることができる。

●本時の展開

(発：発問)

	○学習活動・生徒の学習活動	◆教師の支援や配慮　●教材・教具 ※評価（方法）**太字**は聴覚障害への配慮
導入 7分	○力の表し方について復習する。 ○円板が回転するとき、どのように力が作用しているのかを考える。 　本日の学習内容	◆3つのポイントを質問して確認する。既習事項を想起させ、本時の内容の理解促進を図りたい。 **◆説明や指示の際の手話表現を正しく丁寧にする。専門用語や新出語句は指文字で確認する。**
展開① 23分	○力のモーメントについて知る。 ○てこの教材を使って、重量物を持ち上げる場合の、力と腕の長さの関係について考える。 発 てこの模型を使って、支点と力（おもり）の間にどのような関係があるか考えてください。	●円板の模型 ◆個別で考えさせたあとに、他の生徒と意見を交換する。 ◆支点（回転中心）と力が作用する点との距離関係に気づかせる。　【授業改善の視点Ⅰ】
	○身近な例について知る。	●掲示物（レンチ、バールの図） **◆指導内容に合わせて視覚教材を適切に提示する。**　【授業改善の視点Ⅱ】
展開② 15分	○力のモーメントの計算方法を知る。 発 公式を見て気付くことはありますか。 ○練習問題を解く	◆計算式の中に腕の長さが含まれることを意識させる。 ◆計算式から力のモーメントの単位について説明する。　【授業改善の視点Ⅲ】 ※公式を用いて式を立て、答えを導いている。
5分	○板書をノートに写す。 ○本時の内容を振り返る。 発 力のモーメントを説明してください。 ○次回の内容を知る。	**◆まとめの場面で、板書をノートに写すだけでなく内容を理解しているかを生徒自身の言葉（手話・口話）で表現させ自分の言葉で理解させる。また、誤った表現等がある場合はその場で訂正する。** ※力のモーメントについて説明ができる。

●板書計画

力の表し方 ①力の大きさ ②力が作用する点 ③力の向き	目標　力のモーメントについて理解する。 　　　力のモーメントを計算で求めることができる。

身近な例

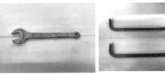

レンチ　　　　　　バール

力のモーメント：物体を回転させようとする力の作用
回転中心から力の作用線までの距離：モーメントの腕
○重量物を持ち上げる場合の、力と腕の長さについて考えよう。
◇分かったこと

力のモーメント　＝　力　×　モーメントの腕
　M [N・m]　　 F [N]　　　　r [m]

練習問題

生徒の回答

（3）授業改善に向けて　～視点を明確にして研究協議の充実を図る～

●授業改善の視点Ⅰについて

・発問が抽象的だったため目的をもった活動ができず、話し合わせる際に対話的になりづらくなった。
・気付きを発表する際に、想定外の意見だった場合、どのように取り上げ理解へとつなげていくかが教師の役割ではないか。
・生徒同士や教師とのやりとりの中でコミュニケーション力を向上させることも視野に入れた授業づくりが重要である。

●授業改善の視点Ⅱについて

・生徒が生活の中で使い慣れていないものを例で提示した場合は逆効果となる。
・身近な例として、実際に授業内で使用してみて、その中で気付かせる活動の方が感覚的にイメージをもちやすく、学習内容への理解がスムーズになる。
・活動を通して道具の使い方やしくみへの理解が深まる。
・生活の身近なものと結びつけ学習内容を自分と結び付けるためには生徒の経験量にも教師が注意を払い、授業をつくる必要がある。

●授業改善の視点Ⅲについて

・話し言葉と書き言葉が混ざっている。生徒の理解を確認するときは、書かせると評価しやすい。
・手話、指文字は記憶に残りにくいので書いてまとめさせるのが大事である。
・学習プリントの工夫として、今日の授業はどこを見ると復習できるのか明確にしてまとめさせるとよい。
・練習問題のレベルをスモールステップにすることで生徒自ら自主的に取り組むことができる。

●学習指導アドバイザーより

・小学校の学習内容に戻る
　取り扱っている教材が、てこの原理を用いているため、小学校の理科の学習内容に戻ることも効果的だと考えられる。これは、全ての学習に対して言えることである。既習の内容であっても振り返ることで学習のつまずきやつながりを確認でき、より深い学びになると考えられる。
・学力の把握
　生徒一人一人の理解力や習熟度を担当者が把握し、授業展開や内容、発問等を考えなければならない。教師が１時間の授業の中で生徒に求めていることが、生徒の能力を超えてしまっていると授業が成り立たない。日々授業の評価・改善を行っていかなければならない。
・生徒たちの言葉で理解させることがポイント
　特にろう学校の生徒には、日本語力の課題が挙げられる。本時の大切な言葉や説明は板書をノートに写させるだけではなく、その前に生徒に言わせることが大切になる。書くだけでは写す作業だけで終わってしまい知識として積み重なりにくい。自分の言葉で表現し、口話や手話で表現することで自分の言葉で理解するようになる。また、表現等が誤っている場合は教師が指摘することで、誤った理解を修正することもできる。

機械・総合技術の授業のポイント

量感

　量感とは、計器を使わずにある量の大きさの見当をつけるおよその感覚です。ものをつくる授業では、量感に触れる機会が沢山あるのにもかかわらず、量感が十分には身に付いていない実態があります。指導には2つのポイントがあります。1つ目は、生徒に基準をもたせることです。自分の体を使って、親指から中指までの長さ（あた）や一歩の歩幅など覚え、それを基準とします。2つ目は、日頃から教材を展示し、ペットボトルの容量やその重さなどに触れさせることです。基準をもつこと、日常の慣れによって量感を徐々に育てています。

発問：このコード何mぐらいあるかな？

アウトプット

　ここでのアウトプットとは、「学習したことを活用する」という意味で用います。学習した知識・技術をどのようにアウトプットできる状態にしていくかが大切です。アウトプットを繰り返すと、間違いや失敗に気付き、反省を基に新たに学習が更新されると考えます。その繰り返しにより知識・技術の質の向上が望まれるため、間違ったアウトプットをしてしまったとしても、積極的に継続していく意識を持たせることが大切です。授業内でアウトプットする場面をいかに意図的に盛り込むかが授業づくりのポイントになると考えます。

ガス溶接

他者から学ぶ（コミュニケーション）

　一人で学ぶよりも複数で学ぶ方が、より思考が深まる活動になると考えられます。自分の考えと他者の考えを比較し、自分とは異なったものの考え方を学ぶ中で、自分の中にはなかった価値観やそれまで知らなかったことなどを知ることができるため、結果的に一人で学習している時以上の学びを得ることができます。さらに自分と他者とを比較する中で、自分自身を見つめ直す良い機会にもなります。それらはろう学校においては、コミュニケーション力の向上にも役立つと考えられます。

　このような観点から、主体的で対話的な活動を目指した授業づくりを意識しています。

単位換算

　機械系の授業で取り扱う単位には、m/s、m/min、km/hなどがあります。このような単位を用いるためには、距離・時間・速さの関係性についての理解が必要です。そのためには小学校の学習内容からの復習が必要で、繰り返し確認を行って、知識の定着を図っていきます。

　また、単位は計算式を表していることに気付くことができるように、様々な単位への理解へつなげる指導をしています。

【速さと加速度】

○速さとは・・・単位時間あたりに進む距離のことを速さという。

単位時間		速さ
1時間	に　100km進む　→	
1分間	に　50m進む　→	
1秒間	に　3m進む　→	

速さv・時間t・走行距離s　の関係は

速さv　＝　〔　　　〕＿＿〔　　　〕

時間t　＝　〔　　　〕＿＿〔　　　〕

距離s　＝　〔　　　〕＿＿〔　　　〕

単位換算の学習プリント

15 情報・商業グループ

（1）主体的・対話的で深い学びのための授業改善の視点（設定の理由）

授業改善の視点Ⅰ　興味や関心を高める

単に情報及び情報技術を活用して問題解決の作業をすることが情報の学習の目標ではありません。コンピュータの処理や論理的な考え方、データの扱い方などを豊富な体験を通して様々な場面で使える力を育みたいと考えました。

授業改善の視点Ⅱ　知識・技能を習得する

情報関連の言葉は日常生活での使用頻度が低く、覚えづらいものです。それらの言葉の定着に努力を要したり、情報の学習に必要な思考方法が十分には身に付いていなかったりする生徒もいます。そこで、まずは知識を積極的に活用することに重点を置きました。知識と技術を「問題を解決するための活動」などにおいて実際に活用することができる能力と態度を育成することをねらいとしました。

（2）実践例

◆科目：情報の科学　対象：高等部普通科３年

◆単元名（題材名）「処理手順の明確化と自動化」

◆単元の目標

・アルゴリズムについて理解し、自動実行するプログラムとの関係を理解する。　〔知識・技能〕

・問題解決のための処理の手順を考え、発表する。　　　　　　　　〔思考力・判断力・表現力〕

・ペア学習で意見を出し合い処理手順を考える。　　　　　　　　〔主体的に学習に取り組む態度〕

◆生徒の学びの様子および重点をおく指導事項

　積極的に意見を述べることが得意な生徒が多く、やり取りを通して考えようという意欲をもっている。個々の理解力や進度にばらつきがあっても、補い合いながら問題に取り組むことができる。

　言葉で説明する際は、生徒の身近な題材を使い、イメージしやすいようにする。生徒が説明する際は、言葉を正しく使うことができるように留意し、必要があれば、補足したり、別の言葉に言い換えたりして、言葉の理解を深めさせる。

　アルゴリズムをフローチャートで示し、そのフローチャートを見て、「長い／短い」や「ごちゃごちゃしている／すっきりしている」などがわかり、アルゴリズムの良し悪しが体感的にわかるようにする。さらに自分でフローチャートを書くことでアルゴリズムの考え方を実践的に身に付けさせる。

●本時の目標
　・アルゴリズムに良し悪しがあることを理解する。

●本時の展開
　（発：発問　指：指示　説：説明）

	○学習内容・生徒の学習活動	◆教師の支援や配慮　●教材・用具 ※評価（方法）**太字**は聴覚障害への配慮
導入 5分	○挨拶、出席確認 ○アルゴリズムについて復習する。 ○インスタントラーメンの作り方についてアルゴリズムを確認する。	◆身近なインスタントラーメンのアルゴリズムで興味を喚起する。 **◆「アルゴリズム」など大切な言葉の定着のため、指文字・手話・書字で表す。**
展開① 10分	○本時のテーマについて確認する。 　「アルゴリズムには圧倒的なまでの『良し悪し』がある。」 ○「アルゴリズム体操」のフローチャートを確認する。 ○同じ動きが５回ずつの長いフローチャートを見て、改善策を考える。 発 どうすればすっきりするのか。 ○アルゴリズムを見直すと効率よく分かりやすくなることに気付く。	**◆手話・口話の説明だけでなくプレゼンテーション資料をPDPに提示し、授業内容の理解を図る。** **◆常に目に入るようにPDP上に掲示する。** ◆生徒の気付きを促す助言をする。 ●長さ３ｍのアルゴリズムを机に広げる、 ※アルゴリズムに関心をもって学習に取り組むことができたか。 ☆フローチャートに表したアルゴリズムを理解し改善案を考える。 【授業改善の視点Ⅰ】
展開② 25分	○身近なもののアルゴリズムを考える。 指 「星形のにんじんの輪切り」の作り方を考える。 ＜ペア作業＞ ① Presentation ソフトで「アルゴリズム」を開く。 ②手順の枠に言葉で手順を書く。 ③テンプレートを使ってフローチャートを書く。 ④できあがったら印刷する。 ○自分たちの作ったフローチャートについて発表する。 説 同じものを作る際、いくつかの手順があり、時と場合に応じて、アルゴリズムを使い分ける必要がある。	◆星形のニンジンの絵を提示して説明する。 ◆パソコン操作をサポートする。 ●ヒントになるフローチャートをＰＤＰに提示する。 ※アルゴリズムを考え、フローチャートを書くことができたか。 ☆互いの意見を聞くことで思考を深める。 【授業改善の視点Ⅱ】 ●各ペアが作ったフローチャートをPDPに提示する。
まとめ 10分	○本時のまとめ ・アルゴリズムとは何かを確認する。 ・アルゴリズムは日常生活や今後、会社に入ってからの業務遂行に役立つ考え方であることを理解する。 ○次回の予告 ・アルゴリズムを意識して、プログラミングする。 ○挨拶	◆アルゴリズムについて発問する。 　本時の学習内容について理解できたかどうか確認する。

（3）授業改善に向けて　〜視点を明確にして研究協議の充実を図る〜

●授業改善の視点Ⅰについて

「アルゴリズムの理解」
フローチャートを大きな紙に印刷し視覚的に訴えるということについて
　・興味関心を持って課題に取り組むことができた。
答えを導く過程において生徒同士ペアで取り組ませることについて
　・対話的活動を通して思考を深めていくことができた。
生徒の身近な題材を使用することについて
　・主体的に物事を捉えられるようになった。

●授業改善の視点Ⅱについて

「身近なもののアルゴリズムを考える」
　難しい用語は前回の復習として取り上げたり、指文字やスライドなどで繰り返し触れたりするようにする。
手順や思考を整理する方法としてフローチャートを活用することについて
　・繰り返し処理や分岐処理について理解できるようになった。
　・思考を文章で表現する力を養うためには、完成させたフローチャートは生徒自身に発表させた方が良かった。
　・思考するにあたり、前提条件（思考のポイント）をしっかりと決めて提示した方が良かった。

●学習指導アドバイザーより

　・「アルゴリズム」の言葉の意味をしっかりと理解できているか、「言葉の定着」が重要である。
　・アルゴリズムの指導では順序性を意識させることが大切であり、それが論理的に考える力の足場となる。
　・アルゴリズムの何を教えたいのか明確にする必要がある。
　・繰り返し処理等を使用したフローチャートでは、教師が答えを言ってしまうのではなく、生徒自身が気付けるような仕掛け作りが必要であった。

▽▲▽アルゴリズムとは▲▽▲

・問題を解決するための処理手順
・文や図で表す

アルゴリズムは日常生活の中でも
非常に重要です。
たとえば、
「星形のニンジンの輪切り」
どうやって作りますか？

30枚

画像引用：国立情報学研究所 http://research.nii.ac.jp/~uno/algo_3.htm

模範解答

はじめ
↓
外側から内側に向かって、角度が108°になるように縦に2本切り込みを入れる
↓
4回繰り返す
↓
切った外側の頂点から内側に向かって、角度が108°になるように縦に2本切り込みを入れる
↓
ループ
↓
30回繰り返す
↓
2ミリごとに輪切りにする
↓
ループ
↓
おわり

ペアワークで生徒が作ったアルゴリズム

はじめ
↓
30回繰り返す
↓
にんじんを輪切りにする
↓
ループ
↓
30回繰り返す
↓
星型でわぎりにしたにんじんを押す
↓
ループ
↓
おわり

はじめ
↓
にんじんを洗う
↓
へた・根っこを切る
↓
薄切り（30枚）
↓
30回繰り返す
↓
刃先で人参を星型に切る
↓
ループ
↓
おわり

情報・商業の授業のポイント

制作（創作）のための知識の獲得

　情報科の授業の中には、生徒が主体となって行うコンテンツ制作やメディア実習の時間があります。制作中に起こる様々な問題を解決するために必要な知識や技術を学ぶという過程を大事にしています。また、世の中に溢れる様々な知識や情報から、より「確からしい」ものを選び、それらを編集し、まとめる力を伸ばしていくことも同時に目指していくことが重要と考えています。

身近な製作物

　身近で実際に活用される学校要覧の製作を通して、ソフトウエアの使い方、作業手順や確認の仕方を知ること、自分の役割を果たすことなど、チームの一員としての協力等のスキルを身に付けるための単元としています。

電卓の技術

　簿記の授業のとき、桁数の多い数字を扱います。桁数を間違わずに、正しく、速く入力する力が必要になります。そのために、電卓の検定を目指して技術の向上を図っています。
　電卓は、メモリー機能などがある、商業高校で使用する電卓を使っています。

$7,102 \times 339 + 11,148,384 \div 1,248 =$

$(88,543 + 204,730) \div (922 - 611) =$

$(2,432,119 \div 55) \div (6,734,118 \div 88,563) =$

$(1,426 - 211) \times (876 \times 8.25) =$

$(3,824 + 468) \times (132.6 + 727.4) =$

$(328,854 + 4,661,971) \div (306.7 + 54.3) =$

$6,841 + 8,215 + 7,632 \times 584 =$

ビジネス計算

　簿記の授業では、割合を使用した売買計算や利息の計算も出てきます。計算方法が分からないと、正しく記帳ができません。そのために、割合を使用した計算練習を実施しています。割合だけでなく、度量衡や貨幣換算の計算も練習しています。

￥590,000 の 74% はいくらか。

158kg は何ポンドか。ただし、
1lb=0.4536kg とする。
（ポンド未満4捨5入）

$ 47.30 は円でいくらか。ただし、
$ 1=￥112 とする。
（円未満4捨5入）

元金￥260,000 を年利率5% で9月10日から11月28日まで貸すと、期日に受け取る利息はいくらか。
（片落とし，円未満切り捨て）

16 自立活動グループ

（1）主体的・対話的で深い学びのための授業改善の視点（設定の理由）

授業改善の視点Ⅰ 自分と結び付ける

　自立活動では、障害認識の学習として、将来、社会に出たときに望ましい社会参加を目指し、自己認識を深め自己肯定感を高める指導を行っています。自己の聞こえ方について客観的に知り、適切な情報保障を考えるためには、幼児期から自分の聞こえを正しく理解していくことが必要であると考え、聞こえ方を自分と結び付けて考えさせることを重視しています。

授業改善の視点Ⅱ 思考を表現に置き換える

　より望ましい社会参加を行うためには、自己の聞こえ方について理解した上で、自分を取り巻く人々に自分なりの言葉で、周囲に分かりやすく伝える方法を身に付けることが求められると考えています。

（2）実践例

◆科目：自立活動　　対象：高等部2年

◆単元名（教材名）「情報保障」

◆単元の目標

・自己の障害特性に合った情報保障手段とその入手方法等を理解する。

・自己の聞こえや必要な情報保障手段等を相手に正確に伝えるため、依頼・交渉・調整等できる力を身に付ける。

・社会生活を送っていく上や卒業後に社会参加していくためにも情報保障が大切であるという意識をもち、必要に応じて活用しようとする態度を身に付ける。

◆生徒の学びの様子及び重点をおく指導事項

　聞こえの程度については全体的に軽度で、手話よりも口話を優先的に使用するグループである。手話の表現や読み取りに苦手意識がある生徒もいる。また、障害理解や情報保障の必要性について課題が見受けられる生徒がいる。そのため学習を通して、まずは自己の障害理解や情報保障の必要性について意識を高め、情報保障を必要に応じて活用する態度を高等部2年生段階で身に付けていってほしいと考える。その後、実際に依頼・交渉・調整等できる力を磨いていってほしい。

　そこで本単元の情報保障に関する指導内容として、「要約筆記、手話通訳、字幕、UDトーク、ループ補助援助システムなど様々な情報保障手段があることや実際にいくつかの情報保障手段を体験した上で情報保障が必要なことを再認識すること」や、「日常生活や卒業後の進路を想定しながら自己の障害特性に合った情報保障手段とその入手方法等について理解すること」を扱う。

●本時の目標

・自己の障害特性に合った情報保障について、聞き手に伝わるように意識しながら発表できる。

・他者の発表を聞き、自他の情報保障手段の違い等について気付くことができる。

●本時の展開

	○学習内容・学習活動	◆教師の支援や配慮　●教材・教具 ※評価（方法）**太字**は聴覚障害への配慮
導入 5分	○聞こえのチェック ・自分の補聴器の状態を報告する。	**◆教師が補聴器の音を確認する。** ●聞こえのチェック表
展開① 10分	○復習 ・説明文やイラストから適切な情報保障手段を選択し、プリントに記入する。	●プリント①（穴埋め）は説明後に配布する。 ◆解答をPDPで提示する。 ※生徒観察 ※プリント
展開② 25分	○発表 ・自分の聞こえやコミュニケーション方法等にも触れながら、「自己の障害特性に合った情報保障手段」について発表する。 ・発表を聞きながらメモを取る。	●プリント②（聞き取りメモ） ●発表時にはパソコンのプレゼンテーション資料を活用する。 ◆立ろう学習ルールを意識させる。 **◆聞き手の方を見ながら、伝わっているか確認しながら発表させる。** ◆発表を聞きながら、質問や意見を考えたり、自他の違い等についても気付かせたりする。 ※生徒観察（自己の障害特性に合った情報保障についてまとめられたか。手話表現や発声、正しい日本語等に留意しながら発表できたか。） ※プリント（発表を聞きながらメモを取ることができたか。） 【授業改善の視点Ⅰ】
まとめ 10分	○まとめ ・発表をしたり、友達の発表を聞いたりしてみての感想や意見等を書く。	●プリント②（感想・意見） ※自己の障害特性に合った情報保障を理解し、相手に正確に伝えることができたかなどを評価する。 ◆感想・意見に詰まるときは、他者の発表資料を再提示したり、メモを再確認させたりする。 ※プリント（自他の違い等についても気付くことができたか。） 【授業改善の視点Ⅱ】

●板書計画（プリント①②）

自立活動

1. 聞こえのチェックと補聴器の掃除
2. 復習(情報保障手段と入手方法について)
3. 発表（自己の障害特性に合った情報保障手段について）
4. まとめ

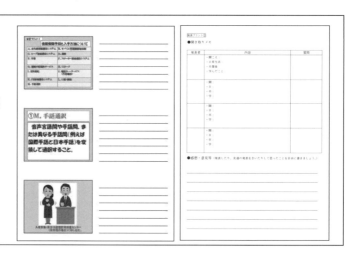

（3）授業改善に向けて　〜視点を明確にして研究協議の充実を図る〜

●授業改善の視点Ⅰについて

- 学習グループの構成メンバーは、聴力的に軽く、口話で会話ができる生徒たちだった。授業を通して、自分たちが日常生活の中で、必要な情報が抜け落ちていることに気付くきっかけとなったのではないか。
- 客観的に必要な情報が抜け落ちてしまう体験をしなければ、自分たちの聞こえについての課題に気付かないのではないか。中学部では、そういった体験もさせている。
- 手話だけ、音声だけの台詞の聞き取りを通して、自分はどちらが分かりやすいのか体験させてみてはどうか。手話だけでは、意外と読み取れていない、音声だけでは聞き漏らしているなどに気付くことができる。
- 客観的な自分の情報の取り方の特徴を正確に把握させることが大切である。

●授業改善の視点Ⅱについて

- 発表原稿を作ることを通して、各自が気付いたこと、分かったことがあったと思うが、聞き手のことを考えながら作ることも必要だったのではないか。
- 当初、各自が自分の聞こえについて全然話せていなかった。「聞こえます」「困っていません」などと答える。しかし、教師が一人一人と掘り下げていく中で経験と照らし合わせながら少しずつ本人の思いや実際のことが出てきた生徒もいた。
- 思考を表現に置き換えるということは、聞こえないということについての論理的な意思を表現に置き換えるということだと思うが、それがこの授業でどこまで実現出来たかは課題が残る。しかし、本人なりの言葉で表現はできていたと思う。
- 6時間という「情報保障」の学習の中で、「視点Ⅱ　表現を思考に置き換える」まで求めるのは難しい。

●学習指導アドバイザーより

- 自立活動の研究グループでは、指導案を実施前に十分検討した。「自分の聞こえについて実態が分かっていない生徒」に対し、体験を通して考えさせることができないかと考え、中学部で、実施した。体験をさせたことで、意外に手話だけでもよく分かる子、音声の方が聞き取れる子など、事前に予想したのとは別の姿が見える生徒もいた。手話通訳の必要性を強く感じる子供は多いが、手話だけでは意外と難しいことが今回の授業で分かった。本当に自分にとって必要な情報保障とは何かを自分でしっかり考えることが大切であると思う。
- 授業の中での生徒の発表の中には、内容が浅いものもあった。研究授業後、更に深める学習を行うとよかったのではないか。（授業者より：研究授業後、更に深めを行ったところ、「手話通訳が必要」→「筆談か要約筆記の方が自分には良い。後で見直せるから」と考えが深まった生徒もいた。）

自立活動の授業のポイント

等身大の自分を知る

　障害認識や自己肯定感の育成の基となることは、正しく自分のことを理解することです。
　自立活動の学習において、幼児期から系統的に自分についての理解を進め、その上で、自信をもって自立した生活をしていく力を育てていくことが重要です。発音指導も日本語指導もその一環です。

小学部　ワークシート

自分について知ろう①。

自分がすきなもの・きらいなもの.

すきなもの.

社会の中で困ることを知る

　ろう学校の中での生活は、多くの配慮がなされています。地域社会の中での生活や将来の社会生活の中で、自分や友達が、どんなことで困るのかを様々な学習を通して気付き、お互いを理解し、サポートし合える力を育てていきたいと考えています。

中学部
「きこえなくて困ること」
授業風景

自分に必要な支援方法を知る

　将来の学校生活や社会生活では、聞こえないために困難を感じることが予想されます。
　自分を取り巻く進学先や就職先での情報保障の種類や入手方法について正しい知識をもち、自分に合う支援を適切に活用する力を育成していくことが大切と考えます。

高等部　情報保障教材

復習プリント①

情報保障手段と入手方法について	
A．赤外線補聴援助システム	B．モバイル型遠隔情報保障
C．ループ補聴援助システム	D．筆談
E．字幕	F．スピーカー補聴援助システム
G．遠隔手話通訳サービス	H．UDトーク

自分のことを相手に伝える

　自分はどのくらい聞こえていて、どのくらい文章が読み取れるか、どのような配慮や支援をしてほしいのか、相手に分かりやすく伝える力が求められます。その上で交渉や相談をしながら自分に合った必要な資源を求め、最大限に活用し、自分のもっている能力を十分発揮することで、充実した社会生活を送ることが子供たちの目指す目標と考えます。

高等部
情報保障
授業風景

3 オンライン授業について

1 導入の経緯と概要

　新型コロナウイルス感染対策による臨時休業が、令和2年4月から始まり、5月末まで続きました。5月も臨時休業の継続が予想される中、5月の連休明けからオンライン教育開始のための準備を始めました。

　4月は、家庭との連絡は郵送、一斉メール、個別の電話やメールで行っていました。しかし、連絡や学習課題の指示には限界があり、学習保障や家庭や幼児・児童・生徒との連絡も十分にはできませんでした。これらの問題点を解消するため、オンライン教育の導入を迅速に進める必要がありました。

　オンライン教育導入に当たり、ハード面やソフト面の課題を解決するためにも全学部一括導入でシンプルな方法を目指しました。具体的には、（1）家庭との連絡（授業の指示等）・教材の提供として教育プラットフォーム「まなびポケット」（2）ビデオ動画サービスによるホームルームとして WEB 会議「Webex」（3）動画教材の提供として「YouTube」や「まなびポケット」への動画教材の掲載の3つを柱として進めました。3つの柱それぞれにプロジェクトチームを作り、課題の洗い出し、情報提供と共有を進め、在宅勤務者も含めて全体周知を行い、実施に至りました。

2 学校と家庭の ICT 環境

　学校の ICT 環境は有線・無線 LAN やパソコンは多数ある、iPad は12台、WEB カメラは10台が使用可能という状況で、機器・回線の面ではオンライン教育は可能でした。しかし、全校で41学級が一斉授業やホームルームを行うことは困難でした。各家庭に、ICT 環境のアンケートを実施したところ、まなびポケットは99％、ビデオ会議は97％の家庭で実施可能でした。一方で、WiFi 環境がないと答えた家庭は10％、プリンタ保有率は50％、スマートフォンのみやパソコンが有線でカメラなし等の家庭もありました。このような状況でしたが、家庭と学校の ICT 環境で、まずできることから始め、徐々に課題を解決することにしました。家庭の ICT の課題を解決するため、iPad を近隣の特別支援学校から10台、携帯用 WiFi ルーターを東京都のものと自校のもの併せて6台調達し、家庭に貸し出しを行い、5月中旬にはほぼ全家庭のハード面が整いました。

3 「まなびポケット」の活用

　「まなびポケット」は、連絡や教材のオンラインでの共有、コメント（メッセージ）のやり取り、グループごとでの授業、教材コンテンツの活用ができるプラットフォームです。

　最初は ID とログインの方法、ファイルの見方などを家庭に郵送し、その後家庭への連絡は「まなびポケット」で行いました。「まなびポケット」では、授業やホームルームごとの部屋をチャンネルと呼び、参加する子供と教師とを紐付け設定をします。最低限のチャンネルはプロジェクトチームで作成し、その他は担任と授業担当者で作成して進めま

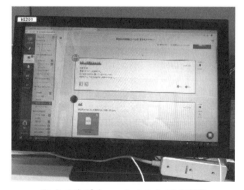

まなびポケットによる授業

した。例えば高等部3年数学というチャンネルを作ると、生徒は時間割通り高3の数学というチャンネルに入室してきます。運用当初はWebexでの朝のホームルームにて、「時間割通りに教科のチャンネルに入ってください」と指示を出していましたが、すぐにその必要はなくなりました。授業は、教材を閲覧し、コメントのやり取りによって進めていきました。

（表-1）まなびポケットの各学部での活用

	幼稚部	小学部	中学部	高等部
チャンネル数	9	91	94	200
活用コンテンツ	お便り（情報）提示 アンケート機能活用	お便り（情報）提示 一部コメントでの授業	お便り（情報）提示 教材の提示 コメントでの授業	お便り（情報）提示 教材の提示 コメントでの授業
活用方法	毎日1問のクイズ	配布教材の取組指示	時間割通りの授業	時間割通りの授業

　「まなびポケット」の各学部の活用は、幼稚部では保護者への連絡や動画へのリンクの掲示が中心でした。小学部は、児童が一人でパソコンを操作するのが難しいため、保護者と一緒に活用することが多くなります。そのため、保護者に向けて教材の提示や指示を行い、家庭学習を進められるようにしました。中学部・高等部は、パソコン、タブレットやコンテンツの取り扱い、コメントのやり取りなどができるので、時間割通りの授業が可能でした。教師も様々な活用方法を工夫し、自分のコメント欄に板書の画像を貼り付ける、iPadで撮った手順や説明動画を貼り付けるなど、生徒に分かりやすいように工夫を重ねていきました。例えば、高等部のロングホームルームではSNSルールについて「SNS東京ノート」を教材に授業を進めました。SNSの課題について、意見を出し合い、意見の相違に気づき、双方歩み寄るまで140以上のコメントが続きました。そして、「意見が違う他人の立場で考えることも大事」という結論に至りました。コメントが文字として残ることで、意見・論点の「見える化」ができ、通常の授業への活用のヒントも得られました。一方、お互いに入力に時間がかることや、生徒が出された課題に集中するあまり、教師からの呼びかけに気付かないこともありました。運用ルールの共有や徹底などは、事前に整理をしておく必要があると反省しました。

4 「Webex」によるホームルームと授業

　幼稚部は1対1の面談形式で「あさのかい」を行いました。小・中・高等部においては、Webexで朝と帰りのHRを行い、臨時休校が続く中、担任と子供、子供同士、顔を見合うことのできる貴重な時間となり、「朝早く起きられるようになった」など、生活リズムの改善につながったという意見もありました。生徒が回線をつなげるのに時間がかかり、一人ずつオンラインホームルームに入ってくるので、その度に挨拶と体調観察を行い、全員集まるまでに30分程かかったこともありました。徐々に慣れてくると時間通りに開始できました。全員が出席できるか心配していましたが、オンラインホームルームでの欠席者はほとんどいませんでした。全校で一斉に朝のホームルームを行うことは機器や回線の面で難しいため、学部ごとに時間差をつけて実施しました。授業では、中・高等部が主に活用しましたが、授業の始めの指示や授業の流れで適宜活用することにしました。全授業でWebexを使用できるほどの回線はないことと、生徒の1日中のWEB会議参加への金銭

オンラインHR（中学部）

オンライン授業（高等部）

的負担、スマートフォンでライブの授業を見続けることへの身体的負担を考慮し、授業の一部分で有効に活用しました。今後、UDトークとの併用など、文字情報の保障という観点から更に活用実績を積んでいく必要があります。

5 「YouTube」や「まなびポケット」を活用した動画教材の活用

当初は既存の「YouTube」コンテンツの紹介をしていましたが、5月からは自作動画をアップしたり、「まなびポケット」に動画ファイルを貼り付けたりと各教師が精力的に作成しました。動画配信を始める前には、個人情報や動画の流出を防ぐための規約を作成し、個人情報の扱いに関する動画を付けて注意を喚起しました。幼稚部や小学部は動画教材が中心となり、中学部、高等部では実技関連の教科で活用しました。

（表－2）動画教材のアップと内容

	幼稚部	小学部	中学部	高等部
YouTube 動画数	25本	55本	20本	27本
まなびポケット動画数	0本	80本	0本	16本
内容	教師の紹介、歌、手遊び、体操、絵本、ジャンケン、コロナ関係、発音・発語指導、補聴器管理	音楽、体育、自立、図工、重複、各学年国語・算数、理科、社会、自立、手話つき音読例、補聴器の管理等	数学、保健体育、音楽（校歌）、重複学級（作業、技術、職業課程）の自宅学習	英語、情報、体育、社会、美術、重複学級での自宅学習

 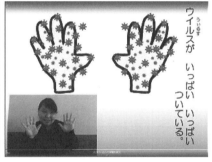 

YouTube 動画小学部・音楽　　YouTube 動画　幼稚部・手洗い指導　　YouTube 動画作成中　小学部

6 成果

オンライン授業の活用により通常の時間割どおりの授業を中学部・高等部で実施することができました。教師にとっては、動画作成やチャットを活用した授業に対応するという「伝え方」の変化に慣れるまで多少の時間がかかりましたが、スマホ世代の若手教員も多く、すぐに対応ができました。

オンライン教育の利点は次の5点です。1点目は、休校中でも家庭と学校との密な連絡が可能になったことです。家庭とオンラインでつながることで連絡や教材の提示などが迅速に行え、学習保障ができました。今後も、校内、家庭での学習において活用の可能性が考えられます。2点目は幼児・児童・生徒と手話での双方向のやり取りができたことです。WEB会議のWebexは、少人数で、手話で授業を進めるろう学校に適していました。しかし、これ以上人数が増えると一斉連絡や指示が中心になってしまい、対話的な授業が十分には成立しなくなります。他のWEB動画でも同様ですが、音声、文字、動画による手話等の情報保障をきちんとすることで、より正確に情報をつかめるように工夫することが大切です。3点目は、日本語や言葉遣いの指導が今まで以上にできたことです。文字による会

話での適切な言葉の使い方、メールの文章、状況に応じた言葉の使い方など、その場で指導できました。高等部では、将来の就職先でのメールでのやり取りやテレワークでの業務を意識した文章表現や報告の仕方も授業に取り入れるきっかけとなりました。4点目は、不登校気味の生徒の気持ちが学校に向いたことです。なかなか学校に気持ちが向かない生徒が、オンライン授業を受けることで、その後の登校につながった例がありました。生徒アンケートでも「普通の授業よりも質問がしやすい」との意見もありました。文字による言葉のキャッチボールを丁寧に行うことで関係が成立したと言えます。5点目は、教師の新しい教材のアイディア、工夫につながることです。今回の臨時休業期間に動画教材を200本以上作ることができたことは大きな成果です。子供の興味や関心を引くよう工夫し、新しい試みにチャレンジできました。今回は、学校と家庭とのオンライン授業での活用でしたが、この「見せるための動画教材作成での工夫」により、今後の教材作成へ活用できる可能性が広がり、教材の共有化が進むことが期待できます。

7　今後のオンライン教育

　今回の取組では、緊急時での学習保障が中心となりました。今後、緊急時ばかりでなく、家庭と学校のICT環境やICT技術の活用など、全教員が新たなる学習指導法を更に身に付けていく必要を感じました。「GIGAスクール構想」が進む中で、授業での活用、家庭学習での活用など様々な活用方法を研究するとともに、活用できるソフト面での課題も解決していかなくてはならない状況です。様々な情報交換をして、先を見通した取組を組織的に進めていくことが重要となります。

企業によるオンラインセミナー
高等部　機械系

第 2 章

各学部の教育実践

～日本語で考える力を求めて～

（平成 25 年～平成 29 年）

ことばの力の育ちを支える
―考える力、イメージする力を育てる保育の工夫―

　幼児は、遊びながら様々なことを発見します。楽しく興味深い遊びや体験は、幼児に「やってみたいな」、「どうなるのかな」、「どうしてかな」という気持ちを起こさせます。意欲や思考力の伸びる瞬間です。

　また、遊びや体験を通して身体や心が動いた時、「こんなことがあったよ」、「こんな気持ちになったよ」と、誰かに伝えようとしたくなります。コミュニケーションの力の伸びる瞬間です。

　幼稚部では、毎日、自由遊びと設定遊びの時間を設けています。本校では、幼児が意欲的・主体的に取り組めるよう、「生活に根ざした体験や遊び」「連続性のある生活」「意欲や自発性」「自然環境を生かした保育」等の視点を大切にし、環境構成や支援を工夫してきました。これらを通して考える力やイメージする力を育て、ことばの習得のための土台作りをしてきました。

　様々な実践の中から、幼児の実態や課題に寄り添うものであり、体験を広げることのできた取組について、次ページ以降にまとめました。

●実践　その1　3歳児　お話の世界を楽しんで　〜「おおきなかぶ」〜
●実践　その2　3歳児　季節の行事を楽しんで　〜クリスマス〜
●実践　その3　3歳児　連続性のある活動を　〜豆まきから鬼ごっこまで〜
●実践　その4　5歳児　自分たちで作り上げる楽しさを　〜劇活動「ももたろう」〜

お話の世界を楽しんで ～「おおきなかぶ」～

　文化祭で発表する劇についての実践です。一人一人が物語を味わいながら自分の役を楽しめるよう、ゆっくり時間をかけて取り組みました。

絵本を楽しもう

●読み聞かせ

　最初に、絵本『おおきなかぶ』（福音館書店）の読み聞かせを行いました。登場人物や話の展開を分かりやすくするため、絵本だけでなく、お面やパネル、具体物を用意しました。読み聞かせが終わると、すぐに「おじいさん、やりたい！」「ぼくは、ねこ！」と、意欲的でした。

お水をあげたらかぶが大きくなった！次はどうなるの？

みんな役になりきって「うんとこしょ、どっこいしょ！」

ここがPOINT

劇遊びを始める前に作品を多面的に扱い、しっかりとした土台作りを

・題材選び
　繰り返しが多く明確な内容で幼児全員が表現を楽しめるものを選ぶ。
・毎日読み聞かせを
　スモールステップで内容を深める。
・生活と結びつける。（栽培、調理）
・ごっこ遊びをする。（教師も保護者も）

●保護者による劇

　保護者による読み聞かせ会で、『おおきなかぶ』をとりあげました。劇化されていてとても分かりやすく、また、自分のお母さんが出ている嬉しさから、幼児たちは見入っていました。教室に戻って再度読み聞かせをすると、「うんとこしょ、どっこいしょ」「おーい」と教師の話に合わせて一緒に手や体を動かす様子が見られました。

「ママは孫！」子供たちも大喜び！

ごっこ遊びをしよう

●物語を理解する

　くりかえし遊ぶことで、かぶが抜けない時の動作や表情、次の人の呼び方、誰がどの順番で出てくるのかなど、少しずつ分かるようになりました。かぶが抜けて喜ぶだけでなく、食べたり料理したりする姿も見られました。

かぶ役の教師をひっぱって、「まだ まだむり！おーい！」

●好きな役を見付ける

　最初からお気に入りの役のある幼児、全ての役をやってみたいという幼児、どれでもいいと思っている幼児と、様々でしたが、くりかえし遊ぶうち、自分の好みの役が決まってきました。「ねずみは強いからやりたい！」「犬が好き！」「お友達と一緒の役がいい！」など様々な気持ちになりました。

かぶの種をまこう

●育ててみる

　原作の絵にはありませんが、かぶの成長を段階的に示したパネルを作成しました。同時に、かぶの種をまき、毎日水やりをしたり成長の様子を観察したりしました。芽が出て喜んだり、抜いてみて、「まだまだ、小さい」と埋め直したりしました。

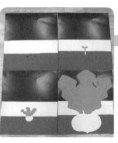

かぶの成長のパネル

大きくなったかな？

道具を作ろう

●家を作ろう

用意するもの・配慮

・板ダンボール　・色画用紙（ちぎってあるもの）
・のり
　のりの感触の苦手な幼児のために、すぐにふけるぬれタオルを用意します。

「おじいさんはどこから来るの？」「お家」、「お家がないよ」「作ろう！」ごっこ遊びを通して、足りないものを考えました。のりでぺたぺた、屋根や壁を貼りました。隙間を見付け、そこを埋めるように貼る姿も見られました。完成した家から飛び出して遊ぶ姿も見られました。

劇遊びをしよう

●幼児の活動を活かして

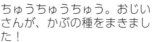

ちゅうちゅうちゅう。おじいさんが、かぶの種をまきました！

おおきくなあれ、じゃーっ

　本番に向けて、配役を固定し、台詞や流れ、順番、立ち位置などを意識しながら劇遊びをしました。

　配役は、幼児のやりたいものを尊重し、また、それぞれの力を発揮できるよう工夫しました。その結果、おじいさんと犬と6匹のねずみたちになりました。

　また、台詞は、ごっこ遊びの中で出てきた幼児の言葉や表現を生かし、かぶが抜けない時には「まだまだむり」、次の人を呼ぶ時には「おーい」、かぶが抜けた時には「やったー！」の3つに決めました。また、「おじいさんが、かぶのたねをまきました」という台詞の模倣も取り入れました。

　流れは、幼児のごっこ遊びや生活の動きや体験を活かし、水やりや抜けたかぶを運んで食べる場面も取り入れました。

●お家でも楽しんで

　家でも楽しんでもらえるように、学校での活動のふりかえりプリント（右上）や、劇の場面を再現した台本（右下）を作成し、家庭に配布しました。家でも、ページをめくりながら場面ごとに手話や身振りで表現したり、台本をもとに親子で遊んだりし、自分や友達の役、劇の流れ、舞台のイメージを深めることができました。

●本番

　文化祭当日は、どの幼児も家族の前で役になりきって楽しく演じることができました。舞台袖では、舞台上の友達の様子を真剣に観て、「出番はまだかな」「次は私」と、準備することができました。

生活の中へ

　劇遊び中や発表後、自由遊びやサツマイモの収穫などの場面で、再現して遊んでいる様子が見られました。また、育てていたかぶを収穫し、調理したところ、普段は野菜の苦手な幼児も口にすることができました。名札を付ける時「手伝って」、遠くの友達を呼ぶ時に「おーい」、「（雨だから外遊びは）無理」等、生活の中で台詞として出てきた言葉をよく使うようになりました。

ここがPOINT

理解を深めるために

・幼児の表現を受け止める。
・劇遊びを繰り返し行い、役になりきったり友達と関わりあったりさせる。

劇中の言葉を日常に汎化していくために

・幼児のつぶやきや動きを生かし、台本に取り入れる。
・劇で使った台詞を、日常でも意図的に使う。
・保護者と連携し家庭でも言葉を使う。

季節の行事を楽しんで　〜クリスマス〜

クリスマスって、どんな行事かな。サンタさんって、だあれ？ 知っている子はとっても楽しみ。知らない子もきっと好きになるはず。クリスマスの準備をしてサンタクロースを迎えよう！

クリスマスの準備をしよう

●読み聞かせと教員劇

絵本『ころちゃんのくりすます』（評論社）をアレンジした紙芝居を読み聞かせました。本を読んでクリスマスに必要な準備が分かった頃、突然サンタさんが登場。準備できていない様子に気付き、プレゼントを置かずに帰っていくという内容の劇を幼児に見せました。

●つくる① 貼る

秋の遠足で拾った松ぼっくりやどんぐりを使ってリースを作りました。材料の種類を自由に選ばせたことで、マカロニだけで表現した幼児、全種類まんべんなく使った幼児等、個性豊かな作品が出来上がりました。

> **用意するもの・配慮**　・木の実（松ぼっくり、どんぐり）・マカロニ
> ・リボン・リース（工作用紙をくり抜いたもの）
> ※ボンドが苦手な幼児も簡単に取り組めるように、ボンドを皿に入れ、木の実の上部を手でつまんで付けるようにしました。

乾くと透明だ！ふしぎだな！

●つくる② 描く → 貼る

活動を「描く」と「貼る」の2つの内容で分けました。あらかじめプレゼントの形に切った紙にクレヨンで好きな模様を描き、ツリーに飾りつけました。

> **用意するもの・配慮**　・ツリー・プレゼントの台紙・糊・クレヨン
> ※個々の興味、実態に応じた対応ができるよう、シールも用意しました。

ツリーにプレゼントがない！！

●つくる③ 描く → 平面構成 → 貼る

靴下にサンタのパーツを組み合わせて糊で貼る活動をしました。最初に、顔の部分に目や鼻を描き、次に描いた顔と帽子を組み合わせました。帽子の先を折るか折らないかということや、折る角度は自由にしました。パーツは全て用意せず、足りないものを幼児に考えさせるようにしました。「目がない」「耳がない」「髭がない」など様々な気付きがありました。「サンタの髭は何がいいかな？」と問うと、餅つきごっこで使った綿を思い出した幼児自ら、教室にあった綿を探し出して持ってきました。

サンタさんのお顔ぺたぺた…

ここがPOINT

> **何のために何を作るのか、目的意識を**
> ・読み聞かせや教員劇を通してクリスマスについてイメージを深める。

> **意欲的に制作活動に取り組むために**
> ・制作の難易度と自由度を段階的に高めていく。
> ・幼児の発想を大切にする。

> **用意するもの・配慮**
> ・くつした（画用紙）・サンタの顔のパーツ・クレヨン・糊
> ※必要に応じて見本を見せます。

見通しをもつために

　絵本の読み聞かせや教員劇で、制作の必要性に気付いた幼児たち。高まった気持ちやイメージを保持し、幼児が主体的に活動できるよう、リストを作り、制作計画を視覚化しました。作り終わったものの下には、にこにこ笑顔のサンタクロースを貼りつけていきました。内容を視覚化することで、活動の見通しをもつことができ、「今度はリースを作りたい！」、「靴下がまだ！」等と、幼児の気付きや活動意欲を引き出すことができました。

ごっこ遊びをしよう

　リストにサンタの顔がすべて揃ったところで、もう一度、絵本『ころちゃんのくりすます』を読み聞かせ、絵本の内容を幼児たちと一つずつ再現しました。寝ながらサンタを待つ場面で教師がシーツを広げると、皆喜んで床に寝転びサンタの登場を待ちました。そこで、プレゼントを持ったサンタ役の教師が登場。靴下にプレゼントを入れて帰ると、幼児たちは飛び起きて靴下の中身を確認し、大喜び！「トナカイやる！」「サンタやりたい」「かわって」「電気を消してー」など、幼児からの積極的な気付きや発言を取り入れながら、遊びを展開していくことができました。また、本当に寝る子や薄目を開けて待つ子など、様々な姿がみられました。子供役を楽しむだけでなく、サンタ役になってプレゼントを靴下に入れることも楽しむなど、役を交代して楽しみながら、クリスマスを経験的に理解していくことができました。

リースを飾って…

靴下を飾って…

サンタさんが来るから寝なくちゃ！

プレゼント何を入れようか

●自由遊びで

　教室にごっこ遊びのグッズをさり気なく置いておくと、昼休みや自由遊びの時間に、積極的に遊ぶ姿が見られました。クリスマスの季節が終わっても、時々思い出したように手にとって遊ぶ姿が、春頃まで続きました。

昼休みに友達を誘い合って…

ぼくはトナカイ！

●お楽しみ会の後に

　お楽しみ会では、サンタクロースとトナカイがプレゼントをもって登場し、幼児たちにプレゼントを渡しました。会終了後すぐ、親子活動としてお母さんと一緒にクリスマスごっこをしました。サンタさんに会った経験や感動が新鮮なうちに、お母さんと一緒に再現して遊べたことは、行事の事後活動にもなり、クリスマスのイメージと理解を更に深めることにもつながりました。更に各家庭でも実際に家に作品を飾って準備したり、プレゼントをもらったりする経験をしました。ごっこ遊びでの経験が生き、実際に枕元のプレゼントを見たとき、"サンタさんがくれたんだ"というイメージをしっかりともつことができました。

ここがPOINT

幼児の生活に汎化していくために

・連続性のある設定活動を計画する。幼児の理解や制作技術を確認し、スモールステップで展開する。
・幼児の理解を確認し、丁寧に活動を展開させることで、概念を深める。
・作ったものを使ってごっこ遊びをし、クリスマス行事について理解を深めたり広げたりする。

連続性のある活動を
～豆まきから鬼ごっこまで～

設定遊びから自由遊びへ、自由遊びから設定遊びへ。子供たちの興味・関心を拾いながら活動を展開させていくことで概念を深め広げていきました。

まめまき

おなかに泣き虫鬼がいる！

ふりかえりプリント

●読み聞かせ

最初に、絵本『おなかのなかにおにがいる』（ひさかたチャイルド）の読み聞かせを行いました。みんなのおなかの中にはどんな鬼がいるかな？振り返りプリントでお母さんと一緒に考えました。

読み聞かせ後、生活の中で、何か失敗があったとき、「おなかの中に鬼がいるんだ、追い出そう！」「鬼は外！」「あ！口から鬼が出てきてた！」「ばいばい！もう大丈夫」など、幼児たちと話をして盛り上がりました。

●気持ちを高める

鬼から「2月3日に行くぞ！」という手紙が届きました。怖がる幼児たち。でも、豆やイワシ、ひいらぎがあれば大丈夫！豆まきに備えて制作活動をしました。マスには、鬼の顔やひいらぎ、豆を描く幼児もいました。制作時には、クリスマスの制作でも効果のあったリストを活用しました。作った後は、鬼のお面をかぶった教師に、イワシのにおいをかがせたりひいらぎの葉を刺したりして、鬼を追い払うごっこ遊びをしました。「今鬼はどこにいるの？」「いい子にするから来ても大丈夫」、「頑張って食べる」など、2月3日の行事を前に、隙間の時間も鬼の話題でいっぱいになりました。作ったものを使って豆まきごっこもしていました。「（鬼役と）代わって」「いいよ」など、交代もできました。漠然と怖かった鬼の特徴や弱点が分かり、鬼の輪郭が徐々にはっきりしてきました。 豆まきの前日の帰りの会で、「豆がない！どうしよう！」と言うと、「もう買ったよ」としっかり準備していた幼児、「え？家にある？」とお母さんに聞いたり、お父さんと会うと「今日、豆を買いたい！」と真剣に訴えたりしていた幼児、いろいろでした。見通しをもって活動しているからこそ出てくる発言でした。

マスづくり

くさい！痛い！

●行事の後にお面作り

鬼のお面作りでは、眉毛の角度、鼻や口の形、角や歯など、顔のパーツに注目し、豆まきで来た鬼の顔を思い出しながら作りました。豆まき当日は、鬼の迫力に泣いたり、戦おうとしたりする姿が見られました。インパクトがとても強かったため、鬼がどんな顔だったかを聞くと、「歯が大きかった！」「角は2本だった！」「顔は赤かった！」「緑もいた！」と、体験したからこそ出てくる発言がたくさんありました。

ここがPOINT

設定活動に関連する絵本を生活のそばに

・教室の絵本コーナーに「ももたろう」「一寸法師」など、鬼の出てくる昔話をいくつか置いた。鬼に関する本を読み聞かせると、豆まきの時の鬼とイメージを重ね、本の中の鬼の絵に、身振りで豆をまいたりやいかがしを突き付けたりする真似をした。

・また、お面作りで顔のパーツに注目したことから、「歯」や「角」に関する本も置いてみると、幼児たちはすぐに手に取り、合間の時間に読んでいた。帰りの会での絵本読みでもリクエストが多く、繰り返し読み聞かせた。「肉を食べるから大きくてとがった歯だ」「サメの歯は三角だ」、そこからまたごっこ遊びが始まった。

「鬼」から広がる世界

●幼児からの発信を活かす ももたろうごっこ

　鬼の出てくる本を絵本コーナーに置いておくと、幼児たちがすぐ手に取ったのは、「ももたろう」。以前読み聞かせしており、また、文化祭で3年生が「ももたろう」を発表していたため、劇のイメージももっています。そこで、「ももたろう」ごっこをやることにしました。活動が軌道に乗ってからは、「この次は、劇にする？道具を作る？」と、問いかけ、幼児の意見を聞きながら進めることにしました。

●ごっこ遊び

　文化祭やクリスマスごっこより広い空間を利用しました。マットや跳び箱を使って山や川、島に見立てたり、勝負の場面を相撲形式にしたりしました。幼児たちはすぐに場所を覚え、自分の役の場所で準備しました。また、今回は、役を重複させないことにしました。「○○やりたい人！」という問いかけに、複数が手を挙げた時、「いいよ」と譲ってあげる幼児、じゃんけんで負けても「仕方ない」「次やろう」と我慢できた幼児、以前と比べ、心の成長が見られました。劇の流れは、みんなよく分かっていたため、特に台詞は指定しませんでした。幼児は、「おだんごどうぞ」、食べて「元気もりもり」、「一緒に行こう！」、鬼が倒されて「ごめんなさい、宝をどうぞ」など、自分で考えてことばや身振りで表し、友達とやりとりしていました。

●道具作り

　お面以外はあえて途中までしか作っていない道具を出しました。そのうえで、足りないものを聞くと、「だんご」「刀」「船の色がまだ！」「旗」「宝が入ってない！」など、たくさん意見が出ました。制作時には、紙やガムテープ、トイレットペーパーの芯など、素材を準備しておき、幼児たちの発想で自由に作ってみることにしました。自分なりに材料を選んでやってみる幼児、作っている友達からヒントを得て作る幼児、友達と協力し合って一つのものを作る幼児、見本を見て丁寧に作ろうとする幼児、いろいろな姿が見られました。素材からヒントを得て、以前作ったことのある「(鬼を探すための)双眼鏡を作りたい」と言い出した幼児もいました。

船：絵の具でぺたぺた　　　旗：日本一！

●園庭で 公園で

　完成した道具を庭に持ちだして、更に遊びました。広い庭の中で、「犬は木の下で待つ」「鬼は山にいる」など場所を決めて遊びました。また、近隣の公園でも岩山を登っている時に、ごっこ遊びが始まりました。道具がなくても、「鬼がきたぞ！」「ももたろう」という共通のイメージをもって遊べました。

　幼稚部全体行事の相撲大会冬場所では、これまで「勝ちたい！」という意識があまりなかった幼児も、全力で取り組めました。ごっこ遊びの中で、相撲形式で鬼と本気で勝負をした経験があったからだと考えました。

●おいかけっこからおにごっこへ

　これまで鬼に追いかけられる役を楽しんでいた幼児たち。活動後は、鬼の役も交代でやれるようになりました。タッチされたら鬼になり、10数えたら追いかけて捕まえるという、鬼ごっこのルールが定着しました。

ここがPOINT

環境設定の大切さ

・幼児の言動や発信を受け止め、それに関連する絵本や道具、遊びを提供していくことが、幼児の理解を深め広げることにつながる。

概念を広げるための工夫を

・「鬼」に関連することや、体の部位について等、幼児が興味をもった内容は、更に新しい知識を増やすために意図的に環境に取り入れる。

自分たちで作り上げる楽しさを
〜劇活動「ももたろう」〜

文化祭で発表する劇についての実践です。話し合い活動を数多く取り入れ、主体的に協力し合って一つのものを作り上げる楽しさを味わえるよう支援を工夫しました。

劇活動を主体的に

●劇遊びの題材選び

1学期、設定活動の中で、幼児たちにどんな劇遊びをしたいか、幼児の興味をもちそうな本を何冊か紹介したところ、教師の提案した本の中にはなかったにもかかわらず、「『ももたろう』をやりたい」という意見が出ました。教師としては幼児達の気持ちを受け入れ、「ももたろう」の劇遊びをすることにしました。

絵本の読み聞かせをしています。

●役決めの相談

配役決めの際には、これまでは教師が中心となって、幼児一人一人に確認しながら進めてきましたが、今回は幼児同士で話し合わせて役を決めるという場面を設定しました。結果としては、今まで友達とのコミュニケーションに消極的だった幼児が自分のなりたい役を伝えようとする様子や、幼児同士で友達に「この役をしたいの？」「（同じ役だけど）一緒にやろう。」など、確認をする様子が見られました。

コミュニケーションモードが異なる幼児同士の会話については、教師が介入し、必要に応じて相手に伝わるような手話表現や指差しなどを教えることで円滑なコミュニケーションにつなげることができました。

役決めの話し合い

動物が待つ場所について相談しています。

さるの登場

●文化祭の劇、どうする？

2学期に入っても幼児たちの「ももたろう」に対する思いは強く、文化祭の演目も「ももたろう」に決まりました。「ももたろう」は幼児にとって分かりやすい内容の劇で、動物と仲間になる喜びや、おじいさんやおばあさんの優しさなど、様々な気持ちを育てることができる劇でもあります。教師としては、育ってほしい部分を大切にしながらも、配役等幼児同士で相談して決めたり、できるだけ幼児の意見を取り入れながら台本を作っていったりし、より主体的に「ももたろう」に取り組めるような環境設定をしていくことにしました。

劇を広げ深める

話し合い活動だけでなく、「ももたろう」と関連付けてきび団子を調理したり、劇で使う道具を作ったりしました。自分たちで劇を作り上げていくという実感が高まり、劇本番に向けてモチベーションの向上にもつながりました。

みんなできび団子を作って食べたよ！

劇で使う道具もみんなで作ったよ。大きな桃の出来上がり！

発表に向けて

●話し合い活動を継続的に

　1学期より誕生会の役割決め等、折にふれて簡単な話し合い活動を取り入れてきましたが、その成果もあり、1学期と比べて幼児同士の会話が比較的円滑になってきました。

　また自分の考えを述べながらも相手の話を聞く姿勢も育ってきました。例えば、友達の希望を聞いた上で「この役に誰もいないよ」と問題提起したり、「誰もいないから僕がこの役をやってあげるよ」と優しさを見せたりする等、成長している場面が多く見られました。

　そして文化祭では、幼児一人一人が自分の役をしっかり演じるだけでなく、友達の演技にも着目し、自分なりに演技や動きのタイミングを掴むことができました。

●よかったところを伝え合う

　また、台詞を暗記することができたり、自分の演技を教師や友達から肯定的に評価してもらったりと、自分に自信をもてるような展開を積み重ねたことで、どの幼児も活動に意欲的になってきました。

　今後は劇活動だけでなく、他の活動でも幼児同士のコミュニケーションの支援や一人一人に応じた肯定的評価を通して、幼児の自立に向けた力の向上を図りたいと考えます。

（一つの役に）1人ずつがいいよ。

誰もやらないから、僕が猿をやるよ。

鬼が負ける場面

劇活動に関する言語指導

　本学年には、手話で豊かに話すことができる反面、文字の理解や指文字の表出に課題のある幼児もいれば、音声で話すことはできても、友達に手話で伝えることに課題のある幼児もいます。

　このように様々な実態の幼児が集う中で教師としては、まず言葉のインプットとして組込み式手指法（※1）を活用することで、手話と日本語の両方を効率よく表出しました。また、言葉のアウトプットについては、幼児の表現力に応じて口声模倣や指文字模倣を通して、言葉の獲得を図りました。

　更には家庭での親子コミュニケーションを活発にさせるために毎日配布しているプリントにも「ももたろう」に関する内容を記載し、言葉の概念化を図ると共に識字力の向上を図りました。

※1 組込み式手指法：
　教師が音声や手話、指文字を併用する中で、子供の言語力に応じ、使い分けて表出する言語指導法

ここがPOINT

どの幼児も話し合い活動に参加できるような環境設定を

・幼児の実態によっては、役を決めるための話し合いが成立しなかったり、演技が上手くいかないことで消極的になったりすることが予想されるため、必要に応じて教師が介入したり教材を工夫したりすることも必要である。
・教師は、話し合い活動しやすい環境づくりをしつつ、任せたり一緒に話し合ったりする。

課題

・結果的に幼児の伝えたい気持ちや演技することの喜びなど、様々な教育的効果が見られたが、同学年の重複対象幼児への支援については個別に目標設定や環境整備をしていく必要がある。

保育案

活動名	くりすますごっこをしよう（実践その２）
活動の ねらい	・ごっこ遊びに興味をもち、自分からやってみようとする。（健康） ・ごっこ遊びを通して、季節感を味わう。（環境） ・イメージを膨らませながら、楽しんでごっこ遊びをする。（表現・言葉） ・役割や順番、ルールを理解して活動に取り組む。（人間関係） ・活動に関連した話をしたり、おもしろさや楽しさ、気付いたことを伝えようとしたりする。（言葉・表現）

	○活動内容	◆保育上の留意点・配慮事項　●教材等
導入 10分	○はじめの挨拶（当番） ○前時までをふりかえる 「リースも、ツリーも、くつしたも作ったね。あれ？でも、サンタさんがいないよ。どうしたらくるのかな」 「かざらなくちゃね！」	◆表を使う。 ◆絵本は、MTが話しT１が提示する。 ◆幼児AにはT３が本を提示する。 ●表、紙芝居、本、制作した物
展開① 15分	○「12月24日になりました！」 「クリスマスの準備をしよう」 　・リース飾り 　・ツリーの飾りつけ 　・くつしたをつける ○「準備できたね。サンタさん来るかな？もう、夜です。歌を歌って、ねよう」 ○「みんな、おやすみなさい。サンタさん来ますように」	◆日めくりを使用。 ◆紙芝居を提示し、何を準備するか考えられるようにする。幼児の発言により、必ずしも紙芝居の順番でなくてもよい。 ◆前時までに制作した物を活用する。飾りつけるものの名前を手話や指文字で確認する。 ●日めくり、紙芝居、玄関扉、ツリー、サンタの帽子、プレゼントカード、プレゼントを入れる大袋、絵譜、リズム太鼓、前時までに制作した物、掛布団
展開② 10分	○サンタクロースがプレゼントを配る。 ○「25日、朝になりました！サンタさん来たかな？プレゼントあるかな？」 ○みんなでプレゼントを見る。 　「やったー！サンタさん、ありがとう」 ○時間があれば、靴下をかけるところからごっこ遊びをする。サンタ役も交代で行う。	◆サンタ役T３ ◆リズム太鼓で知らせる、日めくりを使用する。 ◆プレゼントは、１つ目はもらう。２つ目は、くりかえしごっこ遊びができるよう、袋に戻す。
まとめ 5分	○まとめの話 　「クリスマスごっこ、楽しかった？」 　「21日学校にサンタさん来るかな？」 　「24日、みんなの家に来るかな？プレゼントくれるかな？楽しみだね」 ○おわりの挨拶をする。	◆必要に応じて、幼児の発言を引き出したり、広げたりする。 ◆クリスマスイブに期待できるようにする。 ◆当番は前に出るよう伝える。 ●絵カード、日めくり

活動名	劇活動「ももたろう」（実践その４）
活動の ねらい	・自分なりの考えや思いを伝えて、他者とコミュニケーションをとることができる。（人間関係・ 言葉） ・劇遊びをする中で状況に応じた言動ができる。（表現・言葉）

		○活動内容	◆保育上の留意点・配慮事項　●教材等
導入 10分		○はじめの挨拶（当番） ○お休みの子供や体調等を確認する。 　「お休みのお友達はだれかな？」 　「元気かな？」	◆全員の視線が集まり次第、元気よく挨拶を する。 ◆幼児が忘れたり、誤った答えが出たりした 場合は、他の幼児に確認するなど支援する。 ◆手話の読み取りや音声の聴き取りが難しい 幼児に対して必要に応じて確認したり、情 報を保障したりする（Ｔ１）
展開① 15分		○役決め 　「みんなで話し合って役を決めてみてね」 　「○○くんは何の役をしたいの？」 　「わたしは○○をしたいよ」	◆劇遊びの役を幼児だけで話し合って決める ようにする。 ◆必要に応じて声かけをしたり肯定的評価を する。（MT、Ｔ１） ●絵カード、名前カード
展開② 10分		○劇遊びの準備をする。 　「どこで遊ぶ？」 　「衣装や道具はどうする？」 ○劇遊びをする。 ○後片付けをする。 　「道具や椅子などを元のところに戻しましょ う」	◆安全の確認をしながら見守ったり、手伝っ たりする。（MT、Ｔ１） ◆途中でハプニングが起きた場合、状況に応 じて幼児達に問いかけたり、支援したりす る（MT、Ｔ１） ◆安全の確認をしながら見守ったり、手伝っ たりする。（MT、Ｔ１）
まとめ 5分		○話し合いや劇遊びについて確認をする。 　「○○さんは上手にできたね」 　「○○くんは優しかったね」 ○おわりの挨拶（当番）	◆MTの発言に応じてＴ１も評価する。 ◆全員の視線が集まり次第、元気よく挨拶を する。

　幼稚部では活動後の振り返りとして自作プリントを毎日保護者に配布しています。そのプリントを使って保護者とコミュニケーションを取りながら活動で感じたことや考えたことを言語化させています。また、子供の実態に応じて子供自身がプリントに書くこともあれば子供の発話を受けて保護者が代わりに書くことも方法の一つとして取り組んでいます。

　以下に例を示します。

3歳児　おおきなかぶ

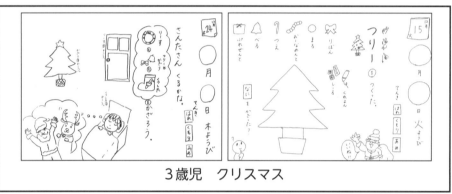

3歳児　クリスマス

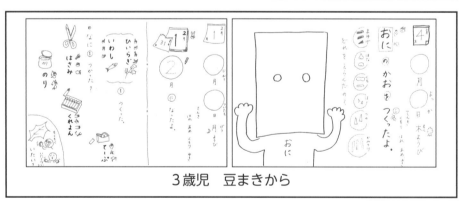

3歳児　豆まきから

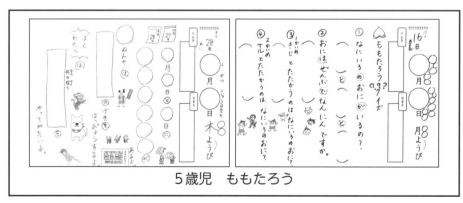

5歳児　ももたろう

多様な言語課題に応じた日本語指導
―日本語の「基礎力」「運用力」を高める―

　「ろう学校の使命は、日本語の力を身に付けさせること」と言っても過言ではありません。小学部は、幼稚部までに育ててきた人と関わる力、活動しながら考える力、イメージする力と基本的な言語力を基盤として、日本語の語彙を拡充し文法的に正しく日本語を使えるようになる時期です。そして、日本語で考える力を育成していく段階でもあります。

　しかし、現実には、語彙が少ない、基礎的な文法が身に付いていない、基礎的な文法等は身に付いていても応用や活用に課題があるなど、様々な実態の児童がいます。また、繰り返し学習をしても、語彙や文法が身に付きにくい場合もあります。

　小学部では、児童の日本語獲得の課題を大きく「基礎力」と「運用力」に分けて考えました。そして、日本語力向上に向けて個々の課題に特化した指導の時間を確保するために、自立活動の時間のうち週１時間を「日本語自立」としました。この時間は、年に１回実施するJ.COSS日本語理解テスト（以下、J.COSS）の結果を基にして課題別学習グループを作り、担任の他に専科担当者や自立活動担当者も指導に加わり、少人数での丁寧な指導をしました。この指導は現在も継続しています。日本語の基礎力に課題のある児童に対しては、J.COSSの結果などを基にその児童の苦手な部分を強化することをねらいとしたプリント教材を作成・使用して、指導しました。また、日本語の基礎的な文法事項が身に付き、語彙力も比較的高い児童に対しては、運用力を高めることをねらいとした指導をしました。

　ここでは、これまでの実践の中から、以下の３つの実践を紹介します。

●実践　その１　児童が見通しをもって意欲的に取り組めるプリント学習
　　　　　　　〜「日本語チャレンジプリント」「日本語チャレンジ！カード」の活用〜
●実践　その２　運用力向上のためのプリントの活用
●実践　その３　運用力向上のための発表活動　〜３０秒スピーチ〜

児童が見通しをもって
意欲的に取り組めるプリント学習
～「日本語チャレンジプリント」
「日本語チャレンジ！カード」の活用～

　　基礎的な単語や文法事項の学習のためのプリント学習は、各ろう学校で行われており、各種の教材も市販されています。

　　しかし、児童の日本語力向上のためには、日本語に対する意識や意欲が高まることが必要で、どんなにたくさんのプリントを準備して取り組ませても、児童の興味・関心や主体的な努力がなければ、日本語の獲得は困難です。つまり、いかに指導者が児童の意識や学習意欲を高め、主体的に取り組ませるかが課題になります。

　　ここでは、児童の意欲を引き出し、主体的に取り組めることをねらいとして作成した学習プリント「日本語チャレンジプリント」と「日本語チャレンジ！カード」の実践を紹介します。

●取組の概要

　　週1時間の「日本語自立」の指導実践において、J.COSS の検査項目も参考にしながら言葉の基礎力向上のための文法事項や言葉を抽出し、市販のドリル等も参考にして、イラストを加えたプリントを作成しました。問題数は1枚あたり10問程度とし、約250枚作成しました。児童が主体的、意欲的に取り組めるように「日本語チャレンジプリント」と題し、レベル1～20の段階を設定しました。抽象的思考力の基となる言語力が身に付くことをねらいとし、小学3年生（9歳）までのレベルの学力・言語力で解けるよう、プリントを作成しました。

　　また、児童が見通しをもって取り組めるよう、「日本語チャレンジ！カード」も作成しました。「日本語チャレンジプリント」は、文法事項ごとにまとめて1つの「レベル」としたので、必ずしも「レベル」が難易度順になっていません。そこで、プリント毎に「クリア」したら色を塗る「日本語チャレンジ！カード」を使用し、個人の進度を把握するようにしました。

　　「日本語チャレンジプリント」は、たくさん印刷しておいてファイルに整理して廊下に置き、授業や宿題で、または児童が自主的に選び、取り組めるようにしました。答えもファイルにとじておき、児童が自分で答え合わせできるようにしました。児童には、間違えても、何度もチャレンジできることを伝えて、取組を開始しました。

日本語チャレンジプリントの内容

レベル 1	・50 音表 (ひらがな表、片仮名) ・季節の言葉	レベル 11	・形容詞
		レベル 12	・動詞
レベル 2	・文の組み立て (5W1H)	レベル 13	・類義語、反対語
レベル 3	・擬声語、擬態語	レベル 14	・助動詞
レベル 4	・片仮名の言葉	レベル 15	・副詞
レベル 5	・助詞	レベル 16	・数詞
レベル 6	・指示語 (こそあど言葉も含む)	レベル 17	・感動詞
レベル 7	・接続詞	レベル 18	・慣用句、ことわざ
レベル 8	・上位概念	レベル 19	・基本文型 (2語文、主語と述語) ・季節の言葉 (説明文の選択問題)
レベル 9	・形容動詞 (なにで名詞)		
レベル 10	・修飾語	レベル 20	・常体、敬体、敬語

日本語チャレンジ！カード

立川ろう学校　年　組　名前

レベル	クリア数	チャレンジをクリアできたら、番号に色をぬろう。	全クリア
Level1	52	①②③④⑤⑥⑦⑧⑨⑩⑪⑫⑬⑭⑮⑯⑰⑱⑲⑳㉑㉒㉓㉔㉕㉖㉗㉘㉙㉚㉛㉜㉝㉞㉟㊱㊲㊳㊴㊵㊶㊷㊸㊹㊺㊻㊼㊽㊾㊿5152	
Level2	21	①②③④⑤⑥⑦⑧⑨⑩⑪⑫⑬⑭⑮⑯⑰⑱⑲⑳㉑	
Level3	5	①②③④⑤	
Level4	10	①②③④⑤⑥⑦⑧⑨⑩	
Level5	10	①②③④⑤⑥⑦⑧⑨⑩	
Level6	9	①②③④⑤⑥⑦⑧⑨	
Level7	9	①②③④⑤⑥⑦⑧⑨	
Level8	21	①②③④⑤⑥⑦⑧⑨⑩⑪⑫⑬⑭⑮⑯⑰⑱⑲⑳㉑	
Level9	5	①②③④⑤	
Level10	10	①②③④⑤⑥⑦⑧⑨⑩	
Level11	12	①②③④⑤⑥⑦⑧⑨⑩⑪⑫	

レベル	クリア数		
Level12	15	①②③④⑤⑥⑦⑧⑨⑩⑪⑫⑬⑭⑮	
Level13	26	①②③④⑤⑥⑦⑧⑨⑩⑪⑫⑬⑭⑮⑯⑰⑱⑲⑳㉑㉒㉓㉔㉕㉖	
Level14	5	①②③④⑤	
Level15	6	①②③④⑤⑥	
Level16	9	①②③④⑤⑥⑦⑧⑨	
Level17	5	①②③④⑤	
Level18	11	①②③④⑤⑥⑦⑧⑨⑩⑪	
Level19	17	①②③④⑤⑥⑦⑧⑨⑩⑪⑫⑬⑭⑮⑯⑰	
Level20	8	①②③④⑤⑥⑦⑧	

開始日　　年　　月　　日
終了日　　年　　月　　日

~約束~
その1. 全員で、日本語チャレンジプリントに挑戦しよう！！
その2. 分からないところ、まちがえたところは、もう一度確認しよう！
その3. 1度、覚えた言葉は絶対忘れないようにしよう！！

（表）　　　　　　　　　　　　（裏）

日本語チャレンジ！カード

●チャレンジプリントの活用例

【レベル2　文の組み立て−②】

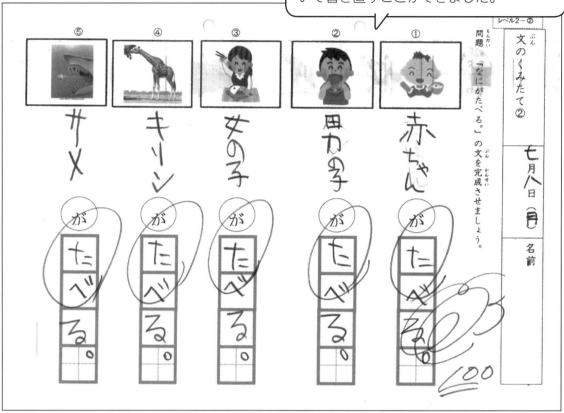

「ごはん」「ハンバーガー」と書きかけましたが、助詞が「が」であることに気付いて書き直すことができました。

【レベル2　文の組み立て−⑨】

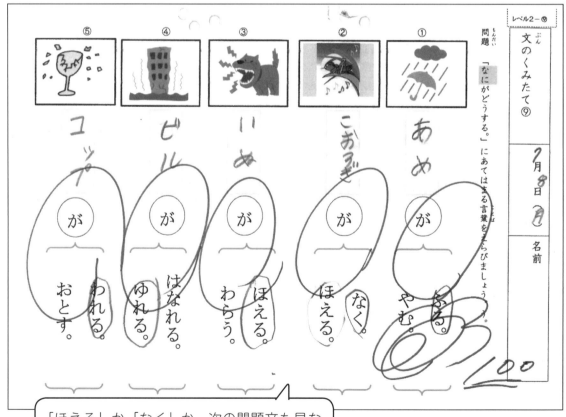

「ほえる」か「なく」か、次の問題文も見ながら考えた様子がうかがえます。

【レベル5　助詞－②】

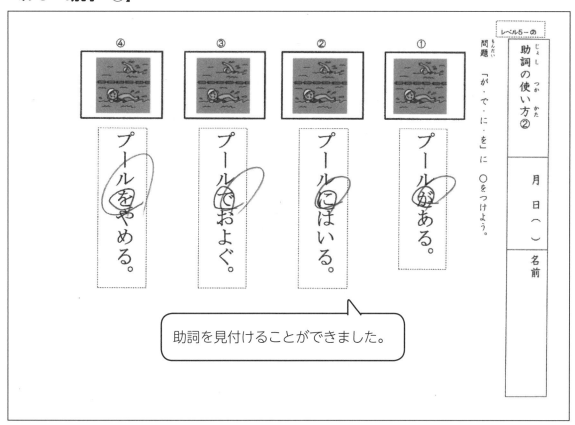

※「プールをやめる」は文法的には必ずしも正しくありませんが、日常会話ではよく使う用例のため、そのまま掲載します。

【レベル5　助詞－⑦】

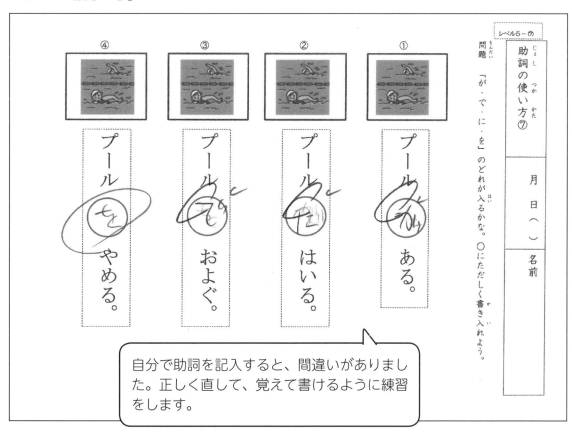

【レベル１０　修飾語－②】

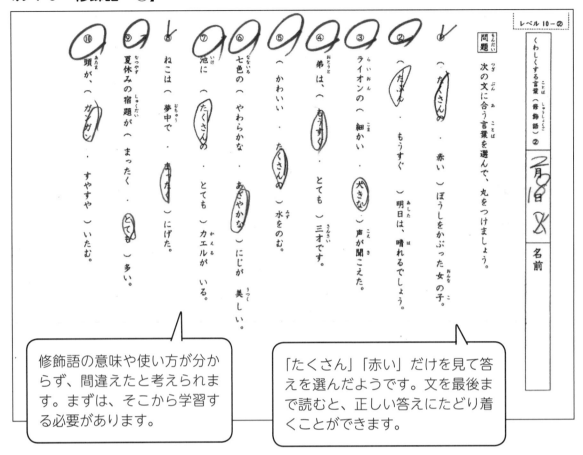

問題　次の文に合う言葉を選んで、丸をつけましょう。

① （ たくさん ・ 赤い ）ぼうしをかぶった女の子。

② （ たくさん ・ もうすぐ ）明日は、晴れるでしょう。

③ ライオンの（ 細かい ・ 犬きな ）声が聞こえた。

④ 弟は、（ もうすぐ ・ とても ）三才です。

⑤ （ かわいい ・ たくさんの ）水をのむ。

⑥ 七色の（ やわらかな ・ あざやかな ）にじが　美しい。

⑦ 池に（ たくさんの ・ とても ）カエルが　いる。

⑧ ねこは（ 夢中で ・ あわてて ）にげた。

⑨ 夏休みの宿題が（ まったく ・ とても ）多い。

⑩ 頭が、（ ガンガン ・ すやすや ）いたむ。

〈くわしくする言葉（修飾語）②〉

２月１８日 ✗　名前

修飾語の意味や使い方が分からず、間違えたと考えられます。まずは、そこから学習する必要があります。

「たくさん」「赤い」だけを見て答えを選んだようです。文を最後まで読むと、正しい答えにたどり着くことができます。

【レベル１３　類義語・反対語－①】

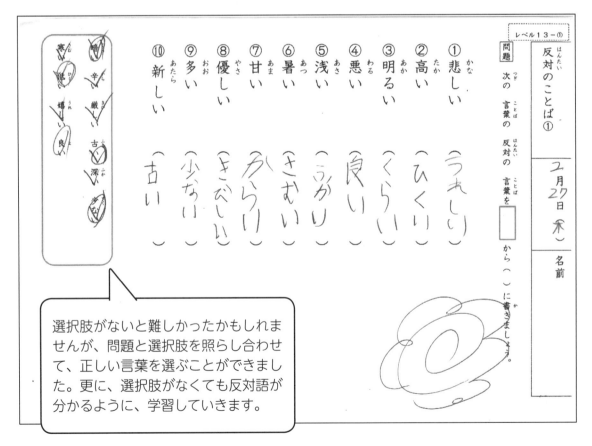

問題　次の　言葉の　反対の　言葉を　[ ]から（ ）に書きましょう。

① 悲しい　（ うれしい ）
② 高い　（ ひくい ）
③ 明るい　（ くらい ）
④ 悪い　（ 良い ）
⑤ 浅い　（ ふかい ）
⑥ 暑い　（ さむい ）
⑦ 甘い　（ からい ）
⑧ 優しい　（ きびしい ）
⑨ 多い　（ 少ない ）
⑩ 新しい　（ 古い ）

反対のことば①

２月２７日（木）　名前

選択肢がないと難しかったかもしれませんが、問題と選択肢を照らし合わせて、正しい言葉を選ぶことができました。更に、選択肢がなくても反対語が分かるように、学習していきます。

122

●実践をしてみて

　自ら学ぼうとする児童、あるいは「レベル」という言い方に触発された児童が、意欲的に取り組む様子が見られました。プリント１枚当たりの問題数が少なく、ヒントなどがあって取り組みやすいプリントなので、基礎的な語彙や文法事項の理解に課題がある児童も、抵抗なく挑戦することができました。児童・教師・保護者の間で、今何ができていて、何ができていないのか、課題を共有することにも役立ちました。

　一方で、プリントには取り組んでも、定着には課題がある児童もいました。教師からの声かけがないと、取り組まなくなってしまう傾向もあります。授業で活用する際には、そのまま使うだけではなく、グループの児童の実態に合わせて、使う言葉や問題の出し方を変えて作り直していく必要があります。

　「チャレンジプリント」の完成後も、教師間で教材のデータを共有し、修正しながら、新たな教材を作って指導にあたっています。

まとめ　～言葉の基礎力向上のために大切にしたいこと～

・小学生以上の年齢では、語彙を増やし、言葉の使い方や基礎的な文法事項を理解し、定着させるためには、プリントを使ったドリル的な学習も重要である。

・児童が意欲的にプリント学習に取り組めるようなしかけが有効である。
　（例）課題を「レベル」に分ける。
　　　　児童自身が自分の取組状況を捉えられるようなカード等を作成し、児童が記録できるようにする。

【活用のヒント】

・朝学習や授業の最初など、短時間で取り組む教材として使えます。

・日々の宿題にも使えます。

・児童の主体的な学習のための教材としても使えます。

　＊データを共有・活用することで、新たな教材の作成の参考になります。

運用力向上のためのプリントの活用

　週に１時間の「日本語自立」の授業で、言語力向上に向けた指導を行いました。

　J.COSS の結果で、基礎・基本的な日本語力が高く、基礎的な文法事項は、ほぼ身に付いていると考えられる児童も、課題がないというわけではありません。例えば、①掲示物等から必要な情報を読み取る、②友達同士で話し合い活動をする、③文章の要点を捉え要約する、④豊かで適切な文章表現をすることなど、日本語の語彙力や知識を日常生活や社会生活に生かす力については、更に高める必要があります。

　そこで、児童のもっている基礎的・基本的な語彙力や文法力を生かして、身の回りの情報源から要点を捉える力、要約する力、ステップアップした語彙力、より豊かな表現力等を伸ばし、日本語の力をより高めていきたいと考えました。

●取組の概要

1　読売ワークシート通信の活用

　読売新聞社から毎週配信される、読売ワークシート通信を授業で活用しました。各グループの実態に応じ、「時事的な話題に関する知識や語彙の拡充」、「記事の要点を読み取る力の向上」、「話題に即して自分の意見をもち、話し合う力の伸長」などをねらいとして、「新聞記事を読もう」という学習を行いました。知識・語彙の拡充のためには、あらかじめ児童がつまずくと思われる言葉をピックアップしておいたり、ワークシートの問題がやや難しい場合には、必要に応じて補助発問なども用意したりして、取り組みやすくしました。グループによっては、毎回要約文を書くことにも取り組みました。

資料　「読売ワークシート通信」（出典：読売新聞社）

2　慣用句をマスターしよう

　「慣用句をマスターしよう」では、体の部分を使った慣用句を中心に取り上げることにしました。児童が「難しい」と敬遠しがちな例文作りの学習については、「自分たちの慣用句辞典を作ってみんなに使い方を知らせよう」という目標をもたせることにしました。各自が作った例文を、みんなにより分かりやすい文にする、という観点で推敲する学習も取り入れ、「より正しく分かりやすい文を作る」、「慣用句に興味をもち、様々な表現を身に付ける」ことをねらいとしました。

資料　慣用句ワークシート（絵の出典：「小学生のまんが慣用句辞典」学研）

3　四字熟語をマスターしよう

　児童の生活経験に見合ったもの、またこれから身に付けてほしい考えや生活経験と関連のある四字熟語を取り上げました。四字熟語を説明した四コマ漫画を読み、意味を理解し、自分の言葉で分かりやすい例文を作りました。児童にとって親しみやすい四コマ漫画を活用することで、興味・関心を高め、例文を作ることで日常生活でも使えるようになることをねらいとしました。

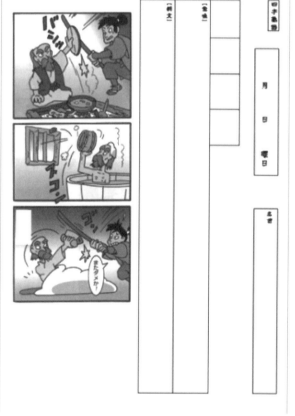

資料　四字熟語ワークシート
（絵の出典：「小学生のまんが四字熟語辞典」学研）

4 情報を読み取ろう

　学校の中に掲示してあるポスターを取り上げ、スポーツ大会や見学会などに参加するために必要な情報を読み取る学習を行いました。その際、会場や交通経路、費用など読み取らなくてはならない情報は何かを見付ける活動をしました。更に、申し込み方法を知り、申込書を書いてみるなどの学習も行いました。

　街の中や駅の中にある注意書きについても取り上げ、内容や意図を確認する学習をしました。その後、自ら情報に気付き、それを読み取ろうとする態度と力を身に付けていくことを目標として街の中の注意書きを探す宿題を出しました。

●実践をしてみて

　「新聞記事を読もう」の実践では、初めは新聞を読むことに抵抗を感じる児童もいましたが、見出しから記事のテーマを把握し、少しずつ情報を読み取れるようになりました。グループの友達との話し合い活動では、新聞記事について友達の考えを聞いたり、自分の考えを話したりするなど、話し合いが活発になりました。また必要な言葉の確認を行ったことで、難しい語彙に対する抵抗感も徐々に薄れ、抽象的な語彙も身に付きました。

　「慣用句をマスターしよう」、「四字熟語をマスターしよう」の実践を通して、身の回りの生活経験につなげて短文を書いたことで、書くことに自信をもつ児童が増えました。今後は、学習した慣用句や四字熟語を日常でも使えるようにしていきたいです。

　「情報を読み取ろう」の実践では、児童が学校や街中にある掲示に関心をもち始め、必要な情報を読み取ろうとするなどの変化が表れてきました。児童が学校を卒業し社会に出るにあたり、自ら情報を得ようとする姿勢は大切です。今後も引き続き、この実践を通して身に付けた言語力を生活の中で生かせるよう指導する必要があります。

まとめ　〜言葉の基礎力向上のために大切にしたいこと〜

・小学部高学年では、低学年で培ってきた基礎的な日本語の語彙力、基礎的な文法事項を基に、抽象的な言い回しや難しい語句など年齢に応じた日本語の力を身に付ける必要がある。
・学校生活全般で、もっている語彙力を活用して、正しく情報を読み取る力、要約する力など、より豊かな日本語の力を伸ばす指導が重要である。

【活用のヒント】
・宿題や朝学習などに使うことができます。
・家庭学習として、町中のポスターなどを見つけてくることを宿題としたり、授業でポスターや新聞等から要旨を読み取ったりする学習として取り入れることができます。

運用力向上のための発表活動
～３０秒スピーチ～

小学部高学年では、６年間「３０秒スピーチ」（６年目のみ１分間スピーチ）という活動に取り組みました。言葉や物事に興味・関心をもち、意識を高めるとともに、共有できる話題を作り、ものの見方や考え方を広げることをねらいとしました。「調べる」「読む」「書く」「話す」「聞く」ことを通して、言葉や物事を主体的に学べるよう、この活動を設定しました。

主に１年目から４年目までは、発表者には準備の進め方や友達に分かりやすく話すといった「話す姿勢」について指導しました。また聞く側にも、どのような態度で、どのようなことを大切にして見たり、聞いたりすればよいのかを指導しました。

４年間の取組で、発表するための資料の準備に重きを置いたため、発表に対する質疑応答も、スピーチの内容や発表者の話し方ではなく、提示された資料に対する感想が多く見られました。そのため、５年目と６年目は、前述の具体的な活動のうち、「聞く・話す」に重点を置いて取り組みました。提示する資料を簡易化し、聞く側が発表者の話に注目するようにしました。発表者は事前に友達や教師に分かりやすく伝わるよう、スピーチの仕方を考えて参加するようにしました。発表を聞く側もどのように発表を聞き、どのような質問をすればよいのか、学級ごとに指導しました。

●取組の概要

・日　時：毎週火曜日　放課後１５分間の課外活動
・発表者：１回につき２名。
・テーマ：自由。自分が疑問に思ったことや聞いた人がなるほどと思うようなこと。
・活　動：①発表者は、事前に指定された用紙（Ａ３）に発表内容をまとめてくる。
　　　　　②当日の発表（３０秒）（平成３０年度のみ１分間）
　　　　　③質疑・応答（３分）
　　　　　④コメント（発表者に対する感想や意見）記入
　　　　　　※コメントは教師が確認後、発表した児童へ渡し、児童が読んだ後に回収する。発表時に使用した用紙は、所定の場所に掲示する。
　　　　　⑤発表について、分かったことをまとめるプリントを配布し、宿題で記入し、担任に提出する。担任は、児童の記入した内容を確認する。

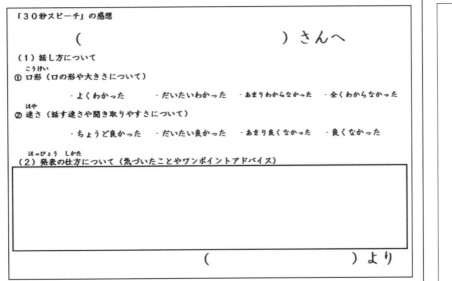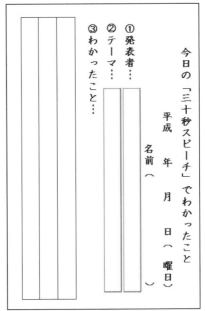

資料 「30秒スピーチ」コメント用紙（左）と分かったことをまとめるプリント（右）

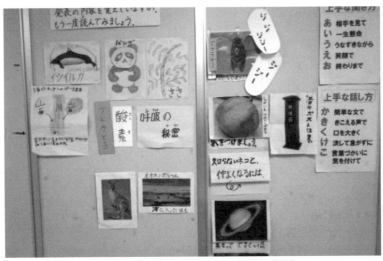

資料 「30秒スピーチ」の発表資料

●実践をしてみて

　少しずつではありますが、聞く側が発表者の話に注目し、発表者の発表の良かったところや面白かったことを伝えたり、発表のテーマに対する疑問を質問したりするようになるなど、質問の仕方や発表の仕方に変化が見られるようになってきました。

まとめ　～言葉の基礎力向上のために大切にしたいこと～

・小学部高学年から、自分から主体的に興味関心のあることを、本やインターネット等から調べ、
　自分の言葉でまとめられるように指導することが重要である。

・自分の調べたことを相手に分かるように伝える、相手の話していることの中で大切なことは
　何かを聞き取ることができるよう指導していく必要がある。

【活用のヒント】
・各教科の発表活動などで使えます。

中学部の実践

日本語で考える力の育成
―授業の充実―

　中学部の学習は、義務教育における基礎的学力の完成期に当たっています。教科の教師による指導の中で知識の積み上げが行われますが、学習内容に抽象的な事柄が増えるので、理解することが次第に難しくなります。

　中学部では、生徒たちが、勉強は分からないから嫌だという気持ちにならずに、少しでも「考えよう」という意欲をもって授業に参加できるよう、また、「考えた」「分かった」「覚えた」という喜びから、更なる学びの意欲を引き出し、思考の習慣を身に付けられるように、全ての教科で授業の充実を図りました。

　実践その1として、「言葉に対する意識を高めるために〜音読〜」を紹介します。考える力をどのように伸ばしていくのか教師間で話し合った際、日本語で思考する力を身に付けるためには、言葉に対する意識を高める、語彙を拡充するなどの土台作りが大切であることを確認しました。その土台作りの第一歩として音読の指導に力を入れました。

　実践その2として、「ルーブリック」を取り入れた「考えさせる授業」を紹介します。生徒が、「考える」とはどのようなことか経験を通して知り、試行錯誤しながら考える経験を積み重ねることをねらいとしました。

　実践その3として、「まとめて書く力を身に付けるために〜40字記録シート〜」を紹介します。授業のまとめでは、「40字記録シート」を用いて、思考の文字表現化に取り組みました。「日本語で考える力」は、「主体的・対話的で深い学び」の実現のための一つの重要な基盤であると考えます。自分が何を学んだのか振り返り、言葉で表すことは主体的・対話的な学びにつながります。

　教科の特性や授業時間の制約、教師の異動など、一貫した指導を継続することが難しい状況の中で模索し、少しでも物事を深く理解したり考えたりする力や、記憶して活用できる力を育成したいという思いで実践を重ねてきました。ルーブリックについては、基本形及び各教科の数例を挙げています。これらを基にして実態に即してルーブリックを作成し、ご活用ください。

- ●実践　その1　言葉に対する意識を高めるために　〜音読〜
- ●実践　その2　学ぶ意欲を引き出すために
　　　　　　　　　〜ルーブリックを使って考えさせる授業をしよう〜
- ●実践　その3　まとめて書く力を身に付けるために　〜40字記録シート〜

言葉に対する意識を高めるために
〜音読〜

　生徒が文字を音読する場合、何と読んでいるか確認すると、誤って読んでいる場合があります。例えば、5音節の言葉を口頭で言う場合、5音節以上の呼気が漏れること、「七十五円」を「ななひゃくごじゅうえん」と読んだりすること、「一匹」を「いちひき」、「人形」を「にんがた」と読んでしまうことなどがあります。中学部では、自分の読み方が正しいかどうか不安になった時、教師に質問したり、確認したりする力を身に付けさせたいと考えました。さらに、文や文章を声に出して読むことを通して、正しく読むことを意識し、誤った読み方に気付いて訂正できるようになることを願い、音読を取り入れました。音読を通して手話、指文字と併せて言葉を正確に覚え、意味も理解することをねらいとしました。中学部では学習用語も増えていきます。音読を通して学習用語を定着させることもねらいとしました。

●取組の概要

1　放課後勉強会の中の「5分間音読タイム」
　放課後勉強会のうちの5分を音読の時間として設定し、学年やクラスに分かれて詩文の暗唱、音読をしました。音読のポイントは次の3点です。

【音読のポイント】
（1）声を出すこと
（2）助詞を意識すること
（3）言葉のまとまりを意識すること

　　※放課後勉強会とは…基礎学力、語彙力の向上及び学びに向かう姿勢、態度の育成、自己の課題把握などをねらいとして、放課後に30分設定した勉強会のこと。

2　各教科での教科書等の音読
【各教科の取組例】
英語：明瞭さよりも、単語間の間やリズムを意識して、英語表現が定着することを重視します。
数学：問題文を音読したり、「−（＋5）＝＋（−5）」は「＋5を引くことは、（−5を足すこと）と同じ」というように、数式や解答に至る過程を言葉で説明したりします。
国語：文章の音読に加え、図や表などを見てそれを文章で説明します。

●実践をしてみて

　各教科で音読に取り組んだところ、声を出す、さらには言葉を意識する様子が見えるようになりました。中3の理科の授業では、教科書の音読後に、「物体」と「物質」という言葉の違いが分からないという生徒がいました。ほとんどの問題文に出てくるこの言葉を、これまで同じものとして捉えており、区別がついていなかったことが判明しました。そこで、改めてそれぞれの読み方や意味を説明したところ、その生徒は、他の事柄とも結び付けて考えるようになり、学習内容を理解して、期末考査でも合格点に達することができました。このことは、中学部の勉強に使われる抽象的な学習用語でも、生徒が学ぶために必要な条件が整えば身に付けられることを示唆しています。

　音読を通して、授業者が個々の生徒の状態に合わせて文を正しく読むように促したところ、文や文章を忠実に読もうという意識をもつ生徒が増えてきました。回数を重ねるごとに、音節ごとにまとまりを意識して読もうとするなど一人一人の生徒に変化が見られるようになりました。

まとめ　〜言葉に対する意識を高めるために大切にしたいこと〜

・言葉に触れる機会を増やすため、音読を頻繁に行い、音声と手話、指文字を併せてしっかりと言葉を意識させること。

・ただ単に音読をさせるのではなく、音読をすることでどのような力が身に付くか、生徒に説明すること。

・一つ一つの言葉を丁寧に読むことが、意味理解の正確さを生み、ひいては正確な活用にもつながることを教師が意識すること。

【活用のヒント】

・朝のホームルーム発問で数学の文章題を音読することで、問題文の内容理解が進むことがありました。問題文の音読はどの教科でも短時間で取り組めます。

・朝や帰りのホームルームで、生徒がニュースを調べてくるといった取組を行っています。時事用語を説明した後、皆で新聞の一部分を音読し、時事用語の意味を指導することで、理解が確実になります。

・読み飛ばしはないか、助詞を忘れず読んでいるかなどの確認ができます。

※朝のホームルーム発問とは…数的感覚を養うことを目的とし、朝のホームルームで数学に関する問題を出題する取組のこと。

学ぶ意欲を引き出すために
～ルーブリックを使って考えさせる授業をしよう～

　考えることが大切であることは言うまでもありません。しかし、いきなり考えなさいと言われても、何を、どのように考えたらよいのか生徒たちには分からず、受け身にならざるを得ません。

　生徒たちの学ぶ意欲を引き出すために、まずは生徒が「なぜだろう」と考えたくなるきっかけを作る必要があります。そのためには授業の中で生徒が考えたくなる発問をすることが重要です。

　生徒たちに到達目標を提示するとともに、考える視点、言わば課題解決のための道しるべを示し、考えるとは具体的にどのようなことをすれば良いのかを伝えていく必要があります。そこで、中学部では「ルーブリック」を授業に取り入れ、考えさせる授業実践を重ねました。

●ルーブリックとは

　成功の度合いを示す数レベル程度の尺度と、それぞれのレベルに対応するパフォーマンスの特徴を示した記述語（評価規準）からなる評価基準表。

尺度	Ⅳ	Ⅲ	Ⅱ	Ⅰ
項目	…できる …している	…できる …している	…できる …している	…できない …していない

※ルーブリックのイメージ例

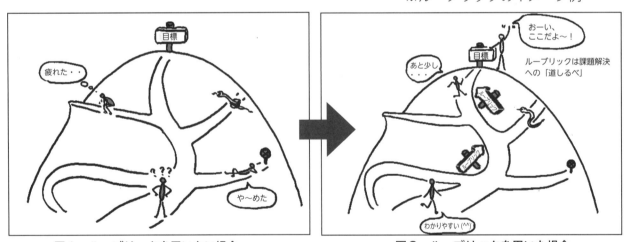

図1　ルーブリックを用いない場合　　　図2　ルーブリックを用いた場合

（図1、2）ルーブリックを用いた場合とそうでない場合のイメージ

　「ルーブリック」とは、客観的で分かりやすい評価基準を教師と生徒が共有するものであり、思考スキルを育成する手段の一つです。ルーブリックを活用することにより、生徒はどのように考えれば良いのか気付き、意欲をもって考えることにより、思考力が向上し、推論する力につながるのではないかという仮説から、ルーブリック活用の具体的方法を検討することになりました。

●取組の概要

1　考える視点、目標を知る。（ルーブリックの活用）

　思考スキルには「分類する」「関係付ける」「理由付ける」「具体化する」「抽象化する」「焦点化する」「構造化する」など多くの要素がありますが、その中から研究内容と関連がある３つの要素「比較する」「理由付ける」「要約する」を取り上げることにしました。そして、それぞれにおいて各教科で共用できると思われる独自の基本ルーブリックを作成しました（表１）。このルーブリックを基に教師が各教科の特性や学習内容に適用できるものにし、授業での活用を試みました。

　ルーブリックは考えさせる発問をした際に生徒に見える形で提示します。どのように考えてほしいのか、どのような答えを導き出してほしいのかを生徒に示します。教師と生徒は到達目標を事前に共有し、考える活動をしていきます。

（表１）

	[評価内容] S：十分満足できる 　（期待する思考活動以上に、何かプラスαが見られる。日本語の誤りなし。） A：おおむね満足できる 　（期待する思考活動が見られる。日本語の誤りはほぼなし。） B：努力を要する（期待する思考活動は見られるが、未到達な部分もある。） C：一層の努力を要する（期待する思考活動が見られない。）			
評価項目　＼　評価段階	S	A	B	C
比較する （対象の相違点、共通点を見つける）	・他のことでも同じように比較を使って説明できる。	・対比物が分かり、質問に答えられる。 ・「～より」といった比較級を使える。	・対比物は分かるが、具体的に表現することは難しい。	・対比されている物が分からない。 比べる対象が分からない。
理由付ける （意見や判断の理由を示す）	・関連する（似たような）場面でもう一度接続詞を正しく使い、論理的に理由が言える。	・接続詞を使い、論理的に理由が言える。 ・原因と結果の関係（因果関係）が成立している。	・接続詞を使っているが、前後でかみ合わず、理由として成り立っていない（論理的に説明することが難しい）。	・理由・原因となる事柄が分からない。
要約する （必要な情報にしぼって情報を単純・簡単にする）	・キーワードをまとめて短く表現することができる。	・キーワードが分かり、大体の意味も分かっているが文章を短くまとめられない。	・キーワードは捉えられるが、相互の関係を捉えることに困難がある。	・学習内容が分からない。 ・キーワードが見つけられない。捉えられない。

　しかし、この３要素を１回の授業で設定して授業を行うと、到達目標が３つあることとなり、生徒の思考や活動を複雑にさせ、多くの時間を要することとなりました。また、教師側も評価が難しく大変でした。この課題を解決するため、実践が比較的容易である「比較する」思考スキルの育成に絞り、評価のしやすさを考慮し、やや簡易な形式としました（表２）。更に、限られた時間内に「比較する」という思考活動を完結するために、教師が「これとこれを比較する」と、授業を設定する際に明確に示すようにしました。

（表２）中学部ルーブリック【基本形】

評価ランク	考えレベル
S	他のことでも同じように比較を使って説明できる。
A	対比物が分かり、質問に答えられる。 「〜より」といった比較級を使える。
B	対比物は分かるが、具体的に表現することに課題がある。
C	対比されているものが分からない。 比べる対象が分からない。

基本形を基に、各教科で作成したルーブリック

【数学：合同の証明】

評価ランク	考えレベル
S	「A」に加えて、比較したことを数学的に表現し、そこから新たな発見をしている。
A	共通点や異なる点をすべて見つけ出し、今までの知識を正しく活用して表現している。
B	共通点や異なる点をすべて見つけ出すことができる。
C	部分的に比べることができる。

【理科：地震による地面の揺れと大きさ】

評価ランク	考えレベル
S	地震が起きた時の揺れ方だけでなく、各地での波の伝わる速さや初期微動継続時間の違いについて説明できる。
A	Ｐ波とＳ波の違いを２つまで挙げ、実際の地震の揺れ方について説明することができる。
B	Ｐ波とＳ波の違いを１つ挙げることができる。
C	Ｐ波とＳ波の違いを見つけ出し、説明することができない。

【社会：江戸幕府の崩壊（開国をしたグループと討幕派のグループ)】

評価ランク	考えレベル
S	開国のメリット、デメリットを考えた上で比較し、先の状況についての内容も説明できる。
A	開国のメリット、デメリットを考えた上で、「〜より」を使った説明ができる。
B	開国のメリット、デメリットを考え、どちらがよいか選択できる。
C	開国のメリット、デメリットのみ考えられる。

(図3) ルーブリックを用いた授業のイメージ

2 考えたことを言う、文章化する。

　生徒が発問に答えた際は、なぜそう考えたのか、理由を説明するよう促しました。発問に答えたとしても、理由を説明できなければ正解とせず、理由を言えるように指導しました。

　次に、自分の発言内容を文にして書くよう指導しました。理由を述べることができたとしても、書けなければ自分のものになったとは言えません。理由が書けるように指導し、その時の指導の手立てを記録するようにしました。

　「比較する」にはまず、知識が必要です。比較する活動に入る前に、授業冒頭で比較対象に関連する既習事項を想起させるとともに、新たに必要となる関連知識を指導します。

　比較対象に関連する様々な知識は、ある程度の整理が事前にできていなければ、比較精度が下がり混乱を来たしてしまいます。

　そこで、思考の整理を行うため、ワークシートに「思考のフリースペース」（図4）を設けました。比較するための材料を、生徒は思い付くままにこのエリアに次々と文字や図にして書き込みます。バラバラに書き出すこともあれば、書いては消したり、矢印を引いてみたり、枠でくくってみたり、生徒は自分の気付きや考えを目に見える形で書き出しています。これによって思考が整理され、比較を行う準備ができます。また、「思考のフリースペース」のみならず、教師と生徒、または生徒間での対話も思考の整理に役立ちました。

　例えば、数学では当初から「比較する」思考ツールとしてベン図（図5）を有効活用してきました。思考の整理がある程度できるようになると、ベン図の書き込み内容も、より精選されたものになることが分かりました。

数学　比例の授業

「変化の割合」に着目して、比例の式と一次関数の式を比較し、気付いたこと、言えることを数学的に説明しなさい。

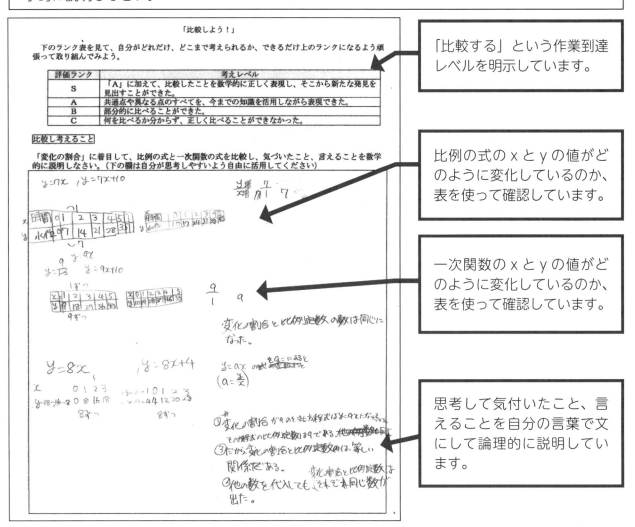

（図４）ルーブリックを取り入れて思考したプリント

「比較する」という作業到達レベルを明示しています。

比例の式の x と y の値がどのように変化しているのか、表を使って確認しています。

一次関数の x と y の値がどのように変化しているのか、表を使って確認しています。

思考して気付いたこと、言えることを自分の言葉で文にして論理的に説明しています。

生徒から学んだこと　学部主任（数学担当）の独り言

　「えー、Ｓとか無理〜」「Ａもどうだか…」という生徒のつぶやきが聞こえる。しかし、その言葉とは裏腹の表情もうかがえる。これは頼もしい。期待が膨らみベン図を書いている生徒の手元をじっと見る。気付いたことを書き出し始める。しかし、しばらくするとペンの動きが鈍くなる。私は心の中で「もったいない」とつぶやいた。頭の中で完成形を求めるあまり、思考が滞っているのである。健気である。いきなりベン図に書くのではなくて、まずは頭の中にあるものをすべて書きだし「視覚化」したらどうだろう。そこで「フリーワークシート」を用意した。生徒は紙に思考を書きだし始めた。ガリガリ書き殴っていく生徒もいる。その調子。その調子。書き殴ることを繰り返すうちに言葉が整理され、精選された言葉がベン図に並ぶようになった。「思考しなさい」「比較しなさい」だけではだめなのだ。書き殴りでもいい、自分の頭の中にあるものを「目に見える形で表す」ことが思考の第一歩だと教えてくれたのは生徒だった。

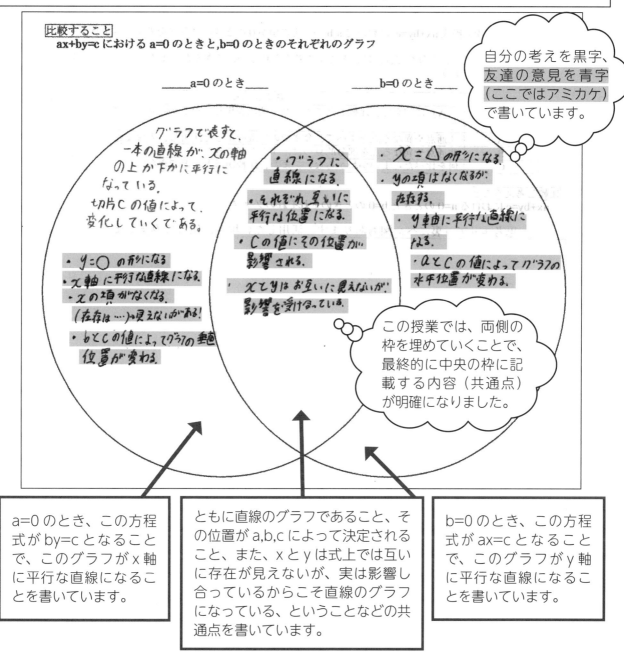

（図5）　生徒が書いたベン図

3　授業の最後に振り返りをする。

　生徒は授業のまとめとして学習内容を自分の言葉で要約します。その際に、ルーブリックを参考にしてＳ、Ａ、Ｂ、Ｃで自己評価します。教師は生徒の書いた要約文を添削し、一度生徒に返却します。生徒は添削され、コメントの付いた用紙を確認した後、もともと書いてある要約文は消さず、ペンの色を変えて訂正するという取組を行いました（図6）。この取組で授業は考えて理解していくものなのだという理解を促すことができました。また、生徒だけでなく、教師側が自分の授業を振り返る良い機会にもなりました。

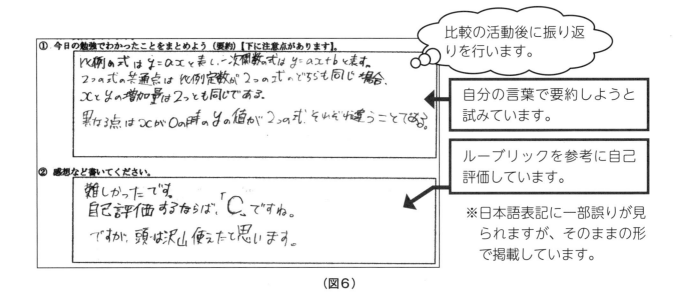

（図6）

●実践をしてみて

　ルーブリックを取り入れると、生徒は、自分で目標を決めることができるため、やってみようとする自主性が高まりました。振り返りでは、自分はここまでできた、という達成感を得て、次も頑張ろうという意欲をもつようになりました。また、教師は個々に到達目標があることで、生徒に合わせた指導をより意識して行うことができました。

　「比較する」活動において、ベン図を活用することで、そこに生徒が自分の思考を整理している様子がうかがえました。比較項目を記述することにより、その真偽を自問する時間にもなり、生徒の思考が通常より深まっていきました。また、生徒達は、互いに自分の考えを発表し合うことで、より様々な視点から物事を考えるようになりました。

　教科書を何度も指で追って読み、考えようとする生徒、発言する際に理由を挙げて説明しようとする生徒も出てきました。理由が分からない場合でもすぐには諦めず、本文を見直したり、改めて考えてみたりと、自分で解決しようとする様子が見られるようになりました。

　ルーブリックを活用し、考える経験を積み重ねることは、「何を」「どこまで」「どのように」考えるべきか、いわゆる「思考スキル」を学ぶ貴重な時間となります。この積み重ねが思考力を底上げし、思考する習慣の確立につながることが分かりました。

まとめ　～学ぶ意欲を引き出すために～

・比較することで生徒の思考は深まる。個々の思考を深めるだけではなく、発表し合うことにより、より活発に思考する態度を育むことも大切である。

・思考を深めさせるためには、授業中のやり取りの中で、理由を説明させたり、言い換えさせたりすること。

【活用のヒント】

・ルーブリックの活用は、それなりの時間を必要とするため、常時ではなく、特に思考をさせたい場面を精選し、重点的に導入していくことが効果的です。

まとめて書く力を身に付けるために
～４０字記録シート～

　授業の中で考えながら学び、分かったことを文字に表し、振り返ることをねらいとして取り組みました。４０字の中では学習用語を使用するよう指導しました。学習用語を習得することにより、より発展的な学習への橋渡しとすることもねらいの一つです。

●実践の概要

　各教科で授業の終わりに時間を設定し、生徒は４０字の記録シート（図７）に１時間の授業で学んだことを書きました。その際、「おもしろかった」「難しかった」などの感想は省き、授業で使用した学習言語を用いて学んだ内容を振り返りながら、自分の言葉でまとめます。教師は添削を行う中で、生徒の文章表記が正しくない場合には、文法の誤りなのか、語彙の選択の誤りなのか、概念のとり間違えなのかなど、何が誤りの中心になっているのかについて把握し、指導しました。

　現在も中学部では、授業を振り返り、書き記す活動に取り組んでいます。研究段階では４０字でまとめていましたが、現在はその発展的な学習として、（図８）のように学習用語を使いながら、８０字で気付いたこと、学んだことを書き表しています。

	（　　　　　）　授業の記録	氏名										
月　日（　）												
テーマ												
内容												

（図７）４０字記録シート

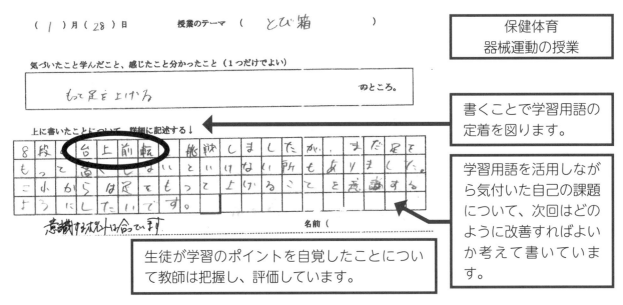

（図8）生徒が書いた80字記録シート

●実践をしてみて

　継続して行うことで、生徒の書き方が変わってきていることが分かりました。ある生徒は、以前は勉強した内容をそのまま書いていましたが、授業のまとめを書いた後に、「こう思いました」など、自分の考えを添えることが増えました。生徒が書いた内容によって、生徒の理解の様子を把握することができました。

　その他、文をつなげて書くことができるようになった生徒もいました。また、話をする時にも同様の効果が見られ、これまで単語で話すことが多かった生徒が、文で伝えようとする様子が見られました。

　理科では、授業の始めに40字の記録シートに書くべき学習用語を確認してから内容に入る工夫をしました。保健体育では、期末試験後の追試を行わず、40字の記録シートの内容を考慮して成績をつけるなど、生徒たちに、これは重要な課題であるという意識をもたせながら取り組みました。

まとめ　〜まとめて書く力を身に付けさせるために〜

・書くことは内容の整理、理解した事柄の深化、抽象的思考、表現の促進につながる。そのために、各教科では生徒が学習言語を使用できるよう、指導することが大切である。

【活用のヒント】

・生徒の文を見ると生徒が何をどのように理解したか把握できます。生徒の理解の様子を知ることで、次の授業の指導に役立てることができます。

・40字の記録シートを用意しなくとも、学習ノートに2〜3行書くという方法もあります。書く時間が取れない場合は、学習したことや分かったことを尋ねましょう。

社会の中の自分を育てる
―社会参加、自立に向けて日本語力を高める指導―

　生徒にきちんと伝えたつもりなのに、意図した通りに伝わらず、なぜだろうかと不思議に思ったことはないでしょうか。高等部に在学する生徒たちは、近い将来社会参加、自立します。社会では確実な伝え合いが求められます。相手の話を正確に理解すること、意図を理解すること、相手に確実に伝えられるように話すこと、これらの力を高等部在学中に身に付けさせたいと考えました。

　実践その１として、「クラゲチャートを活用した聞く力を身に付けさせるための指導」を紹介します。生徒が教師の話をどのように聞いているか示すとともに、生徒に確実に伝えるための工夫について記します。書くことに「頭括型」「尾括型」「双括型」があるように、話すことにも型があることを指導することで、よりよく「聞き」、「話す」ことができるようになることを目指しました。

　毎日のホームルームなどで「話を聞く練習」として、また、生徒が正しく「聞いているか」どうか確認する手段としてお使いください。

　実践その２として、「人とつながる言葉」を紹介します。敬語が使えるようになることはもちろん、日常の何気ない会話の中でも相手に対する気配りが必要な場面は多くあります。敬語をはじめ、周囲の人々と良好な関係を築く言葉についても、知らないがゆえに使うことができない、また正しく覚えていないために誤解を生じてしまうことは残念なことです。聞こえる人の中でも、良好な関係を築くことをねらいとし、日常生活から職場での会話まで、知っておいてほしいことを「人とつながる言葉」としてまとめました。本校生徒の実態に即して作成したものであり、全てを網羅しているわけではありませんが、ホームルームで、職場実習前の事前指導の一環として、目的や生徒の実態に応じて抜粋したり、必要があれば新しく付け加えたりするなどしてお使いください。

●実践　その１　「聞く力」を身に付けさせるために
　　　　　　　　　〜クラゲチャートを活用して〜
●実践　その２　人とつながる言葉

「聞く力」を身に付けさせるために
～クラゲチャートを活用して～

　「ろう学校でなぜ『聞く力』を身に付けさせるのか」という疑問をもたれる方がいるのではないでしょうか。結論から言えば、ろう学校でも「聞く力」は必要です。私たちが考えた「聞く力」とは耳で聞く力だけを指していません。手話や口形を見る力も併せたものが「聞く力」であると考えました。

　高等部の生徒たちは就労であれ、進学であれ、必ず面接試験を受けます。職場実習を体験する際も必ず事前に面接を受けます。面接の前には何度も練習を繰り返していますが、話している事柄を正確に理解した上で、問いに正対して答えること、話し手の意図を捉えて筋道立てて答えるということはたやすいことではありません。社会生活を営み、職業人として活躍できる人材となるためには多くの事柄を「聞く」中で、話のポイントを即座に整理したり、相手が何を意図しているのか捉え、質問したり、確認できるように練習を積み重ねることが大切であると考えました。2年間にわたり取り組んだ実践を紹介します。

●クラゲチャートとは？

　クラゲチャートとは、思考ツールの一つであり、本来はクラゲの頭の部分に自分の考えを書き、足の部分になぜそう考えるのか、その理由を整理して書くものです。本実践ではクラゲチャートの足にキーワードを書き、要旨を頭に書くというようにアレンジして使用しました。

【本来の使い方】

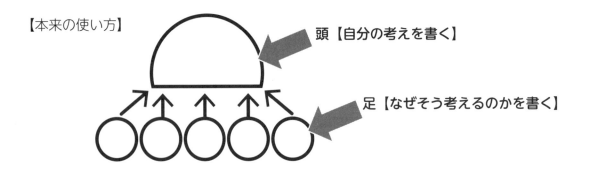

頭【自分の考えを書く】

足【なぜそう考えるのかを書く】

【本校での使い方】

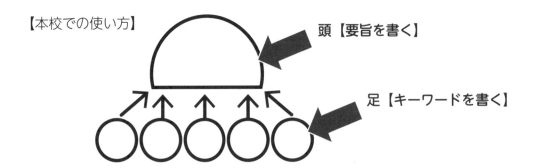

頭【要旨を書く】

足【キーワードを書く】

●取組の概要

　毎週生徒朝会で副校長の話を聞き、直後に用紙を配布し、クラゲの足にはキーワードを、頭には要旨を書くという取組を実施しました。生徒が書いたものは毎回回収し、よく書けているものを取り上げ、どこが、どのようによいのかを翌週の朝会で解説しました。

・同じ**環境**で聞く（環境音等のリスクに差がない）
・同じ**人**から聞く（話し手による差が出ない）
・同じ**時間**に聞く（時間帯による差がない）

同じ条件下で話を聞くことがポイント！

●ある日の生徒朝会での話

　今日の話は本についてです。毎月図書委員会から図書だよりが出ています。1月になると、今年は何冊本を読むか目標を決めて本を読んでくださいというお話をしています。

　皆さんも名前を知っているかもしれませんが、古代ギリシャにソクラテスという哲学者がいました。ソクラテスは「書物を読むということは、他人が辛苦して成し遂げたことを容易に取り入れて、自分を改善する最良の方法である。」と言いました。

　本を読むということは、本を書いた人が体験したことを、まるで自分が体験したことのように感じたり、自分のこれからの人生を決めたりするのに役立てたりする最良の方法です。

　学生の間にそんなにたくさんのことを経験できませんが、本を読むといろいろなことが分かります。後で図書だよりを読むと分かりますが、いろいろな本を紹介しています。

　井上ひさし『ナイン』、モンゴメリ『赤毛のアン』、吉本ばなな『キッチン』。

　読んだことがある人がいるかもしれません。本を読むことで筆者と同じような体験をしてほしいです。本を読んでいろいろなことを知ったり、体験したりしてほしいものです。

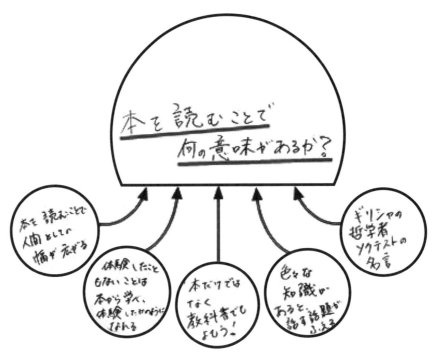

※「本を読むことで何の意味があるか」という回答は日本語として正しくはありませんが、本実践では、日本語として完璧に正しいものでなくても、意図が伝われば正解と見なしました。

　上記のものは、良い例の一つです。話し手は、いくつかの例を挙げながら話の核心に迫っているつもりでも、生徒にはなかなか伝わらず、異なる箇所や自分のこれまでの経験を基に推測した事柄を要旨であると理解してしまう傾向があることが分かりました。またキーワードを5つ全て挙げることができる生徒は少なく、話の内容を記憶にとどめておくことの難しさも垣間見えました。生徒が無理なく取り組み、聞く力を高めるよう、以下の4点について改善を図りました。

●実践後の改善点

（1）先に結論を述べてから具体例を提示し、最後にもう一度結論を言うなど、どのように話すか、話のパターンを前もって生徒たちに伝える。

（2）キーワードを書く箇所を5つから3つに減らして、確実に内容を捉える聞き方を身に付けられるようにする。

（3）話の長さは100字から150字程度とする。

（4）国語科で頭括型、尾括型について指導し、話を聞く練習をしてから取り組ませる。

（頭括型練習例）

◎<u>たまに散歩をするのはよいことです。</u>

　なぜなら

　歩くことは**体に良い**からです。

　歩いていると**気持ちがすっきりする**からです。

　日頃見落としてきた**小さな発見ができる**からです。

（尾括型練習例）

　コンビニエンスストアは必要ないと考える人がいます。本当に必要ないのでしょうか。

　たとえば

　コンビニエンスストアがあると、**夜遅くでも買い物ができます。**

　不審者が出た時に**助けてもらえます。**

　その場ですぐに食べられるものがたくさん売られています。

◎<u>これらのことからコンビニエンスストアは必要だと思います。</u>

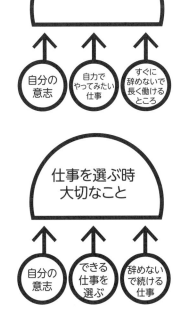

●実践・回答例

　仕事を選ぶときに大切にしたいことを三つ言います。<u>自分の意志で決めること</u>がとても大切です。やってみたいと思う仕事と自分にできる仕事は違います。<u>自分にできる仕事を選ぶこと</u>が大切です。すぐに辞めるのではなく、<u>長い時間をかけて取り組める仕事を選ぶこと</u>が大切です。

【解答例1】

仕事

|自分の意志|自力でやってみたい仕事|すぐに辞めないで長く働けるところ|

・自分の意志　　　　　　　　　　　　　　　【○】

・自力でやってみたい仕事　　　　　　　　　【×】

・すぐに辞めないで長く働けるところ　　　　【○】

・仕事　　　　　　　　　　　　　　　　　　【×】

仕事を選ぶ時
大切なこと

|自分の意志|できる仕事を選ぶ|辞めないで続ける仕事|

・自分の意志　　　　　　　　　　　　　　　【○】

・できる仕事を選ぶ　　　　　　　　　　　　【○】

・辞めないで続ける仕事　　　　　　　　　　【○】

・仕事を選ぶ時大切なこと　　　　　　　　　【○】

給食は本当に必要でしょうか。給食は栄養のバランスが良いです。それだけではなくメニューも豊富でいろいろなものを食べることができます。一食分の費用も高くはありません。これらのことから給食は必要であると思います。

【解答例2】

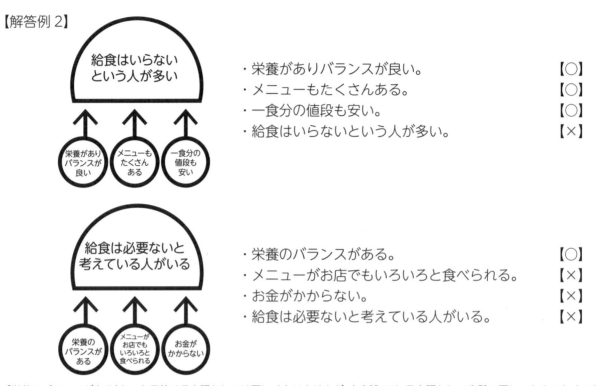

給食はいらない
という人が多い

栄養があり
バランスが
良い

メニューも
たくさん
ある

一食分の
値段も
安い

・栄養がありバランスが良い。　　　　　　　　　　　【〇】
・メニューもたくさんある。　　　　　　　　　　　　【〇】
・一食分の値段も安い。　　　　　　　　　　　　　　【〇】
・給食はいらないという人が多い。　　　　　　　　　【×】

給食は必要ないと
考えている人がいる

栄養の
バランスが
ある

メニューが
お店でも
いろいろと
食べられる

お金が
かからない

・栄養のバランスがある。　　　　　　　　　　　　　【〇】
・メニューがお店でもいろいろと食べられる。　　　　【×】
・お金がかからない。　　　　　　　　　　　　　　　【×】
・給食は必要ないと考えている人がいる。　　　　　　【×】

※「栄養のバランスがある」という回答は日本語としては正しくありませんが、本実践では、日本語として完璧に正しいものでなくても、意図が伝われば正解と見なしました。

まとめ　～「聞く力」を身に付けさせるために大切にしたいこと～

・私たち教師が話したことが、生徒にどのように伝わっているのかを確認すること。
　（例）「今の話を聞いて分かったことを説明してください。」
・教師は生徒に「聞かせる」話し方を心掛けること。また、様々な話し方があることを指導すること。
・日本語では最後に結論が述べられることが多いことから、生徒には最後まで人の話を聞くことを習慣化させること。

【活用のヒント】
・朝や帰りのホームルームの時間などで、「話を聞く練習」として使えます。また学校で催される講演会等の終了後、生徒がどのように話を聞いたか確認する際にも使用できます。
・「聞くこと」だけではなく、「話すこと」の練習にも応用できます。話したいことが何であるか、どのような具体例があれば言いたいことが伝わるか思考を整理したり、深めたりする際にも使用できます。朝や帰りのホームルームでニュースの発表や一日の感想を述べる際に、クラゲチャートを活用すると、例を挙げながら筋道立てて話そうとする姿勢が身に付きます。

【練習】

（１）　仕事を選ぶ時に大切にしたいことを三つ言います。<u>自分の意志で決める</u>ことがとても大切です。やってみたいと思う仕事と自分にできる仕事は違います。<u>自分にできる仕事を選ぶ</u>ことが大切です。すぐに辞めるのではなく、<u>長い時間をかけて取り組める仕事を選ぶ</u>ことが大切です。

（２）　話し合いをする時に大切にしたいことを三つ言います。まずは、<u>人の話をよく聞く</u>ことです。そして<u>人の言ったことをまずはきちんと受け止める</u>ことです。最後はお互いに<u>皆に見えるところで話す</u>ことです。

（３）　意見が違う人と話し合う時に大切なことを言います。まずは<u>自分の意見を押し付けず</u>、相手の言いたいことを素直によく聞くことです。次に自分の意見と違っても<u>「違う」「おかしい」と否定しない</u>ことです。最後はできるだけ<u>お互いにとって、良い方法を探す</u>ことです。

【頭括型】

（４）　働くことはとても大切です。その理由は三つあります。第一に、働くことで<u>給料をもらえて自立する</u>ことができるからです。第二に、働くことで<u>世の中の役に立つ</u>ことができるからです。第三に、<u>働くことを通して自分を鍛える</u>ことができるからです。

（５）　ろう学校はこれから先もずっとあった方がよいです。そう考える理由は三つあります。第一に、<u>聞こえない仲間同士の集団が必要</u>だからです。第二にろう学校では<u>手話などを使って気持ちを伝える</u>ことができるからです。第三に卒業後も<u>何か困ったことがあった時に相談できる</u>からです。

（６）　高校生に制服は必要であると考えます。その理由は三つあります。一つ目の理由は忙しい朝に<u>何を着たらよいか迷わずに済む</u>からです。二つ目の理由は気持ちが引き締まり、<u>落ち着いて学習に取り組める</u>からです。三つ目の理由は、制服は三年間着られることから、<u>お金がかからないから</u>です。

【尾括型】

（７）　日本には季節の行事がたくさんあります。<u>お正月</u>には新年の初めを祝い、<u>気持ちを新たにします</u>。ひな祭り、子供の日はどちらも子供が元気に成長することを願って行います。七夕には<u>短冊に願いを書きます</u>。このように、行事を大切にすることで日本人は季節を感じ、生活を豊かにしているのです。

（８）　寒さに負けない工夫としてどのようなことができるでしょうか。<u>厚着をすると暖かくなります</u>。鍋料理など温かいものを食べることもよいです。暖かいうちに部屋の<u>カーテンを閉めて部屋の温度を下げない</u>などの工夫ができます。このように、ストーブやヒーターを使わなくても暖かく過ごす工夫はできるのです。

（９）　給食は本当に必要でしょうか。<u>給食は栄養のバランスが良いです</u>。それだけではなくメニューも豊富で<u>いろいろなものを食べることができます</u>。<u>一食分の費用も高くはありません</u>。これらのことから給食は必要であると思います。

人とつながる言葉

「○○先生はいらっしゃいますか。」

いらっしゃるという尊敬語を使って尋ねていて、何も問題はないように見えます。しかし、○○先生が、職員室のドアを開けてすぐのところ、生徒の目の前にいたとしたらどうでしょうか。目の前に○○先生がいる場合は、この言い方は正しいとは言えません。

高等部では、社会参加・自立を目指し、進路指導部との連携の下、国語科で敬語の指導をすることはもちろん、機を捉えてその場に応じた言葉の使い方を指導しています。人と気持ちを通い合わせ、人とより良く関わるための言葉の力を身に付けさせることが、社会に出た時役立つと考えているからです。

社会の中で生きていく上で依頼、謝罪、交渉は避けて通ることができません。諦めたり、自分の主張を一方的に押し付けたりするのではなく、交渉できる人になってほしい。もし謝罪するのであれば、上辺だけではなく、自分の過失を認識して謝罪できる人になってほしい。言葉で人とやり取りし、言葉で良好な関係を築ける力を付けてほしい。このような願いで「人とつながる言葉」の実践を重ねました。

●取組の概要

人とつながる言葉について質問し、自由に記述させました。質問については学校生活の中でよく使うものを中心に取り上げました。国語科の授業の中で記述させ、分からない場合は正しい言い方を指導しました。高等部全教員に配布し、これらの言葉、もしくは類似した状況で言葉を適切に使えていない場合は指導するよう共通理解を図りました。解答例も併せて次のページに示します。

本実践は、研究部だけではなく、生活指導部、進路指導部、国語科の教師が連携し指導に当たりました。生活指導部は職員室のドアに教師を呼ぶ際の手順を示したものを掲示するなど掲示物の改善に努めました。進路指導部は面接の練習の際、適切な敬語を使うよう、指導を重ねました。

生徒があえて敬語を使って話す機会を作る、生徒の言ったことを聞いて教師が先回りして行動せず、生徒に最後まで説明させるなど、高等部の教員一丸となり、取り組みました。

人とつながる言葉

普通科・専攻科 （　　　　）年 （　　　　）組　氏名〔　　　　　　　　　　〕

☆次の（1）から（22）の場合、あなたはどのように伝えますか。周囲の人とより良い関係を築くことを念頭に置いて書きなさい。

（1）A先生の机の上に、提出物を置いてほしいと他の先生に頼む場合、何と言うか。
【例】○○先生、お仕事中失礼いたします。A先生のお机の上にプリントを置いていただけますか。

（2）職員室で仕事をしているC先生を、自分で呼ぶ場合、何と言うか。
【例】C先生、お仕事中失礼いたします。今、少しだけお時間をいただけますか。

（3）A先生は他の先生と話し中である。近くにいる先生にA先生を呼んでほしいという場合、何と言うか。
【例】○○先生、お仕事中失礼します。A先生を呼んでいただけますか。

（4）電車が止まっていて、学校に着くのが遅れそうな場合、担任にどのようにメールするか。
【例】おはようございます。○○です。今△△線が××駅で止まっています。人身事故が発生しました。学校に着くのが1時間ほど遅れます。よろしくお願いします。

（5）教科書をロッカーに置いてきてしまった。取りに行ってよいかどうか先生に尋ねる場合、何と言うか。
【例】お忙しいところ失礼します。○○です。教科書をロッカーに入れたまま帰宅してしまいました。これから教科書を取りに学校に行きたいのですが、よろしいでしょうか。

(6)宿題を家に忘れてきた。明日必ず持ってくるので、待ってもらえるかどうか尋ねる場合、何と言うか。
【例】先生、宿題を持ってくるのを忘れました。明日まで待っていただくことはできませんか。期日を守れず申し訳ありません。

（7）宿題が多くて終わりそうにない。もう少し宿題を減らしてほしい場合、何と言うか。
【例】先生、学習の計画を立ててみましたが、夏休み中に終わりそうもありません。もう少し宿題を減らしていただくことはできませんか。

（8）先生に相談したいことがあるので、時間を作ってほしいと言う場合、何と言うか。
【例】先生に御相談したいことがあります。お忙しいところ申し訳ありませんが、お時間をいただいてもよろしいでしょうか。

（9）会社の先輩にお土産の食べ物を渡す時、何と言って渡すか。
【例】旅行で○○県に行きました。名物の××です。お口に合うかどうか分かりませんが、召し上がってください。

（10）会社の先輩から、お土産に好物の食べ物をもらった場合、何と言うか。	

【例】私の大好物の○○をくださってありがとうございます。早速いただきます。

（11）会社の先輩から、自分が欲しかったキーホルダーをお土産にもらった場合、何と言うか。

【例】・以前からほしいと思っていたものをくださって、ありがとうございます。早速使います。
・素敵なものをいただき、とてもうれしいです。大切に使います。

（12）友達と約束した当日に、家の都合で約束を断らなければならなくなった場合、何と言うか。

【例】今日は家の都合で外出できなくなってしまったんだ。当日の連絡で、○○君には迷惑をかけてしまい、ごめんね。○○君の都合の良い日でよいので、延期してもらえるかな。勝手なお願いでごめんね。

（13）自分が宿題をやっている時、友達が話しかけてきて集中できない。話しかけないでほしいと伝える場合何と言うか。

【例】○○さん、今ここで勉強しないと間に合わないので、勉強したいんだ。宿題が終わるまで待っていてもらうことはできないかな。（待っていてほしい。）

（14）友達から借りた本を自分の不注意で汚してしまった場合、何と言って謝るか。

【例】○○さん、私の不注意であなたの大切な本を汚してしまったの。本当にごめんなさい。二度と同じことを繰り返さないように注意するので許してください。

（15）自分が何気なく言った一言で友達を傷つけてしまった場合、何と言って謝るか。

【例】私の不用意な一言であなたを傷つけてしまって本当にごめんなさい。私はあなたを傷つけるつもりはなかったです。謝っても許してもらえないかもしれないけれど、心から反省しています。

（16）友達、上司、同僚、またはその家族にうれしいことや喜ばしいことがあった場合、何と言うか。

【例】この度は（御結婚／お子さんの御入学・御卒業／お子さんの御誕生／御栄転）おめでとうございます。

（17）友達、上司、同僚の家族に不幸があった場合、何と言うか。

【例】・この度はご愁傷さまでございました。お悔やみ申し上げます。
・お力落としでした。お体御無理なさいませんように。

（18）友達、同僚、上司の家族がけがや病気をしている場合、何と言うか。

【例】（お父様が御病気と伺いましたが、／お子さんがお怪我をなさったとお聞きしましたが）お加減はいかがですか。どうぞお大事になさってください。

（19）面接で、相手の人の言うことを聞き漏らしたり、見落としたりした場合、何と言うか。

【例】申し訳ございません。ただいまのご質問ですが、もう一度お願いしてもよろしいでしょうか。

(20) 面接で、もう少しゆっくり話してもらいたい場合、何と言うか。
【例】 ・恐れ入ります。もう少しゆっくりお話しいただくことはできませんでしょうか。 ・申し訳ございません。もう少しゆっくりお話ししていただけませんでしょうか。
(21) 職場実習の初日、自己紹介で何と言うか。
【例】 東京都立立川ろう学校から参りました、専攻科〇年の立川太郎と申します。これから２週間お世話になります。御指導のほどよろしくお願いいたします。（これから２週間精一杯頑張りますので御指導のほどよろしくお願いいたします。）
(22) 職場実習最終日の挨拶でどのようにお礼を言うか。
【例】 お忙しい中、御指導いただきありがとうございました。実習で学んだことを学校生活の中でも忘れず、一層努力いたします。（実習を通して自分の課題が分かりました。残りの学校生活の中で課題を克服できるよう努力いたします。）

※これらの解答は一例であり、他にも様々な解答が考えられます。

●実践後の改善点

（１）どのような力を身に付けさせたいのか、焦点を絞って指導する。定着することをねらい、内容を絞り込む。

（２）プリント教材ではなく、ＤＶＤなど見て分かるものを作成する。当事者意識を高めるために専攻科の生徒に趣旨を説明し、台本作りを一緒に行った上で、ＤＶＤの撮影・編集を任せる。

●生徒と共に作成したＤＶＤの台本（抜粋）

＊自分のミスを謝罪する場合

【誤った表現】
    D   「先生、プリントがない」
B先生   「一昨日配りましたよ」
    D   「プリントなーい。先生、ください」
B先生   「プリントなくしたのですか。そう簡単にプリントは渡せません」
          （少し怒った様子で）
    D   「なんで？先生のケチ！」

【解説】
  先生を怒らせてしまいましたね。なぜ先生は怒ってしまったのでしょう。それは自分がプリントを無くしたのに、全く反省せず、「ください」と軽く言ったからです。自分に過失がある場合、（自分が失敗した場合）まずは謝罪する（謝る）ことが大事です。
  自分が失敗した場合はごまかさず、素直に「ごめんなさい」と言いましょう。何かをお願いするのはその後からです。

【人とつながる話し方】
    D   「先生、昨日いただいたプリントを無くしてしまいました。すみません。もう一度プリントをいただくことはできますか」
B先生   「事情は分かりました。次からは管理をしっかりしてくださいね」
    D   「分かりました。次からは気を付けます」

まとめ　〜人とつながる言葉を身に付けさせるために大切にしたいこと〜

・日頃から生徒の言葉に注意を払い、機を捉えて指導すること。「後で」「誰かが」ではなく、「今、ここで」「自分が」指導すること。

・社会では、どのような場面で、どのような言葉を使っているのか、折に触れて説明すること。生徒が伝えたいことを日本語ではどのように表すのかについても説明すること。言葉の他にも「いきなり後ろから大きな声で話しかけると聞える人の中には驚く人もいる」など、音に関する知識を伝えていくこと。

【活用のヒント】

・人とつながる言葉の（12）〜（15）は、ホームルームなどで相手の気持ちを考えてどのように言うべきか話し合う際に使えます。

・人とつながる言葉の（19）〜（22）は、職場実習前の事前指導の際に使えます。生徒の実態に応じて状況の設定などを適宜変更してお使いください。

社会参加に向けて
身に付けてほしい力の育成
―個に応じたコミュニケーション・ことばの視点―

みなさんは、ろう重複障害児と聞いてどのような幼児・児童・生徒を思い起こすでしょうか。

ろう重複障害児が有する障害は、聴覚障害と知的障害・肢体不自由・視覚障害など様々です。また、その障害の程度や現れ方も多種多様です。（注１）

授業中、視線が合わない、落ち着かない、指示が通らない様子が見受けられると、果たして自分の指導が本当に適切なのだろうか、幼児・児童・生徒はどこまで授業内容を理解しているのだろうか、など不安に感じることはないでしょうか。本校では、実態の様々な幼児・児童・生徒が社会の中で生きていくために身に付けるべき力とは何か、学校ではどのような力を身に付けさせるのか、それらの力を身に付けるために、何が必要なのかなどを話し合い実践しました。

実践その１として、幼児・児童・生徒の育成に役立てるための発達段階表及びチャート表の作成について紹介します。実践その２として、コミュニケーションのチャート表に基づいた授業におけるコミュニケーションの支援について紹介します。本実践では、授業シートを活用して教員集団全員で幼児・児童・生徒の支援、指導に生かしました。教師の言葉かけや生徒の実態に即した教材を用いることで、幼児・児童・生徒の「ことば」や「コミュニケーション」がどのように変化していくのか、その様子を観察し記録しました。

これらの取組は、各学部教師が独自で行うのではなく、総合学園としてのメリットを生かし、小学部から高等部までの重度・重複学級担当者が一丸となって行いました。学部を超え、教員集団が共通理解を深め、一貫性のある指導を行った一例としてお読みください。

（注１）宮城教育大学紀要第５２巻（2017）「複数の種類の障害を併せ有する児童又は生徒」

●実践　その１　発達段階表、コミュニケーションのチャート表の開発・利用について
　　　　　　　　～コミュニケーション能力の実態把握、共有化を目指して～
●実践　その２　授業におけるコミュニケーション力のクローズアップ
　　　　　　　　～伝える力、受け取る力の支援～

発達段階表、コミュニケーションの
チャート表の開発・利用について
～コミュニケーション能力の実態把握、共有化を目指して～

本校に在籍する重度・重複学級の幼児・児童・生徒は、年齢も発達段階も様々です。コミュニケーション一つとっても、「手話」だけ、「口話」だけで話をすることが得意な子供もいれば、自分の気持ちを「指差し」や「ジェスチャー」などの身体表現で伝える子供もいます。どの発達段階においても活用でき、幼児・児童・生徒の力を育むことができる方法はないものでしょうか。過去におけるろう重複障害児の実践の中には、素晴らしい実践が数多くありますが、幼児・児童・生徒一人一人に応じた内容であればあるほど個別性が高くなり、汎用が難しい面が見受けられました。

生活年齢や発達段階の異なる幼児・児童・生徒の社会参加に向けたコミュニケーション力を把握するため、また、各学部の教師間で幼児・児童・生徒のコミュニケーション力について共通理解を図るために開発した「発達段階表」及び「コミュニケーションのチャート表」について、またその使用方法について紹介します。

●開発の視点と表

幼児・児童・生徒のコミュニケーションにおける発達の様子を大きく三つの力に分類して考えました。一つ目は、自分から発信したい情報をどのような方法で伝達しようとしているのか、またその伝達内容について（伝える力）、二つ目は、相手からの情報をどのような方法ならば理解しやすいのか、またその理解の程度、理解の支えとなる認識力について（受け取る力）、三つ目は、自分と相手との対人的な関係のもち方の特質について（他者と関係をもつ力）です。それら三つの力を、それぞれ4～6項目に細分化し、具体的な発達段階の指標となる①～⑤の段階的な幼児・児童・生徒の姿を記しました。

例えば、「A 伝える力」では、「伝えられる（伝えようとする）内容」「意図や伝えたいことを伝えられる相手」「伝達に用いることができる手段」「伝えられる場の要件」の項目に分けました。更に「伝えられる（伝えようとする）内容」の中に、①「ほとんど何も伝えようとしない」②「自分がほしい、したいという要求を中心とした内容」③「自分が直接、経験したことを伝えようとする」④「自分が見たり聞いたりした内容、一般的な話題に興味をもち相手に伝えようとする」⑤「既知のことについて更に知りたいと自ら相手に質問したり尋ねたりする」などの項目を発達段階表にまとめました。発達段階表を一つ一つ確認することで、幼児・児童・生徒がどの段階にあるのかを明らかにしようと考えました。

【発達段階表】

A　伝える力

（伝達意欲・伝達しようとする場面・手段・伝える相手との関係の中での違い等）

●伝えられる（伝えようとする）内容	●意図や伝えたいことを伝えられる相手
①ほとんど何も伝えようとしない。 ②自分が欲しい、したいという要求を中心とした内容 ③自分が直接、経験したことを伝えようとする。 ④自分が見たり聞いたりした内容、一般的な話題に興味をもち相手に伝えようとする。 ⑤既知のことについて更に知りたいと自ら相手に質問したり尋ねたりする。	①生活を共にする人でもなかなか伝えたいことの意図を推測することが難しい。 ②生活を共にする特定の人が伝達内容を推測して伝えたいことを理解できる。 ③一緒にその場にいなくても身近な相手が理解できるように伝えられる。 ④身近な相手でなくても、その人が理解してくれるように伝えられる。
●伝達に用いることができる手段	●伝えられる場の要件
①表情や体の動き、発声など ②指さしやジェスチャーに近い手話 ③単語としての手話（主に一つ）や指文字 ④文としての手話（いくつかの手話や指文字を組み合わせた意味内容の伝達） ⑤相手に合わせて手話、指文字、文字、音声等を使用して伝えられる。	①状況依存的に相手が想像しなければ伝達意図が分からない。 ②伝えたい内容に関する具体的な物が目の前にあれば伝えられる。 ③絵カードなどを補助的に用いると伝えられる。 ④身近な話題であれば、特に補助的なものがなくても伝えられる。 ⑤状況や場の違いに応じて、相手に分かるように伝えようとする。

実態に関わる具体的なエピソードなど

人に伝えようとするときの態度・様子

うまく伝えられない場面での対処の仕方など

【発達段階表】

B 受け取る力

（認識力や理解力、話し手に対する姿勢や態度、理解可能な手段等）

●理解内容（絵カード・具体物などを使って）	●理解内容（手話・指文字などを使って）
①理解困難 ②目の前にあり、自分が興味をもっているものについては理解しようとする。 ③日頃経験している事柄ならば、目の前に手がかりがなくても話題から類推しようとする。 ④既知の事柄から想像をめぐらせて類推しようとする。	①理解困難 ②目の前にあり、自分が興味をもっているものについては理解しようとする。 ③日頃経験している事柄ならば、目の前に手がかりがなくても話題から類推しようとする。 ④既知の事柄から想像をめぐらせて類推しようとする。
●理解内容（音声・文字などを使って）	●理解が無理なく可能な手段
①理解困難 ②目の前にあり、自分が興味をもっているものについては理解しようとする。 ③日頃経験している事柄ならば、目の前に手がかりがなくても話題から類推しようとする。 ④既知の事柄から想像をめぐらせて類推しようとする。	①表情や体の動き、発声など ②指さしやジェスチャーに近い手話 ③単語としての手話（主に一つ）や指文字 ④文としての手話（いくつかの手話や指文字を組み合わせてもやりとりできる） ⑤文章で書かれたものの内容をある程度理解できる。
●理解力（時間感覚）	●理解力（質問された内容に対する応答力）
①目の前にあるものを中心に理解している。 ②視覚的な補助を基に、時間に沿った流れや見通しを多少もつことができる。 ③始まりと終わりや一日の流れなどある程度の見通しをもつことができる。 ④明日や今週など少し先の見通しをもって生活できる。 ⑤月のカレンダーが理解でき、先の見通しで楽しみなことを心待ちにできる。	理解できる適切な手段（手話やその他視覚的な手がかり）を用いた場合 ① 対話内容への理解がまだ十分ではない。 ② 「いつ」についてはやりとり可能 ③ 「だれ、どこ」等のやりとり可能 ④ 「何を、どうした」等のやりとり可能 ⑤ 「なぜ、どうやって」等のやりとり可能

実態に関わる具体的なエピソードなど

人の話を聞くときの態度や様子

理解が困難な場面での対処等

【発達段階表】

C　他者と関係をもつ力

（コミュニケーションを行う上での基礎的な力、相手との関係のもち方、自己・他者意識等）

●模倣しようとする力	●挨拶する
①模倣することがほとんどない。（できないも含めて）	①挨拶ができない。
②促されると、簡単な動き（大きな動き）を模倣する。	②促されると挨拶に応じる場合もある。
③促されなくても、積極的に模倣（大きな動き）をしようとする。	③生活パターンの決まった中では挨拶することができる。
④積極的に模倣しようとするが、細かな動きの中には難しいものもある。	④出会った人と挨拶ができる。
⑤しっかりと見て、細かな動きの模倣をしようとする。	⑤場や状況に応じた挨拶（会釈含む）をすることができる。
●対人関係・コミュニケーションを　楽しむ力（対　友人・児童生徒集団等）	●対人関係・コミュニケーションを　楽しむ力（対　大人・教師等）
①慣れた人間関係でないと不安が強い。	①慣れた人間関係でないと不安が強い。
②親しみのもてる相手や慣れた関係の中ではコミュニケーションを楽しむことができる。	②親しみのもてる相手や慣れた関係の中ではコミュニケーションを楽しむことができる。
③緊張しながらも慣れない人とも関わろうとする。	③緊張しながらも慣れない人とも関わろうとする。
④新たな人間関係も楽しもうとする。積極的に人と関わろうとする。	④新たな人間関係も楽しもうとする。積極的に人と関わろうとする。
●コミュニケーション場面での状況理解	●新たな場面に対する対処
①相手の状況に全く関わりなく、一方的に関わろうとすることが多い。	①非常に不安が強い。
②一方的に関わる場面もあるが、場の状況や相手の状況を見て、待つこともある。	②受け入れにくい。
③場の状況や相手の状況に合わせて適切に待てることが多い。	③比較的受け入れようとする。
④場の状況や相手の状況に合わせて自分の関わり方を変えようとする。	④特に問題なく受け入れる。
	⑤積極的に楽しむ。

自己意識
他者への関心
多様な事象への興味・関心のもち方

●具体的な使用方法

1 幼児・児童・生徒の「伝える力」「受け取る力」「他者と関係する力」が、どの段階にあるのかを
発達段階表を見ながら、複数で協議・確認していきます。

> ＞記入の仕方＜
>
> 　例えば、●伝えられる（伝えようとする）内容では、完全に到達している場合は○、
> 少し到達している場合は△を記し、到達していない時は何も記しません。
> 前ページ資料１－②、１－③も同じ方法で記入します。

【発達段階表】

A　伝える力

（伝達意欲・伝達しようとする場面・手段・伝える相手との関係の中での違い　等）

●伝えられる（伝えようとする）内容	●意図や伝えたいことを伝えられる相手
①ほとんど何も伝えようとしない。○ ②自分が欲しい、したいという要求を中心とした内容。○ ③自分が直接、経験したことを伝えようとする。○ ④自分が見たり聞いたりした内容、一般的な話題に興味をもち相手に伝えようとする。△ ⑤既知のことについて更に知りたいと自ら相手に質問したり尋ねたりする。	①生活を共にする人でもなかなか伝えたいことの意図を推測することが難しい。 ②生活を共にする特定の人が伝達内容を推測して伝えたいことを理解できる。 ③一緒にその場にいなくても身近な相手が理解できるように伝えられる。 ④身近な相手でなくても、その人が理解してくれるように伝えられる。
●伝達に用いることができる手段	●伝えられる場の要件
①表情や体の動き、発声など ②指さしやジェスチャーに近い手話 ③単語としての手話（主に一つ）や指文字 ④文としての手話（いくつかの手話や指文字を組み合わせた意味内容の伝達） ⑤相手に合わせて手話、指文字、文字、音声等を使用して伝えられる。	①状況依存的に相手が想像しなければ伝達意図が分からない。 ②伝えたい内容に関する具体的な物が目の前にあれば伝えられる。 ③絵カードなどを補助的に用いると伝えられる。 ④身近な話題であれば、特に補助的なものがなくても伝えられる。 ⑤状況や場の違いに応じて、相手に分かるように伝えようとする。
実態に関わる具体的なエピソードなど 人に伝えようとするときの態度・様子 うまく伝えられない場面での対処の仕方など	

2 記入した発達段階実態表を基に、チャート表に転記するとコミュニケーションにおける児童・生
徒の実態の様子が一目で分かります。（次ページ　資料２）

コミュニケーションのチャート表　学部・児童生徒番号

☆十分に可能なところに塗りつぶし、ある程度できるが不十分なところは半分塗りつぶします。

> ここでは発達段階表で確認した幼児・児童・生徒の状況（○△）を、一項目ずつ転記します。
> 例えば、「A　伝えられる（伝えようとする）内容」では、発達段階表の①～⑤までの記入を基に、○の場合は塗りつぶし、△を場合は半分だけ塗りつぶします。
> 他の項目、B　受け取る力　C　他者と関係を持つ力も同じように転記します。

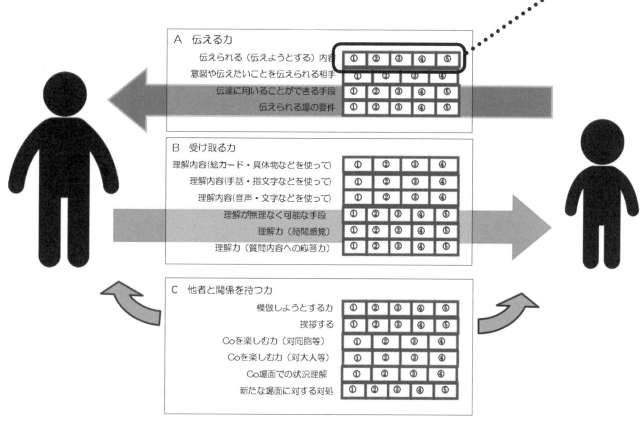

※このページの資料のイラスト（人の形や矢印➡）は、コミュニケーションをトータルに表しています。伝える力や受け取る力の方向を示すものではありません。

＜事例＞　中学部　生徒A

（発達段階実態表）

●伝えられる（伝えようとする）内容
①ほとんど何も伝えようとしない。○
②自分が欲しい、したいという要求を中心とした内容。○
③自分が直接、経験したことを伝えようとする。○
④自分が見たり聞いたりした内容、一般的な話題に興味をもち相手に伝えようとする。△
⑤既知のことについて更に知りたいと自ら相手に質問したり尋ねたりする。

（チャート表）

A　伝える力

発達段階実態表を記入することで、「伝えられる（伝えようとする）内容」では、「相手に伝えようとすることはできるが、伝えたい事柄が多かったり、思いが強くなったりすると順序立てて話すことが困難になる。」ということが分かります。その上で発達段階表をチャート表に転記することによって例えば、「A　伝える力」の中の「伝えられる（伝えようとする）内容」の到達状況が一目で分かり、どの部分を重点的に指導、支援すればよいか分かりやすくなります。また、本人の以前の状態と比べることにより、個人のコミュニケーション力の伸長を確認したり、集団活動や異学部集団での仲間分けの資料にも利用したりできます。

まとめ　〜コミュニケーション能力の実態把握、共有化のために大切なこと〜

・担当している幼児・児童・生徒がどの段階にあるのか、発達段階表を見ながら**複数で協議・確認すること。**（誰か一人が行うと主観的となり客観性が保たれない。）複数教員で行うことで**主観から客観**により近づき、幼児・児童・生徒の実像に近づくことができる。

【活用のヒント】
・朝の会や生活単元だけでなく日常生活の指導、各教科の中でも生かせます。
・重度・重複学級の幼児・児童・生徒の実態を表す引継ぎ資料の一つとして活用できます。また、他校との交流や普通級との交流などで重度・重複学級以外の教師と共通理解を図るための資料として使用できます。
・発達段階表の項目について、幼児・児童・生徒の実態に即して検討していくこと、また資料作成時、評価時に複数の教師が観察することで、より正確な実態把握ができます。

授業におけるコミュニケーション力の
クローズアップ
～伝える力、受け取る力の支援～

　幼児・児童・生徒の実態把握の後は、コミュニケーション力を育む取組です。今回は、小学部から高等部共通で行われている授業「日常生活の指導〜朝の会〜」、「生活単元学習」を取り上げました。授業シートを開発し、明らかになった実態を踏まえ、授業で行う各活動においてどのような指導・支援が必要か、有効であったかなどを相互に授業を参観し、指導・支援の在り方を考えました。

●授業シートの活用と考え方

　授業では、コミュニケーションの定義を「見て、聞いて、理解する力など」の受け取る力（コミュニケーションの理解）と「指さし、視線、指文字、手話、文字など」の伝える力（コミュニケーションの表現）の二つに分け、それぞれの授業における実態と課題を把握し、指導の方針や具体的支援の手立て等を考えました。ここでは授業シート（資料3－①）作成の方法、活用の仕方、具体的な事例を示します。

資料3－①

| 授業シート例　一部抜粋 | ※授業シートの全体は頁198参照 |

学部　　　組　　　日時　　月　日（　）　：　～　　　　　単元名　「　　」　　　授業者

活動内容	各項目	A（児童）			指導上の留意点
		実態	課題		
「あいさつ」 ・係の確認 ・挨拶係が前に出て開始の挨拶をする。 ・他児童は座ったまま「おはようございます」の挨拶をする。	コミュニケーション理解 （受け取る力）	（例） ・係は誰なのか表や手話から読み取れる。			・全員が係に注目していることを確認する。
	コミュニケーション表現 （伝える力）	（例） ・係に合わせて挨拶ができる。	（例） ・一人でも「これから」と言える。		・「おはようございます」の前に「せえの」と促す。
	授業での様子	（例）「係を変えます」の合図で表に目をやっている。			

具体的な使い方
　1．MT（メインティーチャー）が授業シートを作成する。
　2．授業シートをST（サブティーチャー）に配布し、複数で内容を確認・修正する。
　3．授業実践をビデオで記録する。
　4．参観者、ビデオ視聴者は、授業シートに幼児・児童・生徒の授業の様子を記入する。
　5．次の授業の指導、支援に生かす。

<事例> 中学部 生徒A

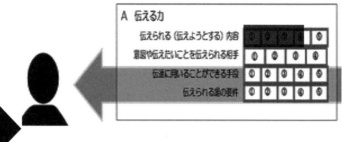

●伝えられる（伝えようとする）内容
① ほとんど何も伝えようとしない。○
② 自分が欲しい、したいという要求を中心
　 とした内容。○
③ 自分が直接、経験したことを伝えようと
　 する。○
④ **自分が見たり聞いたりした内容、一般的**
　 な話題に興味をもち相手に伝えようとす
　 る。△
⑤ 既知のことについて更に知りたいと自ら
　 相手に質問したり尋ねたりする。

- -
●伝えられる（伝えようとする）内容では、上記④に課題があること
　が分かった。自分の思いを、相手に伝えようとする気持ちはもって
　いるが、経験した内容がうまく伝えられないことが課題である。解
　決策として思いが整理できるように授業中の具体的な支援を考える
　ことにした。
- -

中学部3組　生徒A　9月10日9：00〜　「朝の会」

活動内容	各項目	実態	課題	指導上の留意点
④「昨日のこと」 ・昨日の日付を発表 ・昨日の出来事の中から選び発表	コミュニケーション理解 （受け取る力）	・大体の手話は理解できている。 ・友達の発表の途中で発言することがある。	最後まで、発表を聞く。	発表することが難しい時は「いつ」「どこで」等のヒント、カードを用い発表を支援する。また、それらを基に質問できるように促す。
	コミュニケーション表現 （伝える力）	・手話をたくさん使って発表できる。 ・突然、話が始まるので、内容が伝わりにくい。	・「いつ」、「どこで」、「なに」を、「どうした」と発表できる。	
	授業での様子	話が飛んだ時は、先生のヒントを見ながら前の話に戻って発表をし直しできていた。		

（生徒の様子）
「いつ」から話す習慣はできているが、話を
したいことがたくさんあったり、気分が高揚
したりすると話が伝わりにくい。話が飛ぶと
教師が教具を指差し支援することで、話が飛
ぶ一つ前の段階に戻って、順序立てて話をす
ることができていた。

どうする　なに　だれ　どこ　いつ

発達段階実態表、
チャート表を元に生徒
のコミュニケーション
における伝える力の指
導・支援方法を考えて
記入をする。

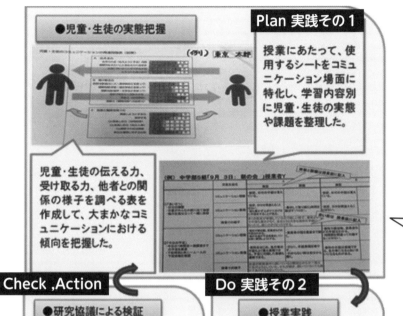

全体の流れ
（チャート表、授業シートの使用、授業、協議）

Plan 実践その1

●児童・生徒の実態把握

授業にあたって、使用するシートをコミュニケーション場面に特化し、学習内容別に児童・生徒の実態や課題を整理した。

児童・生徒の伝える力、受け取る力、他者との関係の様子を調べる表を作成して、大まかなコミュニケーションにおける傾向を把握した。

Check , Action

●研究協議による検証

・小中高各学部での協議会を開催。児童・生徒の様子を分析、教材や指導法等の良い点、改善点を検討
・小中高合同で全体協議会を開催。上記資料や授業を記録したビデオを用いて、児童・生徒の現段階の発達の様子や支援の在り方等を共有。昨年の授業の様子と比較検討を行い今後の指導に活用する。

Do 実践その2

●授業実践

・"朝の会"の様子
今日の予定を発表している場面

　ろう重複障害児は、様々な障害を併せ有するため、その実態も多種多様であり、指導・支援の方法も異なります。そのため、担当教員だけ、もしくはごく限られた教師のみで幼児・児童・生徒の様子や発達を見極め、それに基づいた指導・支援が行われがちです。

　幼児・児童・生徒の実態に応じて指導できるという面もありますが、一方で実態把握の妥当性やよりよい指導・支援の方法に疑問を投げかけられることも少なくありません。実態把握、指導・支援が適切なものであるかどうか定期的に見直す機会を設けることが、よりよい教育のために必要です。

　左の図のように、複数で授業を観察し、記録を付けること、ビデオで振り返ることで実態把握がよりしやすくなり、支援の手立てがより具体的になります。

　各教師が同一の観点で幼児・児童・生徒の実態を把握するための方法を探り、資料を作成することでより的確な実態把握ができるようになります。

まとめ　～実践を振り返って～

①教師間でコミュニケーション力を育む指導・支援の在り方を学ぶことができた。
②幼・小・中・高と各部教員が連携して入り口から出口までの１５年間を見通し、社会参加に必要なコミュニケーション力の育成について共に考えることができた。

実践を通しての気付きを
「重度・重複学級担当の基礎・基本」としてまとめました。

<重複幼児・児童・生徒によく見受けられる様子>
　・障害特性に応じた表現　　・視線が合いにくい　　・集中が続かない時がある
　・予定や時間などの変更の切り替えが苦手　・気持ちの変化が大きい
<教師の支援・指導の心構えやポイント>
　・幼児・児童・生徒に応じた発信の受容と見逃さない適切な声かけ
　　例：うなずき（承認）
　・教師の同意と評価　例：「そうそう」「よくできました」（称賛）
　・視覚的支援　等

具体的に教室で行うこと

<授業（実践）で心がけたいこと>
○学習環境
・幼児・児童・生徒同士が見やすい、落ち着きやすい机と椅子の配置
　（教材提示や指導の際）
・幼児・児童・生徒の目線の高さを合わせる
・光を背にしない
○指導・支援
・幼児・児童・生徒の注目を待ってから話す
・幼児・児童・生徒に応じた表現の意図を読み取り、手話等で置き換える
・理解の確認をする　・はっきりした口形と手話　・指示を明確にする　・ほめる
・友達の発表に注目を促す　・みんなの前へ出て発表を促す
・正しい表現やより良い表現へと置き換える
・大切な言葉や文は繰り返して伝える　・幼児・児童・生徒の発表に対する教師の復唱
・一つ一つの活動を区別する　・声、正しい口形の意識を促す

参考文献
東日本国際大学　中山哲志教授
　　ろう学校における重複障害　～立川校の研究実践から教えられたこと～
群馬大学　事業検討委員会
　　厚生労働省　H30年度障害者総合福祉推進事業
　　「聴覚障害と他の障害を併せ持つためにコミュニケーションに困難を抱える障害児・者に対する支援の質
　　の向上のための検討」成果報告書

立ろう学習ルール

1 立川ろう学校における学力向上のための取組

（1）日本語育成プロジェクト（平成 24 年度から平成 26 年度まで）

　平成 24 年度に幼児・児童・生徒の日本語の力を育成することをねらいとして、日本語育成プロジェクトが発足しました。日本語育成プロジェクトでは、読書力診断検査等、諸検査の結果に基づき児童・生徒の日本語の力の実態把握をしました。更に、「小学校国語説明文構成図一覧表」の作成に取り組み、小学校国語の説明文の構成を図式化しました。

　国語科の授業では、生徒の実態に応じて精選やリライトが必要になります。その際、系統性や妥当性を鑑みて精選したり、リライトしたりするための参考資料として活用しました。また、幼稚部では、小学部の学習につなげるために、教師・保護者が見通しをもって指導するためのシートを作成し、活用しました。

（2）学力向上プロジェクト（平成 27 年度から平成 30 年度まで）

　平成 27 年度からは、教師一人一人が児童・生徒の「学力」を伸ばすことをねらいとして、学力向上プロジェクトが発足しました。学力向上プロジェクトでは、文献研究に基づき、協議を重ねた結果、学力を意欲・関心・態度も含めた広義のものと捉えました。点数に表れる学力だけではなく、例えば、基本的生活習慣が身に付いていること、他者との豊かな関わりがあること、真面目に学習に取り組む態度が確立されていること、学習の準備がきちんとできていることなども含めたものが「学力」であると考えました。児童・生徒の学びの力がどれくらい身に付いているかを確認するために「基本的な生活習慣・豊かな基礎体験」「学びに向かう力」「学びを律する力」「自ら学ぶ力」の 4 分野 32 問から成る「学びの基礎力アンケート」を実施し、実態把握及び指導に生かしました。幼稚部でも同様の観点で発達段階に即したアンケートを作成、実施し指導に生かしました。

2 学力向上のための三本の柱と指導の具体策

　各学部で「学びの基礎力アンケート」を実施・集計した結果、各学部ともに共通する傾向が見られ、本校児童・生徒に身に付けさせたい力が明らかになりました。児童・生徒に身に付けさせたい力を「学力向上のための三本の柱」と位置付け、指導の具体策を検討しました。

学力向上のための三本の柱

（1）学びを律する力
（2）自ら学ぶ力
（3）基礎学力

⇒

（1）立ろう学習ルールの徹底、自己評価の実施
（2）家庭学習ノート、学習記録の取組
（3）東京ベーシックドリルを活用した実態把握及び基礎的学習の充実

3　立ろう学習ルールについて

（1）学びを律する力を身に付けることをねらいとして、立ろう学習ルールを定めました。

しっかり準備

「しっかり準備」とは、忘れずに宿題や予習をすること、必要なものを準備して授業に臨むことです。

正しい姿勢

「正しい姿勢」とは、単に背筋を伸ばすことだけではなく、授業前に気持ちを落ち着かせ、集中することも意味しています。

立ろう学習ルール

よく見る、よく聞く

「よく見る、よく聞く」とは、話の内容を理解し、話し手の意図をも捉えようとして話を見たり聞いたりすることです。

丁寧な言葉

「丁寧な言葉」とは、場に応じた丁寧な言葉を使えるようになることを意味しています。

単語ではなく、文できちんと伝えること、言葉を尽くして自分の思いや考えを伝えることも含んでいます。

立ろう学習ルールは、全ての教室に掲示し、学期の始まりや授業開始時に改めて確認しています。各学部とも児童・生徒と教師のそれぞれを対象として、立ろう学習ルール自己評価表を用いて、定期的に振り返りの機会を設けています。（資料1：生徒用、資料2：教師用）生徒の自己評価表は、担任が必ず読み、助言等を記入し、生徒に返却しています。

その後、保護者に読んでいただき、学びの基礎力について共通理解を図っています。ルールを守って学習していくことで、学びの基礎力が身に付き、主体的・対話的で深い学びの基盤となる力が培われることを願い、指導を継続しています。

＊立ろう学習ルール　高等部生徒の自由記述より＊

・宿題を忘れてくることが多いので、10月は忘れることがないようにちゃんとやっておきたいです。**テストに向けて計画を立てながら勉強したいです。**（高1）

・今から丁寧な言葉遣いをして、「さん」をつけて言わないと、会社に入ったら、大変になると思ったので、**今から言葉遣いを注意していきたいと思います。**（高2）

・**文末まで言えるように意識しました。**10月も筋が通る説明を身に付けたいです。（高3）

※次ページに掲載している生徒用の自己評価表は中学部・高等部の生徒を対象としたものです。

立ろう学習ルール　自己評価表（中学部・高等部）

普通科・専攻科〔　　　〕年〔　　　〕組　氏名〔　　　　　　　　　〕

記入日	年	月	日（　　）

＊立ろう学習ルール＊

1　しっかり準備
2　正しい姿勢
3　よく見る、よく聞く
4　丁寧な言葉

◆次の (1) ～ (8) の項目について振り返り、評価欄にあてはまる記号を書きましょう。

よくできた　○　　できたこともあったができないこともあった　△　　できなかった　×

		評価項目	評　価
1	(1)	忘れずに宿題や予習をしてきた。	
1	(2)	必要なものを準備して授業に臨んだ。	
2	(3)	授業前に気持ちを落ち着かせ、授業中は集中した。	
2	(4)	姿勢を正して学習した。	
3	(5)	話の内容を理解しようとして見たり聞いたりした。	
4	(6)	授業中発言する際は文末に「です」「ます」を付けた。	
4	(7)	友達を呼ぶ際は「さん」、「くん」を付けた。	
4	(8)	単語ではなく、文で相手に伝わるように話した。	

◆　　　　　月の振り返りと　　　　月の目標

◆担任より◆

立ろう学習ルール　自己評価表

記入日	年	月	日

高等部　氏名〔　　　　　　　　〕

＊立ろう学習ルール＊

1　しっかり準備
2　正しい姿勢
3　よく見る、よく聞く
4　丁寧な言葉

◆次の (1)〜(8) の項目について、先生御自身についてあてはまる記号をお書きください。

取り組めた　○　あまり取り組めなかった　　△　　まったく取り組めなかった　　×

		評価項目	評　価
1	(1)	宿題や予習を含む家庭学習について、児童・生徒に合った分かりやすいやり方を提示した。	
1	(2)	次の授業で何を準備すればよいのか、分かるように伝えた。	
2	(3)	始業のチャイムと同時に授業を始められるよう準備した。	
2	(4)	児童・生徒から見やすい位置に立ち、視線を集めてから話した。	
3	(5)	児童・生徒の理解を確かめながら、次の説明や発問に生かそうとした。	
4	(6)	授業中、児童・生徒の実態に合った丁寧な言葉を使った。	
4	(7)	授業中、児童・生徒を指名する際は、「さん」、「くん」を付け、児童・生徒にも「さん」、「くん」を使うよう指導した。	
4	(8)	児童・生徒が単語で答えた時には、発言内容を確認し、必要に応じて正しく、かつ丁寧な言葉で答えさせた。	

◆自由記述欄

◆今後力を入れたいこと

第3章

立ろう いま、むかし

ドローンによる立川ろう学校の全景

幼稚部　小さなからだに大きなこころ

夏の遊ぼう会
心おどる水遊び

お庭さよなら会
今までありがとう

お楽しみ会
季節の行事は思い出に

園庭遊び
おにごっこだいすき

プール
水の中で心もうきうき

運動会
いっぱい入れるぞ！！

じょうずにわれるかな

すもう大会
小さい力士が勢ぞろい

立川祭で劇発表

話し合い活動
自分の想いをことばにのせて

小学部 多感なこどもに生きる力を

国語の学習
（視覚教材を駆使して）

重度・重複学級朝の会
（1日の見通しをもつために丁寧に）

長年続く近隣小学校等との
交流（手話や指文字を紹介）

わくわくタイム
（1〜6年縦割りグループでの交流）

昔の遊びにチャレンジ
（立ろう卒業生の中村さんを迎えて）

6年生専攻科見学
（先輩の説明に真剣に聞き入る）

運動会
（伝統の応援合戦6年生の見せ場）

3年移動教室
（高尾山登山）

4〜6年移動教室
（清里での酪農体験）

立川祭1〜3年
（オリ・パラランド・車いすバスケ）

立川祭4〜6年
（パフォーマンスランド・手品チーム）

各学年生活科社会科見学
（実物に触れる体験を大切に）

中学部　歴史と時代に即した活動

オリパラ教育
デフリンピアン選手から本物を学ぶ

調理実習
何事も基本が大切

教室での学び
学ぶ意欲と思考の鍛錬

和太鼓演奏（立川祭と総合文化祭）
体で感じる合わせる喜び

職場見学（職場体験も実施）
社会を知り自分を見つめる

部活動で心身の鍛錬
忍耐力　継続力　向上心

１、２年移動教室は山梨県
（１５年以上継続）

修学旅行は京都・奈良
（１５年以上継続）

弁論大会
言語力、思考力、表現力を磨く

中高スポーツフェスティバル
（駅伝）つなぐ意志と己の限界

交流校との生徒会交流
広がるコミュニケーション

関東聾学校中学部陸上競技大会
貴重な場所と機会に感謝

ライフデザイン系
被服製作の実習

すべての系で情報リテラシーを
身に付ける教育課程

情報ビジネス系
動画編集実習

機械系における座学の授業
AIに負けない技能者の育成

重度・重複学級の職業（清掃）授業
（知的障害を併せ有する教育課程）

総合技術系
学校要覧印刷作業工程の確認

常勝！野球部
関東聾学校野球大会

電車が走る体育館
立川祭職業系展示

パプリカ撮影クルーとして
モニターを確認する専攻科生

２０２０応援ソングパプリカ
全校による撮影（中庭）

KWN日本コンテスト最優秀作品賞
受賞（高３情報ビジネス系）

通い慣れた学び舎への
かつてのアプローチ

（＊の写真は、南砂小学校の提供による）

空から見た立川ろう学校の歴史

●昭和22年（赤点線の場所が現在の立川ろう学校の位置です）

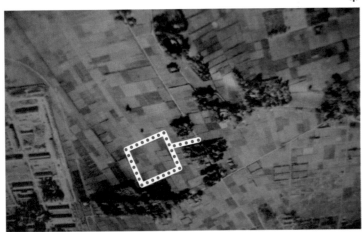

＊

当時は、まだ立川ろう学校はありませんでした。

4年後の昭和26年に開校したのも別の場所（羽衣町）でしたので、その後現在地に移転するまで畑が広がる場所でした。

近くの弁天通りや弁天八幡宮、防衛庁の施設など、今と同じようにありました。

●昭和30年ころの地図

右の図中のBの場所は、創立から13年間、立川ろう学校があった場所で、「羽衣町校舎」と呼ばれていました。

Aの場所が、後に立川ろう学校が移転する場所（現在地）で、移転後一時「砂川町校舎」と呼ばれていました。

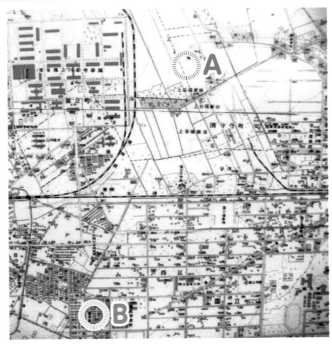

2つの場所は中央線をはさんで、直線で約1.5km離れています。

左の写真は、昭和30年に撮影された羽衣町校舎です。

木造2階建て校舎二棟と、体育館がありました。西に100mほど離れたところには、寄宿舎もありました。

立川ろう学校移転後、羽衣町校舎の土地には立川養護学校が建ちました。立川養護学校移転後、一時東京女子体育大学の敷地として利用された時期もありました。

現在も都有地として管理され、新たな使い道を待っています。

●昭和49年

昭和３９年から４２年にかけて、学部ごとに現在地への移転が行われました。この頃には、少しずつ周囲の道路も整備され、住宅も増えてきています。

校舎の配置は現在と違い、グラウンドの北側に校舎、グラウンドをはさんで南側に寄宿舎とプールがありました。

●平成3年

この年、立川ろう学校は創立40周年を迎えました。校舎配置は以前のままですが、実習棟、寄宿舎、プールが改築されています。周囲の住宅も増え、校舎北側にはマンションも建ちました。

●平成11年

平成９年、新校舎の落成式が行われ、その後、第１・第２グランドも整備されて、現在の形が完成しました。

思い出のスナップ

●羽衣町校舎時代

　第2期生の音楽（左上写真）、ピアノを弾いているのは、校歌の作曲者、佐藤先生です。運動会は昭和29年、学芸会は、昭和31年の様子です。

●栄町時代

当時は、幼稚部から高等部全員で運動会を行いました。一致協力して、運動会を盛りあげたのです。

昭和45年頃の寄宿舎

　この写真には、立川ろう学校に長く勤められた先生が、2人写っています（み〇〇み先生、た〇〇わ先生）。分かりましたか？

右後ろに写っている建物が寄宿舎です。奥の建物の場所は、後にプールになりました。手前のグランドだった場所には校舎が建ちました。

旧校舎と体育館が写っています。現在のグラントの場所に、校舎がありました。

プールがあった場所

平成9年、現在の
校舎になりました。

昭和56年　創立30周年

●現在の校舎になって

昭和50年頃の寄宿舎

寄宿舎は平成22
年に惜しまれつ
つ、閉舎になり
ました。

平成13年　寄宿舎まつり

平成13年　創立50周年記念式典

平成23年　創立60周年

温故知新

これまでの伝統を未来に生かすために

学校創成期　羽衣町時代　昭和26年から39年まで

●年齢の違う同級生　〜開校当時の幼児・児童〜

　昭和23年の聾学校の義務化から3年後の昭和26年11月、立川ろう学校は、幼稚部1年生（4歳児）と小学部1年生の、2学年でスタートしました。開校準備をしていた教師が、役場で得た未就学や就学猶予の聴覚障害児の情報を基に家庭訪問をして、幼児・児童の入学を呼びかけました。しかし、聾学校があるという情報が十分に伝わっておらず、すでに畑作業で家庭を支えている子供もいました。兄弟姉妹がいる場合、上の子供は畑作業をし、末子のみが就学するという例もありました。また、当時は就学が義務化したばかりということもあり、入学した幼児・児童の年齢は同じではありませんでした。（昭和35年の学校要覧には小学部6年生に20歳の在籍記録があります。）当時は飛び級があり、小学部の1年生で入学しても、翌年には3年生、また次の年には5年生と学年が上がっていく児童もいました。その児童の一人が、のちに本校で家庭科を担当された川崎泰子先生でした。

●多摩川で水遊び

　校舎は木造2階建てでした。リズム室兼講堂（体育館）はありましたが、プールはなく、近くの小学校のプールを借りたり、多摩川に水遊びに行ったりしていました。昭和29年に開設した寄宿舎は、校舎から少し離れた場所にありました。

●本校鼓笛隊　新聞に載る　〜口話教育・律唱・鼓笛隊〜

　当時は口話法中心の教育が行われており、幼児・児童は手まね（現在の手話）をすると、先生だけでなく保護者にも手話を使わないようにと注意されました。教師は、正しい口形を意識して話し、女性教師は口形をはっきりと見せるため、赤い口紅をつけていました。

　聴覚に障害があるということで、ろう学校には音楽という教科はなく、昭和16年の学制改革の時に、律唱という学科が設定されました。（律唱が音楽になったのは、昭和40年代後半のことでした。）律唱には特別な教科書もなく、打楽器を使用したリズム訓練を行っていました。しかし、校歌の作曲者である佐藤昌一先生は、「旋律と音階を取り入れることでリズム教育を立体化できる。ろう児に聞こえる子供と同じことができるのだという自信を植え付けたい。」（『朝日新聞』昭和37年10月11日都下版）と考え、国立音楽大学を卒業したばかりの音楽科の千藤芳子先生とスペリオ・パイプ（縦笛）の指導を始めました。そして、昭和37年に佐藤先生が鼓隊を、千藤先生がスペリオ・パイプの指導を担当し、小学部・中学部の児童・生徒で鼓笛隊を編成しました。スペリオ・パイプを買い集め、活動内容を教育委員会に宣伝しました。10月に昭島競技場で行われた「第1回東京都中学校総合体育大会」の開会式のエキシビジョンでは、都内の11の小中学生700人の混成鼓笛隊に参加しました。この時の様子は、前述の新聞に「ろう学校に全国初の鼓笛隊」として取り上げられました。他の学校の方々と交流できたことは生徒にとっても、教師にとっても一番の思い出となりました。

●青春の思い出　～寄宿舎があったから～

　新卒の男性教員は、必ず「舎監」をしなくてはいけないと先輩教員から言われ、新規採用の教師は二つ返事で舎監を経験することになりました。羽衣町にあった木造の寄宿舎は、思い出の多い建物でした。現在の校舎のある栄町に鉄筋2階建ての寄宿舎が竣工する昭和45年まで、舎生の登校は、徒歩では時間がかかるので、スクールバスを利用していました。平日の宿直日は、部活動や会議などを終えると、舎生の待つ寄宿舎に徒歩で向かいました。裏門を出て左手の一本道をまっすぐに進み、中央線の踏切を渡り、どこまでも行くと到着する不思議な道でした。週末も開舎しており、月に2回程度、宿直をしていました。日曜日は、午後1時頃に寄宿舎に向かい、舎泊をしていた高校生に学習指導をしたり、進路や将来のことなど、いろいろと話したりしたものです。新規採用1年目で、意外とへこたれず、前向きに仕事をこなすことができたのは寄宿舎のおかげです。今から思うと大変懐かしい思い出で、青春の1ページになりました。

立川校の基礎を築いた4年間　昭和39年2月から昭和42年3月まで

●中学部、高等部が設置され総合学園に

　児童の学年進行に合わせて、昭和32年には中学部、昭和35年には高等部、昭和41年には専攻科が設置され、都内唯一の総合学園となりました。この間の昭和39年に、まず中学部と高等部が羽衣町校舎から現在の本校所在地にできた砂川分校に移転しました。（砂川町の住居表示は昭和45年12月に栄町へと変更になりました。）

　その後、昭和42年には砂川分校に全学部の移転が完了し、3月31日をもって「分校」という名称は廃止になりました。しかし、寄宿舎だけは、羽衣町に残っており、舎生はそこから通いました。

　全学部が移転してからも、敷地内では工事が続いていました。都内一の広さを持つ校庭は、整備されていない状態で、移転後も数年間は9月の始業式終了後には、「勤労奉仕」と銘打って、全教職員で校庭の草取りや石拾いを続けました。

総合学園として充実期を迎える　昭和42年から平成8年3月まで

●多摩のせせらぎことば澄み　～昭和43年 校歌制定～　※校歌は184頁に掲載

　校歌の詞は、教師、生徒から広く募集しました。その中から高等部3年生の生徒の詞と、冨永政雄先生の詞の、どちらにするのか職員会議で話し合いが行われ、冨永先生の詞が選ばれました。職員会議で千藤先生が校歌を歌い、作曲者の佐藤先生は意見を聞きながら仕上げました。

●上野文化会館で演奏披露　～盲聾義務制施行20周年記念学芸会～

　この会に本校からは、小学部6年生が参加しました。楽器をトラックで運んでもらい、演奏に参加しない児童・生徒らも会場に足を運びました。この時には、前述のスペリオ・パイプではなく、鍵盤ハーモニカを取り入れました。最後に男子児童が「ねこふんじゃった」をピアノで演奏しました。

●不便でも充実していた学校生活　～学校完成まで～

　プール、寄宿舎が完成したのは昭和45年で、そして、体育館が完成したのは翌46年のことでした。これらの施設の完成まで、高等部の生徒は1学期の期末試験が終わると、2日間、立川市営のプールまで行き、水泳指導を受けました。中学部と高等部の、バレーボール部の練習は北棟と南棟の間にある中庭で行い、卓球部の練習は校舎をつなぐ渡り廊下で行っていました。未完成の設備で、不便なこともあった時代でした。当時小学6年生だった竜澤美知子先生の思い出は、高等部の生徒がバレーボールをして遊んでくれたことです。

　学校が完成し、総合学園の全校行事として全校運動会が行われるようになりました。前述の鼓笛

隊の演奏は、全校運動会内でも行われました。

●創立 20 周年記念式典

　昭和 46 年の創立 20 周年式典の開催を前に、高等部の生徒会から、「口話だけでは分からないので、式典では手話を付けてほしい」という要望が出されました。口話教育を行っていた学校として、どのように対応するか職員会議で話し合いました。教師間でも、学部によってさまざまな意見が出され、折衷案として、お客様と中学部、高等部の生徒の席の前で手話通訳を付け、幼稚部、小学部の生徒には手話は見えない形をとることとなりました。

　折しもこの頃に、手話ブームが起きており、この年に東京都で初めての学校公開を行った際にも、手話やろう教育に興味を持ったお客様が 700 人くらいいらっしゃいました。

●学校はふるさと　〜活気あふれる立川祭〜（昭和 40 年代〜 50 年代）

　高等部の生徒達は、喫茶店を開き、コーヒーを出しました。他にもホットドッグやラーメンの店もありました。買い求めるお客様で長蛇の列となり、ラーメンは 30 分待つのが当たり前の状況でした。立川祭では、生徒達が校門に設けられるゲートの製作に力を注いでいました。看板係は先輩達から引き継がれ、ゲートのデコレーションを施しました。

　多くの卒業生が来校し、現在の生活を楽しく語ってくれる姿を目にすると、まさに学校は「ふるさと」であるとの思いを強くしたと水上篤先生は語ります。

●思い出の学校行事　〜高等部の修学旅行、宿泊訓練、スキー教室〜

　昭和 40 年代後半の修学旅行は、昭和 47 年に岡山まで延びた新幹線を利用し、小豆島、四国を巡り広島まで行っていました。現在と異なるのは、高等部の 2 年生と 3 年生が一緒に行っていたことです。本州から四国へは船で渡るため、停泊した船での一泊もありました。

　東京都の施設である、土肥（海の家）と聖山（山の家）での宿泊訓練がありました。4 泊 5 日の費用は東京都が全額負担していました。生徒と教師のよき交流の場であり、「生活自立をめざす」というねらいの成果が出た行事でした。聖山は、宿泊訓練だけでなく、運動部の合同合宿も行いました。高原での練習は、東京の暑さを避けるだけではなく、技術向上・体力向上や部員の絆を深めることにもつながりました。

◆誰か、助けて！！　〜スキー教室でひやり〜

　聖山でのスキー教室では、乗っていたリフトが止まるというアクシデントがあり、女子生徒 2 人とリフトに取り残されてしまいました。ちょうど昼食の時間と重なり、ほとんどの先生や生徒は山小屋に入って食事中で気付いてもらえませんでした。救助を待つ間、リフト上で女子生徒に板を外すように言うと、勘のいい生徒達だったので、すぐに板を外してくれました。かなり高い位置で止まっていたのですが、そこからロープで降りました。今思い出してもひやりとする経験でした。

●職業教育・進路

　昭和 37 年に高等部本科 (現在の普通科) に職業科が設置され、昭和 41 年には専攻科に被服科が設置されました。生徒は女子のみでした。昭和 49 年には、金工や木工の区別なく広く学べる科として、専攻科に室内工芸科が置かれ、男子生徒も専攻科へ進学できるようになりました。

　室内工芸科の生徒達は職業能力開発協会の日本技術検定 (国家資格) の 1 級、2 級を取得し、全国の障害者技能競技会では、室内工芸科・被服科共に金賞を受賞、デザインでの受賞者もいました。

　被服科の生徒は卒業すると、住み込みで中井や目白の和裁所で仕事をしながら、5 年間技術を磨

き、国家資格を取得していました。和裁所で製作された製品は、デパートなどに納品されていました。専攻科の被服科を修了した竜澤美知子先生は、自宅から和裁所へ通勤していましたが、4年目に本校の実習助手となり、以後令和2年の3月まで勤務しました。

　室内工芸科の生徒達は木工所などに就職していましたが、昭和50年代後半には、好景気に恵まれ、職種は電気機器、自動車、情報、デザイン、事務へと広がっていきました。この変化に合わせ、室内工芸科は産業工芸科へと名称を変更しました。

　また、進路指導を担当する先生方は多摩地区に住む生徒の通勤を考え、地域での進路開拓に力を注ぎました。それまで採用実績のなかった会社にも電話をかけ、足を運び、新たな進路を開拓し続けました。平成の前半までは、多摩地区に機械の試作品を作る工場が多くあり、その組み立ての仕事が、本校高等部の職業課程で積み上げてきた学びを生かせる場でした。洋裁・和裁を学んだ生徒の就職先としての服飾工場も多摩地区にはありました。昭和の終わりから平成にかけては、職業教育を充実するための予算が付けられ、様々な機械やコンピュータが設置され、平成6年に産業工芸科は情報産業科へと名称を変更しました。

栄町新校舎へ　平成8年4月から現在

●新校舎の建築

　平成6年に新校舎の工事が始まりました。計画当初は、広い校庭にプレハブ校舎を建て、旧校舎を取り壊した場所に新校舎を建てる案が出ましたが、「障害児学校であることを考えると危険ではないか」という配慮から、旧校舎を使用しながら、校庭に新校舎を新築することになりました。広々とした校庭を知る者にとっては、寂しさの残る計画でした。

●新校舎への引っ越し

　校舎がほぼでき上がった頃から、旧校舎では、物品の梱包作業が始まりました。この作業では、高等部の生徒達が活躍しました。平成8年の春休みに、業者による引っ越しが行われた後の荷解きや物品の移動も、生徒達が積極的に取り組んでくれました。

●愛育会の活躍　～新しい形の立川祭～

　新校舎には、保護者控室が設置され、愛育会（PTA）の活動が盛んになりました。立川祭では、中庭に高等部生徒・作業所の模擬店と共に、愛育会の模擬店が並びました。研修会議室でのバザーも行われ、立川祭を盛り上げました。

〇校章

校章
昭和27年度学校要覧から

　平和の天使、愛の女神の象徴である白鳩を図案化して、愛される学校を表象せんとしたもので、その真っ白な翼は無我と純潔を、更に本校所在地である羽衣の町を表示しその中央に立川の立を浮彫したものであります。即ち教師、児童、保護者が三位一体となって大いなる愛に結ばれ、無我の境地に立って教育の道に専念し平和な学習の場を醸成することによって、明朗な学校を打ち樹て、社会から愛される学校の実現を念じこれを象徴したものであります。

〇校歌

東京都立立川ろう学校校歌

冨永政雄作詞
佐藤昌一作曲

校　歌

冨永政雄　作詞
佐藤昌一　作曲

一、
多摩のせせらぎ　ことば澄み
語いを求めて　知を磨く
真理花咲く　若い胸
しあわせは湧く　立川校
しあわせは湧く　立川校

二、
秋空高く　富士清く
平和のしるし　わが校章
国と社会の　一翼は
われらもになう　立川校
われらもになう　立川校

三、
澄んだひとみの　若人が
日ごろきたえた　腕奮い
あすの仕事に　立ち向かう
自主にかがやく　立川校
自主にかがやく　立川校

昭和四十三年三月十九日制定

184

第4章

資料編

小学部　学びの基礎力アンケート

< 　　年　　月　　日記入>

（　　）年（　　）組　名前（　　　　　　　　　　　　　　　　　　　）

・いつもの自分の様子をふり返って、あてはまるところに○を書きましょう。　※1〜3年生は、家の人といっしょに書きましょう。
・書いたら、家の人にかくにんしてもらいましょう。

<保護者の方へ>
　お子さんが自分の生活を振り返ったありのままの回答となるように、御確認をお願いします。もし、普段の様子と違っている場合は、お子さんと話し合って訂正してくださるようお願いします。お子さんの学びの基礎力がより望ましいものになっていくよう、学校でも働きかけていきたいと思いますので、よろしくお願いします。確認後、下記にサインの上、　月　日までに提出をお願いします。

家の人のサイン（　　　　）

【基本的な生活習慣・豊かな基礎体験】

1	朝は毎日（平日も休日も）同じ時こく（7時ごろまで）に起きていますか。	ほぼ毎日している	時々している	あまりしていない	していない
2	朝は自分で起きる工夫をしていますか。	ほぼ毎日している	時々している	あまりしていない	していない（起こしてもらう）
3	夜は9時まで（1〜3年生）10時まで（4〜6年生）にねていますか。	ほぼ毎日している	時々している	あまりしていない	していない
4	朝食を食べていますか。	ほぼ毎日食べている	時々食べている	あまり食べていない	食べていない
5	ちこくしないで登校していますか。	ほぼ毎日している	時々している	あまりしていない	していない
6	家で読書をしていますか。	ほぼ毎日している	時々している	あまりしていない	していない
7	お手伝いをしていますか。	ほぼ毎日している	時々している	あまりしていない	していない
8	新聞やテレビのニュースなどを見て、家の人と話していますか。	ほぼ毎日している	時々している	あまりしていない	していない
9	早く帰った日や休みの日などに、外遊びをしていますか。	している	時々している	あまりしていない	していない
10	ゲームをする時間、テレビやビデオを見る時間を決めていますか。	決めている→	ゲーム（　　）分間　テレビやビデオ（　　）分間		決めていない
11	<携帯電話、スマートフォン、パソコンを使っている人>インターネットやメールなどをする時間を決めていますか。	決めている→	インターネット（　　）分間　メールなど（　　）分間		決めていない
12	平日の家での学習時間はどのくらいですか。	1時間30分以上	1時間から1時間30分	30分から1時間	30分未満
13	休日の家での学習時間はどのくらいですか。	1時間30分以上	1時間から1時間30分	30分から1時間	30分未満

【学びに向かう力】

14	勉強をして、新しいことを知ったり、やりかたを覚えたりすることは、楽しいですか。	そう思う	少しそう思う	あまり思わない	思わない
15	もっと勉強が分かるようになりたい、かしこくなりたい、と思いますか。	そう思う	少しそう思う	あまり思わない	思わない
16	将来の夢や目標をもっていますか。	もっている	少しある	あまりない	何もない

【学びを律する力】

17	家で、勉強道具をおく場所は、決まっていますか。	決まっていて そこに おいている	決まっていて 時々そこに おいている	決まっているが あまりそこに おいていない	決まって いない
18	前の日に、次の日の持ち物のじゅんびを自分でしていますか。	ほぼ 毎日している	時々している	あまり していない	していない
19	勉強に必要な物（教科書、ノート、筆箱、下敷きなど）を 毎日忘れずに持ってきていますか。	ほぼ 毎日している	時々している	あまり していない	していない
20	授業が始まる前に、机の上に教科書やノートなどを準備し ていますか。	ほぼ いつもしている	時々している	あまり していない	していない
21	チャイムが鳴ったら、すぐに自分の席についていますか。	ほぼ いつもしている	時々している	あまり していない	していない
22	授業中、良い姿勢で座っていますか。	ほぼ いつもしている	時々している	あまり していない	していない
23	授業中、話す人（先生や友達）をきちんと見ていますか。	ほぼ いつもしている	時々している	あまり していない	していない
24	自分が話すとき、相手に伝わるように（手話と声を使って） きちんと話していますか。	ほぼ いつもしている	時々している	あまり していない	していない
25	相手や場面に合わせて、「〜です。」「〜ます。」など、ていね いな言葉を使ったり、単語だけでなく文で話したりしていま すか。	ほぼ いつもしている	時々している	あまり していない	していない
26	ノートに書くときの約束（下じきを使う、日付を書くなど） を守っていますか。	ほぼ いつもしている	時々している	あまり していない	していない

【自ら学ぶ力】

27	宿題を全部やっていますか。	ほぼ 毎日している	時々している	あまり していない	していない
28	家の人に言われなくても、自分から宿題をやっていますか。	ほぼ 毎日している	時々している	あまり していない	していない
29	字を丁寧に書いていますか。	ほぼ いつもしている	時々している	あまり していない	していない
30	テストに向けて自分で勉強をした結果、合格してうれしか ったことはありますか。	何度もある	少しある	あまりない	1回もない
31	テストで分からなかったところやまちがえたところを、家 でもう一度勉強していますか。	ほぼ いつもしている	時々している	あまり していない	していない
32	新しい言葉を学習したときや正しい言い方を教えてもらっ たとき、それを覚えて使おうとしていますか。	ほぼ いつもしている	時々している	あまり していない	していない
33	勉強していて分からないとき、どうしていますか。	教科書や ノートで調べる	家の人に聞く	先生に聞く	そのままにする
34	家で宿題以外の勉強（ドリルや予習、復習など）をしてい ますか。	ほぼ 毎日している	時々している	あまり していない	していない
35	勉強をして興味をもったことについて、本やインターネッ トで調べたことがありますか。	何度もある	少しある	あまりない	1回もない

学びの基礎力アンケート（　　月）

普通科・専攻科〔　　　　　〕年〔　　　　　　〕組　氏名〔　　　　　　　　　　〕

　皆さんは、近い将来社会参加・自立します。これからの社会の中で生きていくためには、「自ら学ぶこと」が大切です。そして、自ら学ぶためには「基礎力」が必要です。高等部生としてどれくらい「学びの基礎力」が身に付いているでしょうか。下のA～Dを見て、それぞれの質問について当てはまるものに○を付けましょう。

> **A：よく当てはまる　B：当てはまる　C：あまり当てはまらない　D：全く当てはまらない**

●基本的な生活習慣・豊かな基礎体験●

1	平日は、ほぼ毎日同じ時間に起床している。	A	B	C	D
2	毎朝、朝食をきちんと取っている。	A	B	C	D
3	睡眠不足にならないように、起きる時間から逆算して就寝時刻を決めている。	A	B	C	D
4	登校前に身支度をし、身だしなみを整えて登校している。	A	B	C	D
5	掃除、洗濯、皿洗いなど自分の役割が決まっていて、忘れずに行っている。	A	B	C	D
6	必要な時以外はインターネットをしたり、スマートフォンを操作したりしていない。	A	B	C	D
7	自分の思っていることや考えていること等、身近な大人や友達と話し合っている。	A	B	C	D
8	ニュースを見たり、新聞を読んだりして、社会の出来事に興味をもっている。	A	B	C	D
9	社会の出来事について、身近な大人や友達と話し合っている。	A	B	C	D
10	地域の図書館などに行き、読みたい本を探したり、借りたりしている。	A	B	C	D
11	町の中や書店の中で、どのような本が話題になっているのか興味をもって見ている。	A	B	C	D
12	自分の持ち物については自分で整理、分類、収納している。	A	B	C	D
13	情報を鵜呑みにせず、本当かどうか確かめたり、考えたりしている。	A	B	C	D

●学びに向かう力●

14	勉強、部活動、趣味など自分で決めたことに取り組み、やり遂げたことがある。	A	B	C	D
15	知る、覚える、できるようになることを楽しいと感じている。	A	B	C	D
16	自分で決めたことができなかった時、焦ったり、後悔したりする。	A	B	C	D
17	高等部卒業後の具体的な目標をもっている。	A	B	C	D

●学びを律する力●

18	プリントなどは教科ごとにファイルに綴じたり、クリアファイルに入れたりしている。	A	B	C	D
19	授業開始時には着席し、教科書やノートを開いている。	A	B	C	D
20	授業中に発言する時は、「～です」「～ます」などの丁寧語を使っている。	A	B	C	D
21	授業中、家庭で学習する時、背筋を伸ばし良い姿勢を保っている。	A	B	C	D
22	家庭学習や自習をする時、1時間以上、同じ科目を勉強し続けている。	A	B	C	D
23	授業中、自分勝手な行動や私語は慎んでいる。	A	B	C	D
24	勉強して分からないことはそのままにせず、質問したり、調べたりしている。	A	B	C	D
25	宿題や予習、復習以外にも自分で目標を設定し、計画的に学習を進めている。	A	B	C	D

●学びを律する力●

26	朝学習を含め、授業以外でも自ら進んで学習している。また、宿題は忘れずにやっている。 ◆学習時間について　平日（　　　　　　）時間　　休日（　　　　　　）時間	A	B	C	D
27	期末考査や検定試験に向けて、いつから、何を、どのように学習するか計画を立てている。	A	B	C	D
28	毎時の授業や、単元が終わった時、分かったことや学んだことを説明できる。	A	B	C	D
29	本やインターネットから自分が知りたいことについての情報を取り出すことができる。	A	B	C	D
30	日本語を正しく読み、適切に表現しようと努力している。	A	B	C	D
31	日頃から文字を丁寧に書いている。	A	B	C	D
32	テストで間違ったところは、なぜ間違ったのか考えたり、やり直したりしている。	A	B	C	D

チェックはここまでで終わりです。A～Dまでの数を数えて記入しましょう。

A		B		C		D	

＊チェックをして気が付いたこと、感想＊

小学部　学びの基礎力アンケート（すぎな学級用）　　　　＜　　年　月　日記入＞

（　　）年（　　）組　児童名（　　　　　　　　　　　）

＜保護者の方へ＞　お子さんの普段の様子について、御記入下さい。(学校での様子の項目⑮～⑰は除く。)

　　　　月　　日までに提出をお願いします。（押印は不要です。）

【基本的な生活習慣・豊かな基礎体験】

1	朝は毎日（平日も休日も）同じ時こく（7時ごろまで）に起きていますか。	ほぼ毎日している	時々している	していない	していない
2	夜は9時まで（1～3年生）10時まで（4～6年生）にねていますか。	ほぼ毎日している	時々している	していない	していない
3	朝食を食べていますか。	ほぼ毎日食べている	時々食べている	あまり食べていない	食べていない
4	すききらいをせずに、しっかりと食事をしていますか。	している	ややしている	あまりしていない	していない
5	身支度や着替えを、自分からすすんでしていますか。	ほぼいつもしている	時々している	あまりしていない	していない
6	周りの人に言われなくても、自分からトイレに行くことができますか。	ほぼできる	時々できる	あまりできない	できない
7	ちこくしないで登校していますか。	ほぼ毎日している	時々している	あまりしていない	していない
8	家で本を読むことはありますか。	ほぼ毎日している	時々している	あまりしていない	していない
9	お手伝いをしていますか。	ほぼ毎日している	時々している	あまりしていない	していない
10	早く帰った日や休みの日などに、外遊びをしていますか。	している	時々している	あまりしていない	していない
11	ゲームをする時間、テレビやビデオを見る時間を決めていますか。	決めている→	ゲーム（　　　）分間　テレビやビデオ（　　　）分間		決めていない

【学びに向かう力】

12	勉強は、楽しいですか。	そう思う	少しそう思う	あまり思わない	思わない

【学びを律する力】

13	家で、勉強道具をおく場所は、決まっていますか。	決まっていてそこにおいている	決まっていて時々そこにおいている	決まっているがあまりそこにおいている	決まっていない
14	前の日に、次の日の持ち物のじゅんびを自分で（家の人と一緒に）していますか。	ほぼ毎日している	時々している	あまりしていない	していない
15	チャイムが鳴ったら、あそびをやめられますか。	ほぼしている	時々している	あまりしていない	していない
16	授業中、良い姿勢で座っていますか。	ほぼいつもしている	時々している	あまりしていない	していない
17	授業中、話す人（先生や友達）をきちんと見ていますか。	ほぼいつもしている	時々している	あまりしていない	していない

【自ら学ぶ力】

18	宿題をやっていますか。	ほぼ毎日している	時々している	あまりしていない	していない
19	家の人に言われなくても、自分から宿題をやっていますか。	ほぼ毎日している	時々している	あまりしていない	していない

立ろう学習ルール　自己評価表（小学部）

〔　　　〕年〔　　　〕組　氏名〔　　　　　　　　　　　〕

| 記入日 | 年 | 月 | 日（　　　） |

＊立ろう学習ルール＊

1　しっかり準備
2　正しい姿勢
3　よく見る、よく聞く
4　ていねいな言葉

めざせ！
パーフェクト！

◆次の (1) 〜 (8) の項目について振り返り、評価欄にあてはまる記号を書きましょう。

| よくできた　〇　　　できたこともあったができないこともあった　△　　　できなかった　× |

		評価項目	評価
1	(1)	忘れずに宿題や予習をしてきた。	
1	(2)	授業の準備をきちんとした。(教科書、ノート、筆箱、下じきなど)	
2	(3)	授業中、集中してがんばった。(おしゃべりなどをしなかった。)	
2	(4)	正しい姿勢で学習した。	
3	(5)	先生や友達の話をよく見たり聞いたりして、考えた。	
4	(6)	授業中、発表するときは「です」「ます」を付けた。	
4	(7)	友達を呼ぶときは「さん」、「くん」を付けた。	
4	(8)	単語ではなく、文で相手に伝わるように話した。	

◆（　　　）月の反省と今月の目標

立ろう学習ルール　自己評価表（中学部・高等部）

普通科・専攻科　〔　　　　　〕年〔　　　　　〕組　氏名〔　　　　　　　　　　〕

記入日	年	月	日（　　　）

＊立ろう学習ルール＊

1　しっかり準備

2　正しい姿勢

3　よく見る、よく聞く

4　ていねいな言葉

◆次の (1) ～ (8) の項目について振り返り、評価欄にあてはまる記号を書きましょう。

よくできた　○	できたこともあったができないこともあった　△	できなかった　×

		評価項目	評　価
1	(1)	忘れずに宿題や予習をしてきた。	
1	(2)	必要なものを準備して授業に臨んだ。	
2	(3)	授業前に気持ちを落ち着かせ、授業中は集中した。	
2	(4)	姿勢を正して学習した。	
3	(5)	話の内容を理解しようとして見たり聞いたりした。	
4	(6)	授業中発言する際は文末に「です」「ます」を付けた。	
4	(7)	友達を呼ぶ際は「さん」、「くん」を付けた。	
4	(8)	単語ではなく、文で相手に伝わるように話した。	

◆　　月の振り返りとこれからの目標

◆担任より◆

立ろう学習ルール　自己評価表（教師用）

記入日	年	月	日

〔　　　　〕部　氏名〔　　　　　　　　　　〕

＊立ろう学習ルール＊

1　しっかり準備

2　正しい姿勢

3　よく見る、よく聞く

4　丁寧な言葉

◆次の (1) ～ (8) の項目について、先生御自身についてあてはまる記号をお書きください。

取り組めた　〇　　　あまり取り組めなかった　△　　　まったく取り組めなかった　×

		評価項目	評　価
1	(1)	宿題や予習を含む家庭学習について、児童・生徒にあった分かりやすいやり方を提示した。	
1	(2)	次の授業で何を準備すればよいのか、分かるように伝えた。	
2	(3)	始業のチャイムと同時に授業を始められるよう準備した。	
2	(4)	児童・生徒から見やすい位置に立ち、視線を集めてから話した。	
3	(5)	児童・生徒の理解を確かめながら、次の説明や発問に生かそうとした。	
4	(6)	授業中、児童・生徒の実態に合った丁寧な言葉を使った。	
4	(7)	授業中、児童・生徒を指名する際は、「さん」、「くん」を付け、児童・生徒にも「さん」、「くん」を使うよう指導した。	
4	(8)	児童・生徒が単語で答えた時には、発言内容を確認し、必要に応じて正しく、かつ丁寧な言葉で答えさせた。	

◆自由記述欄

◆来月、力を入れたいこと

コミュニケーションの発達段階表（試案）　学部・児童生徒番号

※十分に可能なところに〇、ある程度できるが不十分なところは△で記入

A　伝える力　（伝達意欲・伝達しようとする場面・伝達手段・伝える相手との関係の中での違い等）

伝えられる（伝えようとする）内容	意図や伝えたいことを伝えられる相手
①ほとんど何も伝えようとしない。 ②自分がほしい、したいという要求を中心とした内容 ③自分が直接、経験したことを伝えようとする。 ④自分が見たり聞いたりした内容、一般的な話題に興味をもち相手に伝えようとする。 ⑤既知のことについて更に知りたいと自ら相手に質問したり尋ねたりする。	①生活を共にする人でもなかなか伝えたいことの意図を推測することが難しい。 ②生活を共にする特定の人が伝達内容を推測して伝えたいことを理解できる。 ③一緒にその場にいなくても身近な相手が理解できるように伝えられる。 ④身近な相手でなくても、その人が理解してくれるように伝えられる。
伝達に用いることができる手段	**伝えられる場の要件**
①表情や体の動き、発声など ②指さしやジェスチャーに近い手話 ③単語としての手話（主に一つ）や指文字 ④文としての手話（いくつかの手話や指文字を組み合わせた意味内容の伝達） ⑤相手に合わせて手話、指文字、文字、音声等を使用して伝えられる。	①状況依存的に相手が想像しなければ伝達意図が分からない。 ②伝えたい内容に関する具体的な物が目の前にあれば伝えられる。 ③絵カードなどを補助的に用いると伝えられる。 ④身近な話題であれば、特に補助的なものがなくても伝えられる。 ⑤状況や場の違いに応じて、相手に分かるように伝えようとする。

実態に関わる具体的なエピソードなど

人に伝えようとするときの態度・様子

うまく伝えられない場面での対処の仕方など

B 受け取る力

理解内容 (絵カード・具体物などを使って)	理解内容 (手話・指文字などを使って)
①理解困難	①理解困難
②目の前にあり、自分が興味をもっているものについては理解しようとする。	②目の前にあり、自分が興味をもっているものについては理解しようとする。
③日頃経験している事柄ならば、目の前に手がかりがなくても話題から類推しようとする。	③日頃経験している事柄ならば、目の前に手がかりがなくても話題から類推しようとする。
④既知の事柄から想像をめぐらせて類推しようとする。	④既知の事柄から想像をめぐらせて類推しようとする。
理解内容 (音声・文字などを使って)	**理解が無理なく可能な手段**
①理解困難	①表情や体の動き、発声など
②目の前にあり、自分が興味をもっているものについては理解しようとする。	②指さしやジェスチャーに近い手話
③日頃経験している事柄ならば、目の前に手がかりがなくても話題から類推しようとする。	③単語としての手話（主に一つ）や指文字
④既知の事柄から想像をめぐらせて類推しようとする。	④文としての手話（いくつかの手話や指文字を組み合わせてもやりとりできる）
	⑤文章で書かれたものの内容をある程度理解できる。
理解力 （時間感覚）	**理解力 （質問された内容に対する応答力）**
①目の前にあるものを中心に理解している。	・理解できる適切な手段（手話やその他視覚的な手がかり）を用いた場合に
②視覚的な補助をもとに、時間に沿った流れや見通しを多少もつことができる。	
③始まりと終わりや一日の流れなどある程度の見通しをもつことができる。	① 対話内容への理解がまだ十分ではない。
④明日や今週など少し先の見通しをもって生活できる。	② 「いつ」についてはやりとり可能
⑤月のカレンダーが理解でき、先の見通しで楽しみなことを心待ちにできる。	③ 「だれ、どこ」等のやりとり可能
	④ 「何を、どうした」等のやりとり可能
	⑤ 「なぜ、どうやって」等のやりとり可能

実態に関わる具体的なエピソードなど

人の話を聞くときの態度や様子

理解が困難な場面での対処等

（認識力や理解力、話し手に対する姿勢や態度、理解可能な手段等）

C　関係をもつ力

（コミュニケーションを行う上での基礎的な力、相手との関係のもち方、自己・他者意識等）

模倣しようとする力	挨拶する
①模倣することがほとんどない。（できないも含めて）	①挨拶ができない。
②促されると、簡単な動き（大きな動き）を模倣する。	②促されると挨拶に応じる場合もある。
③促されなくても、積極的に模倣（大きな動き）をしようとする。	③生活パターンの決まった中では挨拶することができる。
④積極的に模倣しようとするが、細かな動きの中には難しいものもある。	④出会った人と挨拶ができる。
⑤しっかりと見て、細かな動きの模倣もしようとする。	⑤場や状況に応じた挨拶（会釈含む）をすることができる。
対人関係・コミュニケーションを楽しむ力（対友人・児童生徒集団等）	**対人関係・コミュニケーションを楽しむ力（対大人・教師等）**
①慣れた人間関係でないと不安が強い。	①慣れた人間関係でないと不安が強い。
②親しみのもてる相手や慣れた関係の中ではコミュニケーションを楽しむことができる。	②親しみのもてる相手や慣れた関係の中ではコミュニケーションを楽しむことができる。
③緊張しながらも慣れない人とも関わろうとする。	③緊張しながらも慣れない人とも関わろうとする。
④新たな人間関係も楽しもうとする。積極的に人と関わろうとする。	④新たな人間関係も楽しもうとする。積極的に人と関わろうとする。
コミュニケーション場面での状況理解	**新たな場面に対する対処**
①相手の状況に全く関わりなく、一方的に関わろうとすることが多い。	①非常に不安が強い。
②一方的にかかわる場面もあるが、場の状況や相手の状況を見て、待つこともある。	②受け入れにくい。
③場の状況や相手の状況に合わせて適切に待てることが多い。	③比較的受け入れようとする。
④場の状況や相手の状況に合わせて自分の関わり方を変えようとする。	④特に問題なく受け入れる。
	⑤積極的に楽しむ。

自己意識
他者への関心
多様な事象への興味・関心のもち方

児童・生徒のコミュニケーションの発達段階表（試案）

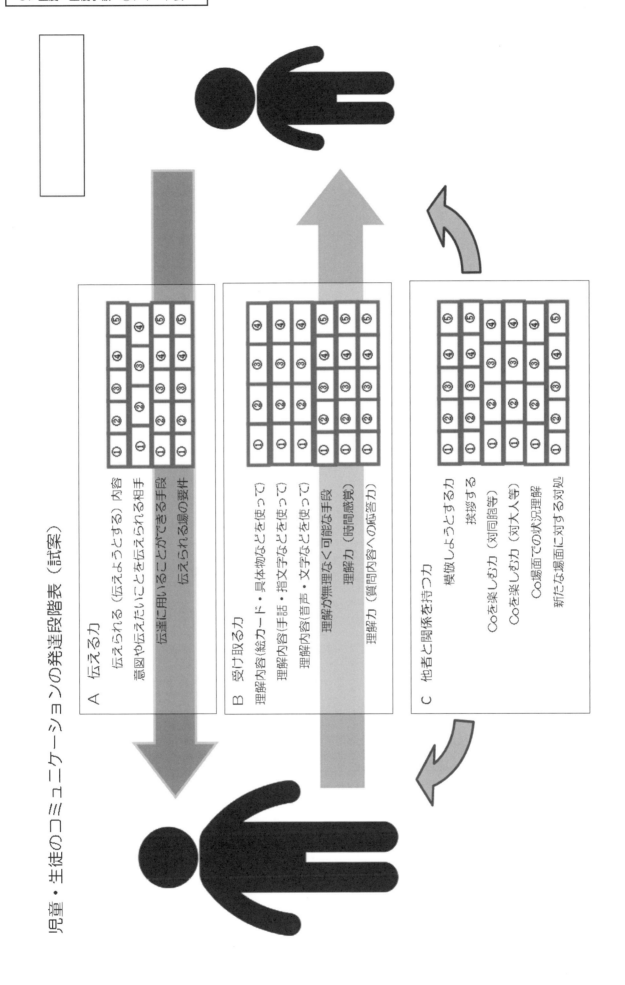

A　伝える力

　伝えられる（伝えようとする）内容

　意図や伝えたいことを伝えられる相手

　伝達に用いることができる手段

　伝えられる場の要件

B　受け取る力

　理解内容（絵カード・具体物などを使って）

　理解内容（手話・指文字などを使って）

　理解内容（音声・文字などを使って）

　理解が無理なく可能な手段

　理解力（時間感覚）

　理解力（質問内容への応答力）

C　他者と関係を持つ力

　模倣しようとする力

　挨拶する

　Coを楽しむ力（対同胞等）

　Coを楽しむ力（対大人等）

　Co場面での状況理解

　新たな場面に対する対処

小学部　　　　組　　　　月　　日（　）：日常生活の指導「朝の会」　　授業者：

活動	A（児童）			B			C			指導上の留意点
		実態	課題	実態	課題		実態	課題		

①【あいさつ】
・係りは誰が前に出て開始の挨拶をする。
・他児重は座ったまま「おはようございます」の挨拶をする。

- コミュニケーション理解　実態：(例) ・係りは誰なのか表や手話から読み取れる。
- コミュニケーション表現　実態：(例) ・係りに合わせて挨拶ができる。　課題：(例) ・一人でも「これから」と言える。
- 授業での様子　実態：(例)【係りを変えるまで】の合図で表に目をやっている。

指導上の留意点：
・全員が係りに注目していることを確認する。
・他児重は座ったまま「おはようございます」の挨拶をする前に「せえの」と促す。

②【呼名】
・一人ずつ名前を呼ぶ。
・呼ばれたら手を挙げて発声を伴って返事をする。
・「おはよう」の口形を見て真似する。
・名前カードをホワイトボードに貼る。
・担任の名前カードを全員で呼ぶ。

- コミュニケーション理解　実態：(例) ・自分の名前は指文字をつけなくても口形を見て音声だけで判断できる。
- コミュニケーション表現　実態：(例) ・挙手と発声で返事ができる。・「おはよう」の口形を意識して言える。　課題：(例) ・口形カードを見ながら「おはよう」の口形を作れる。
- 授業での様子　実態：(例)「おはよう」から「あ」の口形への変化が難しい。

指導上の留意点：
・Aには指文字をつけて呼ぶ。
・B、Cは口元に注目させて指文字なしで呼ぶ。その後、名前カードを見せ、指文字をつけてカードを見て確認する。

③【カレンダーワーク】
・日めくりをめくり日付の確認をする。
・数字の読み方の確認をする。
・「昨日」「今日」「明日」のカードを週間カレンダーの上に貼る。
・今日の予定ボードに日付と曜日のカードを貼る。
・天気の確認をする。
・日めくりを使って「昨日○○をやった」「今日○○をやる」「明日○○」の話をする。

- コミュニケーション理解　実態：(例) ・「今日」が分かる。・「昨日」「明日」については曖昧だが、一日違いであることは分かっている。　課題：(例) ・「昨日」「明日」の手話やカードの違いに気付く。
- コミュニケーション表現　実態：(例) ・「○○は終わった」など言える。・「空が青い、まだ明るい」など「昨日から雨」などと言える。　課題：(例) ・自発的に「昨日」「明日」の手話を表現するようになる。
- 授業での様子　実態：(例) ・日めくりを見て終わった、昨日と言う。

指導上の留意点：
・「昨日」「明日」のカードを間違えそうなときや間違えた時には「終わった」まだと合言葉に確認する。

④【今日の予定】
・1時間目から順番に確認をする。
・専科等の先生や場所の確認をする。

- コミュニケーション理解　実態：(例) ・授業名は手話で分かる。・朝の会では「どこ」「だれ」が分かっている。　課題：(例) ・授業名、先生や教室の名前をたくさん覚える。
- コミュニケーション表現　実態：(例) ・「どこ」「だれ」「なに」を積極的に使おうとしている。・口形を意識している。　課題：(例) ・教室の名前を表現できる。・正しい手話、指文字で表現できる。
- 授業での様子　実態：(例) ・友達の返答を待っている。

指導上の留意点：
・予定カードを隠して次は何かを確認しながら進める。
・「だれ」「どこ」のカードには文字とイラスト、色分けをして何を質問しているのかが分かりやすくする。

⑤【給食】
・献立の確認をする。平仮名名を見て考える。
（写真名を見て、平仮名名を見る）
（好きな給食によって質問の仕方は変わる）
・好きな給食について話題の一つとして取り上げる。

- コミュニケーション理解　実態：(例) ・平仮名名を見てわかる献立がある。・それは苦手だから減らしてほしいや苦手それを食べると大きくなるなどと言える。　課題：(例) ・献立名に興味をもつ。
- コミュニケーション表現　実態：(例) ・「どこ」「だれ」「なに」に使おうとしている。口形を意識している。
- 授業での様子　実態：(例) ・友達の手話を見ながら表現している。

指導上の留意点：
・文字だけ見せる、写真を見せるなど献立によって変える。
・先生も好き、先生は苦手など一緒にやり取りをしながら、「苦手」と言ってもよいことを教えていく。

専門性チェックリスト　＜　　　年　学期実施＞

提出用マークシート（※**鉛筆**で該当する部分を**塗りつぶして**ください）

氏名				

	1年目	2～3年目	4～6年目	7年目以上
聾教育経験年数	Ⓐ	Ⓑ	Ⓒ	Ⓓ

	年　学期現在	できている	やや できている	あまり できて いない	できて いない
1	幼児・児童・生徒同士が、お互いに顔も手話も見えるように、机や椅子の配置に気を付けている。	Ⓐ	Ⓑ	Ⓒ	Ⓓ
2	集団補聴器がきちんと作動するか確認し、使っている。（マイクや幼児・児童・生徒の個人補聴器の電池とスイッチ（MT等）の確認も含む。）	Ⓐ	Ⓑ	Ⓒ	Ⓓ
3	幼児・児童・生徒の注意を自分に向けてから話している。	Ⓐ	Ⓑ	Ⓒ	Ⓓ
4	幼児・児童・生徒の方を向いて話している。（黒板の方を向いて話さない。話しながら板書しない。）	Ⓐ	Ⓑ	Ⓒ	Ⓓ
5	幼児・児童・生徒の実態に合わせて話している。（分かる言葉で、長すぎない文で、年齢に応じた言葉遣いで話している。）	Ⓐ	Ⓑ	Ⓒ	Ⓓ
6	幼児・児童・生徒に十分聞こえる声で話している。（集団補聴器・マイクを適切に使い、口話と手話を併用している。）	Ⓐ	Ⓑ	Ⓒ	Ⓓ
7	口形や表情が幼児・児童・生徒に見やすい位置で、分かりやすい口形で話している。（特に外では光を背にしない。口形を誇張する必要はないが、はっきりと動かしている。場合によっては椅子に座るなど高さにも配慮している。）	Ⓐ	Ⓑ	Ⓒ	Ⓓ
8	手話を使用する際にも、正しい日本語を指導する視点をもっている。（自分の手話表現に引きずられて、日本語文法がくずれたり、表現が必要以上に簡単になってしまったりしないように気を付けている。）	Ⓐ	Ⓑ	Ⓒ	Ⓓ
9	手話の有効な点を生かしている。（指で要点の数を示す、位置・空間を活用するなど）	Ⓐ	Ⓑ	Ⓒ	Ⓓ
10	理解の確認をしながら学習を進めている。（「分かりました」…何が分かったのかの確認が必要）	Ⓐ	Ⓑ	Ⓒ	Ⓓ
11	大事な言葉や文は、指文字や文字で確認している。（音声も手話もその場で消えてしまうもの）	Ⓐ	Ⓑ	Ⓒ	Ⓓ
12	幼児・児童・生徒の発言が全員に伝わるようにしている。（必要に応じて前に出して発表させたり、教師が復唱して伝えたりしている。）	Ⓐ	Ⓑ	Ⓒ	Ⓓ
13	幼児・児童・生徒に、正しい口形、声（より明瞭な発音）を意識して話すよう促している。（将来の社会自立に必要な力であることを認識させる。）	Ⓐ	Ⓑ	Ⓒ	Ⓓ
14	教師の話だけでなく、友達の発言もきちんと見るように促し習慣づけている。（相互読話の習慣）	Ⓐ	Ⓑ	Ⓒ	Ⓓ
15	言葉足らずの発言、誤りを含む発言等は、より良い表現、正しい表現、年齢相応の表現に直して教え、言わせたり書かせたりしている。（口声模倣、誤音矯正、言葉の拡充）	Ⓐ	Ⓑ	Ⓒ	Ⓓ
16	ノートやプリントに書くとき、読むとき、話を聞くとき（注目するとき）など活動を区別している。（今、何をするのか、指示をはっきり出してから活動させている。）	Ⓐ	Ⓑ	Ⓒ	Ⓓ

授業力向上チェックリスト（授業時観察用）

授業者		日時	月　　日（　　）

○JTグループのねらい　【　　　　　　　　　　　　　　　　　　　　　　　　】
本時の参観の視点　　　【　　　　　　　　　　　　　　　　　　　　　　　　】

〔記号　○できている　　△ややできている　　※改善できるとよい〕

		項　　目	記号
授業の展開	1	本時の学習について、何を学ぶのか幼児・児童・生徒に見える形で示している。☆	
	2	授業の導入で前時までの学習を振り返ったり、理解の程度を確認したりしている。☆☆	
	3	導入、展開、まとめがあり、ねらい達成のため中心となる課題、活動、発問が明確になっている。☆☆☆	
児童・生徒とのやりとり	4	立ろう学習ルール、その他学習時のルールを守るよう指導している。☆	
	5	児童・生徒の発言が分からない時は、書いて確認するなどして言いたいことを受け止めている。（手話も声も書くことも。様々な方法で伝え合おうとしている。）☆☆	
	6	児童・生徒の気付きや学びを深める働きかけややりとりを、要所で行うよう努めている。☆☆☆	
	7	児童・生徒が発言しやすい環境を作っている。間違うことを恥ずかしいと思わせない配慮がある。「間違いです」で終わりにせず、考える筋道を示している。☆☆☆	
発問計画・板書計画	8	児童・生徒が何を尋ねられているのか分かる発問をしている。☆	
	9	「なぜ」「どのように」など要所で開かれた発問をしている。☆☆	
	10	本時のねらいが達成できたかどうか確認する発問をしている。☆☆☆	
	11	授業終了時に何をどのように学んだのか分かる板書をしている。☆☆☆	

＊参観者自由記述欄＊　　　　　　　　　　　　　　　　参観者氏名〔　　　　　　　　　　〕

若手教員授業力向上チェックリスト（研究授業前）

氏　名		実施予定日時	年　　　月　　　日（　　　）
指導者		相談日	年　　　月　　　日（　　　）

【自己評価　記号】

> ○　今の自分にとっては、非常に難しい。具体的なアドバイスがほしい。
>
> △　自分なりに取り組んでみたが不安がある。アドバイスがほしい。
>
> ✓　できていると思う。

	項　　目	
1	＊幼児・児童・生徒の実態やこれまでの学習に対する取組の様子などを把握している。（聴力レベル、各種アセスメントの結果、様子の観察等）	自己評価【　　　】
	▶自由記述	
2	＊幼児・児童・生徒の実態に即し、なおかつ興味関心をもって取り組めるような教材を選択している。（教材の選択、興味関心を引き出す仕掛け等）	自己評価【　　　】
	▶自由記述	
3	＊教材研究を十分に行い、自分が指導することのポイント（ねらい）を明確にしている。（教材研究の仕方、教材の解釈、一時間ごとのねらいの明確化）	自己評価【　　　】
	▶自由記述	
4	＊１時間の授業のねらいを達成するための発問や活動について考えている。（授業展開、発問の内容や順序、主体的に取り組める活動、まとめ方等）	自己評価【　　　】
	▶自由記述	
5	＊幼児・児童・生徒の実態を考慮し、使いやすい教材や教具を準備したり、板書計画を立てたりしている。（教材・教具の作成、板書計画等）	自己評価【　　　】
	▶自由記述	

研究授業までに知りたいこと、相談したいことは＿＿＿＿＿＿＿です。

【アドバイスの要点と今回の授業研究で取り組みたいこと】

＊若手の先生方は研究授業の１か月前にこの用紙に記入して、指導教員に提出してください。

若手教員育成のために

平成３１年４月版

◆はじめに

　若手教員の指導に当たる先生方、これから１年間どのように若手の先生方を育成しようかと様々お考えをおもちのことと思います。本リーフレットは初めて若手教員の指導に当たる先生方を想定して作成しました。指導の大まかな流れと、研究授業前の具体的な指導についてまとめました。若手の先生のつぶやき、昨年度若手教員の育成に当たった先生方の「これは効果があった」という実例もコラムに書きました。「いつまでに」できるようになったらよいかという目安については、個々に相違があるので、お一人お一人に合わせていただければ幸いです。

◆どのような力を身に付けていったらよいか

まずはここから!!

👉 **若手教員がたくさんの授業を見る機会を作る**

　まずは、先生の授業を参観させてください。参観が終わったら、一回につき、一つか二つ大事なポイントを伝えてください。伝えることは「すぐにできること」からがよいでしょう。

> 〈例〉
> ◆ろう学校では馬蹄形に机やいすを並べていることに気付きましたか。お互いによく見合うための配慮です。
> ◆児童・生徒に話す時はしっかりと自分を見ているのを確認してから話していたのが分かりましたか。見ていない時には話しても伝わらないのですよ。
> ◆ホワイトボードに書きながら話していないことに気付きましたか。児童・生徒に口を見せて、しっかりと伝えます。
> ◆漢字には赤字でルビを振っているのに気付きましたか。難読漢字や間違えやすい漢字には、赤字でルビを振ります。

👉 **若手教員の授業を見る**

　少し学校に慣れてきたところで、若手の先生の授業をご覧になってください。その際の見るべきポイントは、指導した事柄が身に付いているかどうかです。この場合も、一度にたくさんのことを伝えると覚えきれないので、「ここは絶対に伝えなければ」ということにしぼってお伝えください。

> **コラム** ＊若手教員の心の中をのぞいてみると……
>
> 「こんなことを聞いてもいいのかな？」「話しかけても大丈夫かな？」
> 　若手の先生は、相談したいことがあってもなかなか自分から言えません。そこで、先生方にお願いがあります。なるべく若手の先生に話しかけてください。「授業はどうですか」「今日は、どこまで進みましたか」などの一言がきっかけとなり、相談しやすい雰囲気が生まれます。一緒に教材や教具を作成することもよい学びになります。

☛ **授業力の向上を図る**

　ろう学校の授業で気を付けるべきことが分かった後は、授業の展開を作れているか、児童・生徒とのやり取りができているか、発問・板書が適切であるか等を御確認ください。様子を見ながら、できることから少しずつ伝えていき、よい点が見られた時には言葉で具体的にほめてください。

すぐできます☆　　少し頑張ればできます☆☆　　難しいので焦らずに取り組みましょう☆☆☆

☆彡**授業展開の確認ポイント**

1　本時の学習について、**何を学ぶのか児童・生徒に見える形で示している**。　　　　　　☆

2　**授業の導入で前時までの学習を振り返ったり、理解の程度を確認したりしている**。　　☆☆

3　導入、展開、まとめがあり、**ねらい達成のため中心となる課題、活動、発問が明確になっている**。
　　☆☆☆

☆彡**児童・生徒とのやり取り、関係づくりの確認ポイント**

1　**立ろう学習ルール、その他授業時のルールを守るよう指導している**。　　　　　　　☆

2　児童・生徒の発言が分からない場合は、書いて確認するなどして言いたいことを受け止めている。
　　（手話も声も書くことも。**様々な方法で伝え合おうとしている。**）　　　　　　　　☆☆

3　児童・生徒の**気付きや学びを深める働きかけややりとり**を、要所で行うよう努めている。　☆☆☆

4　児童・生徒が発言しやすい環境を作っている。**間違うことを恥ずかしいと思わせない配慮**がある。
　　「間違いです」で終わりにせず、考える道筋を示している。　　　　　　　　　　　　☆☆☆

☆彡**発問計画・板書計画の確認ポイント**

1　児童・生徒が**何を尋ねられているのか分かる発問**をしている。　　　　　　　　　　☆

2　**「なぜ」「どのように」**など要所で**開かれた発問**をしている。　　　　　　　　　☆☆

3　本時のねらいが達成できたかどうか**確認する発問**をしている。　　　　　　　　　　☆☆☆

4　授業終了時に**何をどのように学んだのかが分かる板書**をしている。　　　　　　　　☆☆☆

> **コラム**　＊授業力向上のための方法は一つではありません
>
> 　若手教員の指導を担当された先生方に効果のあった指導方法をお聞きしてみました。その中に「いろいろな教師の授業を見に行くのがよい」というご意見がありました。いろいろな教師の授業を見る際は、できるだけ指導教員も一緒に参観し、参観した授業のどこが優れているのか、そのポイントを若手教員に説明したり、また授業者と直接話す機会を設けたりするとよいのではないでしょうか。
>
> 　「こうでなければならない」と思うと苦しくなります。指導に当たる先生、そして若手の先生で、よりよい方法を探してください。

　ここまでできたらゴールというわけではありません。若手教員と指導教員と二人三脚でよりよい授業を作っていきましょう。

研究授業までの流れ

1　５月上旬（連休明け）をめどに研究授業を実施する日時、対象、教科、単元を決定し副校長、研究部に報告する。その際、管理職の予定を確認し、不在を避けて決定する。

2　研究授業実施の1か月前、指導教員と話し合い、単元のどの内容を研究授業で取り上げるか決定する。

3　若手教員は1週間前には、完成した学習指導案を指導教員に提出し、指導を受ける。

4　若手教員は指導を受け、完成した学習指導案を印刷し、2日前には関係各所に届ける。当日届けることのないよう留意する。

5　研究授業後は研究協議会を開き、良かった点や改善点について協議する。

学習指導案の項目について　（平成３１年度初任者・期限付任用教員研修 テキスト９０ページから９２ページ）

1　単元（題材）名（科目名、教科書、副教材名）

2　単元（題材）の目標

3　単元（題材）の評価規準

4　指導観（１）単元（題材）観（２）児童・生徒観（３）教材観

5　年間指導計画における位置付け

6　単元（題材）の指導計画と評価計画（全○時間）

7　配置図

8　指導に当たって

9　本時（１）本時の目標（２）本時の展開（３）板書計画（４）授業観察の視点

☆児童・生徒の実態については必ずナンバリングし、回収するようお伝えください。

東京都立立川ろう学校　執筆教員一覧（平成 30 年度～令和 2 年度）

村野　一臣	大森梨早子	木津　秀章	工藤　学人
草間みどり	川井　美香	高佐貴美子	小林　俊夫
加藤　紀彦	北田真理奈	千葉　裕美	木田保菜美
月崎　泰照	工藤眞希帆	中島　裕子	小嶋　李衣
庄﨑　真紀	齋藤　裕実	長島　美沙	島澤　栄康
中澤　博美	坂村由香里	水野　晋宏	菅谷　竜太
岩澤　雅子	作山愛里那	秋吉　幸恵	関口　詩織
及川　澄志	高増みゆき	宮下かおり	籬　優奈
菅原　充範	田窪　緩那	國分陽向子	高橋　郁裕
林　朋子	竹田　綺郁	鈴木　朋代	竜澤美知子
星野　恵	田中みどり	三村　眞乃	竹馬　凜
尾上　花梨	林　美穂	北川　徹	長南　正伸
熊坂　真弓	藤田　希	齋藤　直樹	長塚　修一
林　美佳	森田　千尋	服部　千草	中原　茜
天田　友美	八耳　悠人	福田　晃	新田　真琴
下村　幸枝	渡瀬千佳子	山崎　亜矢	早坂　美子
横田　直子	鈴木友里恵	浅原　正文	坂東　美鈴
澤田　真喜子	秦　雄太郎	天沼　陽子	檜垣　美帆
高梨　遥	錦谷　智行	池田　直人	宮田　優希
中川　美幸	藤原　英二	大木　直行	宮寺　愛美
山江　直子	飯田佳緒里	篠原　慶子	山田　友美
髙橋　克子	内田　佳樹	柴﨑　昌弘	吉田　有里
菊川　佳苗	楢﨑　育子	竹村　知恵	池田　一輝
黒田　有貴	淺井　啓太	千名原文男	鵜澤　翔
牛膓　庸子	新井　久喜	寺嶋　快昌	小坂　聡
佐野　伸	飯島　麗	友尻　尚宏	小関　美希
澤　あや子	生澤康二郎	中村　広之	原　万寸美
田島　秀樹	石川　智子	土方　京子	土井　美里
永石　晃	内山　涼	廣野　政人	齋藤麻衣子
橋都　満治	岡崎　理恵	山本　康貴	
赤松　環樹	加世田和明	秋島　康範	
遠藤　歩	慶徳　理子	鬼岩　真	

監　修

大西　孝志（おおにし　たかし）

道立の聾学校教諭、北海道立特殊教育センター聴覚・言語障害教育研究室研究員

北海道教育庁空知教育局特別支援教育スーパーバイザー、北海道教育庁学校教育局指導主事

文部科学省特別支援教育調査官（聴覚障害・言語障害）を経て、東北福祉大学教育学部教授

ろう教育科学会常任委員

表紙・裏表紙デザイン原案：
令和 2 年度専攻科 1 年生徒、専攻科 2 年情報系生徒

イラスト協力：澤田 真喜子

ろう学校における 主体的・対話的で深い学びの実践

令和 3 年 2 月 19 日　初版第 1 刷発行
令和 3 年 8 月 10 日　第 2 刷

　　　　編　　　立川ろう学校ろう教育研究会
　　　監　　修　大西　孝志
　　　発 行 人　加藤　勝博
　　　発 行 所　株式会社ジアース教育新社
　　　　　　　　〒 101-0054　東京都千代田区神田錦町 1-23　宗保第 2 ビル
　　　　　　　　TEL：03-5282-7183　FAX：03-5282-7892
　　　　　　　　（https://www.kyoikushinsha.co.jp/）

■表紙・本文デザイン・DTP　株式会社彩流工房
■印刷・製本　三美印刷株式会社

Printed in Japan

ISBN978-4-86371-567-7
○定価は表紙に表示してあります。
○乱丁・落丁はお取り替えいたします。（禁無断転載）